大田堯自撰集成　補巻

地域の中で教育を問う〈新版〉

藤原書店

大田堯
（1977 年　59 歳の頃）

新版によせて

既刊『自撰集成』全四巻は、私の教育研究の後半期、主として一九九〇年代以降における語り、文章を集成したものです。それらは、いずれも現在の教育・社会情況に対する危機感によるものでした。それは単なる政治的観点というより、人間学的な立場、ないし生命の本質にかかわっての立場からの危機意識によったもの、と私自身は考えております。

それに対して、新たに付加するこの補巻は、私の研究の初期、中期の地域の現地に足を踏み込んだ、教育・社会情況での私の学習、調査の報告、実践の記録を集めて、年代順にまとめた文集といえます。『地域の中で教育を問う』という題の一冊の単行本となっていたものを、そのまま『集成』の一巻として加えさせていただくことにしました。ある意味では、既刊の全四巻に収めた語り、文章への準備過程の所産ともいうべきものと考えられます。

したがって、もとになったこの単行本の「はしがき」ですでに書いておりますが、初期の調査報告を見ますと、実に稚拙なものも含まれておりますので、私自身がこれを読んで赤面するような調査報告もあり、新版で補巻として『集成』に加えることに正直ためらいもあります。しかし、やはり当時の私の研究意欲とその痕跡として、そのまま載せさせていただくことにしました。その方が既刊全四巻をお読みいただく、これからの研究者の参考にしていただけると考えたのでした。

それにしましても、そうした初期の報告を書いた時代の教育・社会情況と、今日の教育・社会情況には、実に大きな変化を感じないわけにはおれません。この補巻の最初の地域報告は一九四九年です。一九五〇年が朝鮮戦争で、それまでの戦後の数年は、戦前・戦中を体験した私たち世代にとっては、民主化をめざす〝あけぼの〟の時代と考えてきました。軍隊はつくらない、戦争はしない、農地改革が実行され、女性の選挙権も獲得され、教育では六・三・三制、すべての子どもに、少なくとも中学校までは教育が保障される、それらがとりあえず次々と実行された時代でもあります。しかし、朝鮮戦争を機として、事態はうちつづく保守政権のもとでほとんど一途に、むしろ復古へと向かい、今に至っています。

もっとも、私の危機意識は、単に現在の教育・社会情況、当面の政治状況、政権云々を超えて、実は世界全体の動向の中に、真の危機がひそんでいると考えています。それは、世界全体をつつんで、モノ・カネに傾いた経済中心の風潮の支配下での人間の状態、具体的には生命でつながる人間関係の著しい孤独化と格差化にあると思っています。これに対して、生命とその背景にある大自然への私たちの深刻な反省にたった、草の根からの対応の在り方こそが、個人にとっても、社会にとっても、今緊急な課題だと思っています。

私の『自撰集成』の補巻はその課題への挑戦であり、ささやかな「かすかな光」として、読者のみなさんに訴えるものであることを願っております。

なお補巻では、教育の「地域計画」という言葉を多用しております。実は私の個人的信条としては、生命は本来計画になじまないもの、教育はアートであり、計画どおりにはいかないものなのです。しかし、アートとしての教育へのねんごろな条件整備は、きわめて重要です。ですから、まず家庭や身近な地域に住む私たち一般人民が、行動主体として教育の条件整備にあたらなければならない、というのが私などの言い分なのです。

国や政権の一方的な「人づくり」政策が優先することは許せないということから、あえて「地域教育計画」という言葉を多用していることをご理解願います。

二〇一七年九月

大田　堯

プロローグ

間違って教育という大それた問題を研究の対象とするようになって、半世紀近くにもなります。その最初の間違いを正すために、実に永い時間がかかったのですが、むろん正しきったとはいえません。つまり、最初の出発点のゆがみを何とか克服しようとするあれこれの試みの中で、私の生涯はおわるのでしょう。

考えてみると、学問というものは、自ら選んだ研究対象への偏見を正すことにはじまり、終生正しおえることはなく、ただただ何ほどかの課題をいくらか明らかにして、これを残すことだとも云えるのです。だから私のばあいも案外それでよかったのだと自ら慰めることもできるかも知れません。

ただし、研究の過程で研究者として、世間に対して発言してきたことは事実ですし、それが教育という教師や父母の切実な関心事にかかわることなのですから、殊更に責任を伴うものでもあるのです。そういうことからすると、恥入ることばかりが多くて、申しわけなく思うのです。

私の研究は、教育学の先生や文献もさることながら、研究現場の複雑さに対応して、実に多様な分野の先輩の業績に学びました。しかし、それらを参考にしながらも、もっとも手ごたえを感じたのは、教育現場とそこに働く人びとにふれ、またさまざまな地域にわけ入って、そこでのなりわいの中に組み込まれてある教育のいとなみについて、多くの地域住民の方々から五官で感じとり、かつ知りとったことだったと思いました。そのせいか、自分の頭の中で文献だけで論理を組み立てるということにはとても自信がもてず、したがってそれを書いたり、他人に話したりすることには、いつもたよりない思いがつきまとうのでした。生活の実態やそれに働きかけている人びととの直接のふれ合い、さらに自分自身でやってみてたしかめたことについては、やっと頭を上げ、若い頃は多くの場合きき手である学生諸君の眼をまともにみて語ることができるのでした。

『地域の中で教育を問う』というこの本では、そうした私自身の身体をつかってたしかめたこと半世紀の足跡をたどってみることにしました。そのため私の研究のそれぞれの節目に書きとどめた文章を、年代順に配列してみました。そして、その一つ一つの文章の背景に、どんな私の行動、体験があったか、その当時をふり返っての簡単な解説を加えることにしました。

この本に先立って、一九八三年、戦後の私の教育探求の跡を一思いに学生諸君に語ったのが基となって、『教育とは何かを問いつづけて』という本を書きました。「岩波新書」の一冊になっています。今度のこの本で年代を踏んで集めた文章は、問いつづける過程でまとめた文章ですから、『教育とは何かを問いつづけて』と併せて、その参考資料として利用していただくことも出来ると思います。

初期の文章は、とりわけ思索もまずしく、文章もかたくなで、赤面するようなものです。読みかえしてみて、これを再録するに忍びないようなもので、何度かためらったのでした。しかし、最終的にはどんなにまずしいものでも、ひるまず自分の足跡をみつめるほかはないと考えました。ともあれこうした恥かしい思いを重ねる中で、少しずつ教育についての探求をいくらか深めることができるようになったとは思っています。

一人の教育探求の学徒のつまずき乍らのこのたどたどしい足跡でも、これからの研究者の何らかの参考にしていただくことができれば、こんな幸せなことはありません。

紙に書かれた思想は一般に、砂に残った歩行者の足跡以上のものではないのである。歩行者のたどった道は見える。だが歩行者がその途上で何をみたかを知るには、自分の目を用いなければならない。

ショウペンハウエル『読書について』より

大田堯自撰集成　補巻　目次

大田堯　自撰集成

補巻　地域の中で教育を問う

一、本集成には、これまで発表してきた私自身の論文、講演記録、対談等の一部を収録している。

一、収録に際し、重複をさけ原文を削除ないし加筆修正した部分がある。煩雑になることをさけ変更点は特に明示していない。なお、本自撰集成収録にあたり、固有名詞の表記は可能な限り統一し、底本における明らかな誤字・脱字は訂正した。

一、第1巻に「総序」を、各巻に「はしがき」「あとがき」を、補巻には「新版によせて」を新たに書き下ろした。

一、固有名詞と引用本文を除き、旧漢字は新漢字に、歴史的かなづかいは現代かなづかいに改めた。

一、収録の文章の性格が様々であるため、初出の文章での注や引用、参考文献等の表記の仕方には不統一がある。本集成では、原則として初出の文章での様式を引き継いだ。ただし、参考文献の表記の仕方については、新たに統一した。

一、収録した作品の初出一覧を巻末に掲載した。

第1章　地域社会の教育計画

解説

こんな幼稚で、かたい文章の背後にも、一九四七年から数年間にわたる、それこそ無我夢中でとりくんだ地域教育計画の実践がありました。この頃は誰もが、これから日本がどうなるか、さっぱり見当もつかなかったのです。都市という都市は廃墟と化し、人びとはしばしば地縁血縁だけをたよりに身を寄せ合っていました。むろん、中央政府も占領軍の掌握下にありました。奇妙な空白がいたるところにあり、衣食はままならぬものの、不思議なことに、町や村の末端では、いまにくらべると、何を試みてもよいという不思議な「自由」もありました。

大学院の特別研究生、まだ二十歳代のおわり、東京と広島県本郷町とを往復しながら、その町の小学校を根拠地として、まるで地域の教育長のように、青年教師たちと一緒に、町の年長世代を動かして、この文章に書いたことを地でいったのです。いまから考えると冷汗が出るほどの思い上った若者として、「東京からの情報」を引っさげて、やや大げさに云いますと、周辺の学校の先生、地域の人びとを引っぱりまわしたのです。

地域調査も、いまではとてもできるはずもない家庭の畳の数や、とっている新聞、雑誌のことまで聞きとった世帯毎の調査票を集めてきて、毎晩深夜まで、先生たちと一緒に集計をやりました。それを資料の一つとして、いろいろな部会に分かれて集まってきた地域住民の間で、地域の問題や課題を夜おそくまで話し合ったのです。部会は連日連夜開かれたこともありました。

調査結果や部会の議論のたねにもなった地域の問題を念頭におき、他方子どもたちの発達の様子も頭に思い描きながら、とりあえず学年毎の社会科の学習指導案づくりに、夜のふけるのも忘れて、担任の先生たちとの共同作業を夜な夜な行ったのでした。こういう地域教育計画にとりかかった初めの頃、社会科という新しい教科が、修身、公民、地、歴にかわって設けられるということは、文部省から伝えられてはいても、まだその社会科なるものは正式に設けられておらず、誰もどういうものになるのか見当もつかなかったのです。

得体の知れぬ社会科という教科のカリキュラムづくりをだしにして、中央集権を教育から排除して、地域住民の意志にもとづく下からの学校づくりをという、身の程も心得ぬ野望をもって、町の若い先生たちの民主化への情熱とエネルギーに支えられての仕事でした。ですが、地域の問題の背後にある日本社会の体質そのもの、これととりくんだ先輩たちの重い、苦しい民主化運動の歴史や、ほんとうに目下の人びとの心根の中にある願い、怒り、悲しみに学ぶことにはなお、うといままの冒険でした。この上からおっかぶせるような地域教育計画には、もろさがあり、社会秩序が回復するにつれて、うたかたの如く消えていくのも、今から思えば当然のことでした。実際目と鼻の先にある未解放部落の問題さえ素通りしていたほどなのです。
この教育計画の実際については、別に『地域教育計画』（一九四九年）という著書にまとめて報告しました。この計画への反省と私自身の最近の評価は『教育とは何かを問いつづけて』の三一頁〜五五頁に書き、そこではこの地域教育計画を「砂上の楼閣」と自ら評価しています。それでも、主観的にはひたすら子どもたちの幸せと、彼らと私たち自身の未来を拓くことをめざして、この計画を進めるために惜しみなく心身を労したのでした。本郷小学校の先生たちを中心に、情熱をもやしつづけたあの頃のことは、やはり私の内面にさまざまの問題意識を刻印づけてくれたことは、まちがいありません。あの頃は先生たちがみんな本当に一生懸命だったと、感慨深く語る卒業生たちがいまもいるという話を聞いています。

教育はこれまで長い間、何か人為的なはからいによって、どうにでもなるようなものと信じられてきた。ほんとうはそんなものじゃない。教育というものは、リアルないまあるこの社会制度の有機的一部なのだ。どんな人物であれ、思い立ったときに、その社会構造そのものの中にあらかじめ内蔵されているもの以外の教育のシステムを新たにつくり出そうなど思ってもできるわけはない。丁度それは、その生きものの中にすでに内蔵されているもの以外の新たな器官や機能を、生きたその生物有機体にもち込もうといったってできもしないようにだ。

（エミール・デュルケム『教育と教育学』）

■考察の目標

地域社会の教育計画というのは、学校教育の地方化とか、ましてカリキュラムの地方計画とかいうよりも、一層広範囲な領域にわたる教育用語とみるのが正しい。それは地方社会の自治体制の一環となっている教育体制のすべてを計画化することを意味している。そこでは学校教育のほかに、一般に社会政策の一環としての社会教育と称される広範囲な領域を含んでいる。ここでわたくしは、こうした教育の地方計画を、今日わが国に成立している教育行政上の法規の追究からその意味づけや解説をしようとは考えていない。

むしろ一層原理的に、地域教育計画がどんな人間形成上の課題のもとに成立しているか、こうした課題を遂行するには、どんな方法や操作が今日のわが国の現実の中で要求されるかを、既成の法規を離れて追究してみたいと考えている。こうした原理的な追究が、よりよい教育の仕組みを作り上げるためにも、また今日成立している教育法規の生きた運営にもかえって貢献するもののように考えられるからである。過去の官僚がそうであったように、自らの特権の温存と、法への固執によって、法の生きた運用とその改善に障害をもたらし、社会の進動にブレーキをかけてきたことによくよくこりているわれわれにとっては、何よりも原理的反省の機会を不断に用意しながら、社会を動かしてゆくに適応しい法の運営がのぞまれる。だから、地域教育計画はどんな社会の進動過程の中で意味をもっているかを追究することは、わたくしの第一の追究点でなければならないし、そうした理解の仕方からすれば、どんな方法や操作が見通されるかについても触れておきたいと考えている。

一　地域教育計画の理論的基礎

地域教育計画は中央集権的教育計画ときわ立って対立する概念である。けれどもそれは中央における一切の統制を拒否するものではなく、地方の実情とその上に立った自主性を承認しながら、地方相互の福祉関係、あるいは国家全体の福祉を守る民主的な中央教育計画とは、あくまで相補関係に立つものである。もしそうでなければ地域地域の独立した教育計画は、封建的社会体制下の孤立的な地方教育政策に似た、いわば前近代的な教育体制に堕することとなろう。

今日の歴史的社会的な段階からみて、少なくとも教育計画の基本単位はこれを国家、あるいは連邦国家の中に求められると考えられるのであって、そうしたより広い生活領域を基盤とする社会集団全体の利害の均等を無視した群小地域社会の独立的教育計画は、無条件にこれを承認することはできない。

それにもかかわらず、今日地域教育計画が重大な問題として浮び上ってきているのはなぜであろうか。それは恐らく最初に述べたように、半封建的中央集権的教育体制にきわ立って対立し、これを打破する必要と、それによる民主的国家および社会の創造に欠くことのできないこととして取り上げられていると考えられる。

右の事情を明らかにするために、われわれは今日に到るまでわが国を支配してきた教育体制の構造を一応検討することが必要である。わが国における近代教育の成立が、いついかにして成立するに到ったかを究明することは、きわめて重大な問題であり、またそれについては異論の多いところであろう。けれども、明治維新を境として、土地と領主とに縛られた多数の小さい閉鎖的農業共同社会の厚い壁を押し破って、生産力の増大に伴う生活交渉領域の拡大に伴う政治的保障として、一層広範囲な国家機構の下に、そうした閉鎖的コミュニティを開かれた新たな交渉関係におくことを背景として、近代教育の編成が行われたということができよう。

近代教育の母体は、農業生産に専ら依存した徳川封建政府の下で、新しい社会秩序を無意図的にも作りつつあった町人階級の教育形態、たとえば寺子屋の中にすでに認められはする。けれども社会の大多数の民衆は、ほとんど農奴的に土地に固く縛られた閉鎖性の中におかれていて、自給的な生活と、そうした生活の陶冶の中で、代々の世襲的な仕事を継承する次の世代を、主として無意図的な形で育成してきたのである。このことは、維新前においてすでに数万に達していたかにみえる庶民教育機関としての寺子屋も、台頭する商人層（封建勢力への寄生によってではあったが）の勢力下にある有力な都市や城下町の如き地域を除くと、その就学率が地域の児童の半ばに達せず、農村においてはすでに半商人化した富裕農の子弟が中心で、多数の小作農の子弟はこれに加っていないものと推定されていることから想像される。

明治に入って学制施行に伴うさまざまの流言の横行も、僻遠の民衆にとって学校的な教育方式に対する無知、無体験からきたものであろう。ところで明治新政府は、その成立の発端より近代国家における教育編成方式の範を、万般の政策と共に、欧米先進国に求めつつ、急速に近代教育制度を右の事情の中に抱えこむことに努力し、明治三十年代において早くも初等教育の就学率を九〇%台にまで高め、中等、高等、実業の諸教育制度を実現し、一応近代国家としての教育制度施行に成功した。

けれどもわれわれは明治新政府の著大な努力の跡を正当に評価すると共に、その外形上の近代教育機構に眼を奪われてはならない。明治維新と称せられるわが国社会史上の一つの変革が、実は正当な意味において近代国家といいうるか否かの疑義は、終戦以来ことに反省を呼んでいることは周知の通りである。すでにノーマンなどが指摘しているように、明治維新は封建的地方割拠主義を打破し新国家への道を開いたかぎりにおいて、反封建的運動を意味するものであったけれども、実は封建武士団を中心とする、台頭する商人層との妥協において成立した半封建的絶対主義国家として、先進近代国家を模したものであった。

このことは欧米諸国に対する後進性を背負ったわが国の近代国家としての限界でもあった。この後進的な社会史的背景に裏づけられて、教育の体制もまた武断官僚によって動かされた半封建的絶対主義の国家体制の一環としての烙印を抜き難く捺されることとなった。かくして武断官僚を中心とするすぐれて中央集権的な教育の編成が国土の全体をおおうこととなったが、それらは当然左の如き性格をとった。

(一) 明治の新政が武断官僚を中心として、諸施策が上から遂行された如くに、教育もその一環として上からの強行政策のもとに実現された。このことは、ここ数十年の間に教育は上から附与せられるべきものであるという卑屈な意識をわれわれに強く植えこんでいる。津々浦々に成立した学校は、中央で定める武断官僚の意図のままに、その方策や精神伝播の具とされ、人々は役場や警察と共に学校をお上のあたえた役所としての意識によってこれを受け入れてきた。教材内容から教授方式に到るまでことごとく中央の定める所であったから、このことは当然のこととされたのである。

学校や社会教育は、閉鎖的地域共同体の意識を国家的関心にまで集中させる点に重点されてきたから、土地の民衆の問題や意欲とは無関係に、より広い国家的世界的な理解を強い、それも武断的半封建的国家の方策として、偏狭なプロパガンダの傾向が強かった。このことは第二次大戦終末までに到る学校教育に対するさまざまの指示や、もっとも端的には教材内容を一覧することから容易に分ることである。しかも学校教育の現実の形態を決定したのは、中央でその内容を決定してしまった国定教科書を順々に伝達することを中心とするきびしい教授規定によって縛りつけることであり、半封建的人間形成方式を厳重に保持してきたのであった。

（二）　当然の結果として、民衆自らによる教育建設の企画はくじかれてきた。徳川圧制下に芽生えをみせた町人的教育形態としての庶民教育機関は、明治の新制度に受けつがれ、初等教育として近代化された如くにみえるけれども、反面それは右にのべた専制的教育方針にすりかえられた。

農民層は、その生活の全体が富国強兵、殖産興業の踏み石とされた如くに、その保守的な意識は自らの教育方針を生み出すどころか、専制者の利用するところとなった。この事実は今日に到るまでのわが国の教育の在り方を、地域住民の意欲から断ち切るものであった。

さて右の考察を通じて、今日までわれわれの背負ってきている「近代教育」が、武断官僚の手になる中央集権的半封建的な教育構造をもつものであり、そのゆえに土地と人民の生活の正当な要求の具現でないことが明らかとなった。新しい教育体制は何よりもまず、一部支配層の手に握られた教育を地域住民の手に取りもどし、下から教育を仕組み上げることからはじめられなければならない。

この教育の下からの組み上げは、単に中央から与えられた地方分権的制度にしたがって委員会や教育長を作ることによって可能なものではない。もしこれらが外的にあたえられたものとして受け取るのであっては、全国の都道府県にまたまた多数の小規模な文部省が出来上るのであり、一層前近代的な封建体制に逆もどりすることになるやも測り難い。重要なことはそれぞれの地域において本当にそこの民衆の参与において教育を仕組む操作をやることである。

もし全国の諸地域が文部官僚の示す教育の仕組み方の指示を手をこまねいてまっていて、指示された事項をともかく形式的にやってゆくといった状態では、到底民衆の利害に立った民主的社会構成の一環としての教育的責務を果すことはできない。教育委員会法やその他の教育の地方化に関する諸法規は、民衆が自らの力で教育を仕組み続けてゆくという実質的な内容を保障する政治的な枠であって、もしそれが実際に今日の日本の現実の中での民衆の教育構成に不適切なものと分れば、常に変革修正すべき性質のものである。

今日までのわれわれの生活全体と共に、教育もまたわれわれのものでなかったという民衆の歴史的自覚に立って、われわれの社会的生産性と福祉とを高めるための実質的な教育の作り上げ作業がまさに地域教育計画なのであって、上から与えられた地方教育委員会法その他があって逆に地域教育計画があるのではない。

さらに一言しておかなければならないことは、われわれは教育の地方的建設についてのみ考えている訳ではない。地域教育計画は、中央における民主的教育計画から方向を受けとることによって、一層民主化されるものである。恐らくこうした中央教育計画は、官僚温存に汲々とした文部省の改組だけによって解決のつくべきものではない。このことについてここでは触れ得ないが、何よりもまず地域地域での民衆による教育計画の地盤が速かに熟成して、そうした地ならしを基盤とした民主的な中央教育計画が確立されることが待望される。

二　地域教育計画の方法

ではそれぞれの地域で、地域の民衆自らの力で教育を仕組み上げてゆくにはどんな操作が考えられるであろうか。今日まで存在したすべての教育形態がそうであるように、教育はそれが成立する社会のもつ中心的な課題によってその形態が基本的にはきめられてくる。貴族や武家を支配者とする社会体制の中では、そうした支配層のもつ課題がその社会の教育のかまえを決定するし、市民階級本位の市民社会ではそういう社会体制のもつ課題を中心とする教育体制がきまる。

また同一社会の中でも、その中でのそれぞれの階級なり職業なりに応じて違った教育の作り方がされる。だから今日民衆の力で教育を仕組むには、それぞれの地域の民衆のもっている社会的な課題を具体的にとらえることが教育編成の第一歩である。だが社会の課題は教育計画に先立って一度とらえておけばよいといったふうのものではない。社会の課題は動きゆくものなのであるから、その動態をとらえるのでなければならない。ではそうした地域の社会的課題をとらえるにはどんな具体的な操作が取られるであろうか。

■地域社会の課題把握のための実態調査

社会の課題は地域の民衆が恣意的に作り出すものではないし、またそうあるべきものではない。それはあくまでも地域の実態に基くものでなければならない。そこで地域の課題を押えるためにはまず実態をとらえるという操作が伴わなければならない。しかし地域の実態はいろいろの角度からこれをとらえることができる。

ところでどんな角度から社会の実態を押えるかは結局またそこの地域の課題によって調査の性格、対象を異にするものであって、一種の循環論に陥ってしまう。そこで問題をとく手がかりとして、この地域にはどんな問題があるかを、政治、教育、文化、衛生、家庭およびもっとも重大な生産、産業の如き社会機能別に拾い出して整理することが考えられる。この問題を拾い出すためにはいろいろの方法が考えられるであろう。

それぞれの機能別にすべての階級、職業、年齢、性別、宗教、党派の立場を有する人々の代表からなる委員会を作って、問題点を討議することから手がかりの一つは得られよう。それをもととする一般民衆を対象とする質問紙法の併用も考えられる。さて実態調査の項目はこうしたことを手がかりとして各社会機能別に、問題を解くに必要な項目が出来上る。しかしこうした各機能別調査項目の外に、たとえば人口の静態、動態、職業構成、収入、支出、土地配分、などのようにごく基本

1947年2月、東大附属講師時代。最後列左から2人目が大田。

的で、どの社会機能別の問題を通じても必要な実態資料は別に一括して調査する方が便利である。われわれはこれを一般基礎調査などと呼んでいる。この一般基礎調査には、社会調査の外に土地や天然資源、自然現象、あるいは歴史的資料なども一般調査に含めてよいと思う。

各機能別に引き出された問題を通して行われる調査は、その問題の性格によって項目や方法が相違する。ただしこれらの調査を通じて常に注意されなければならないことは、今日地域社会の中にある社会問題や課題は、（たとえば民衆の貧困、不景気、などにしても）その地域の中にだけその禍根があるのではなく、一層広範囲な国家的、世界的社会機構に基くのであるから、日本や世界を通じての調査資料との比較連関を配慮しなければならない。かくて社会の課題をとらえるための実態調査は、問題を取り出す工夫を手がかりとして、一般基礎調査と、社会機能別調査の二つに分たれる。

この場合の調査の主体は当然地域の人々の代表からなる調査委員会が構成されて、それが中心となる。ただし今日の民度においてしばしば学校や教育行政者で行わなければならない場合もあろう。しかし原則からいえば例外である。このことからも明らかなように、この社会の課題をとらえるための調査は、単に教育計画に固有なものでなく、地域社会の立地計画のためのものであって、教育計画の立場からも不可欠なものである。

■課題をとらえるための組織

地域社会の実態調査はよくいわれるように、かくあるという実態を示すものであって、決してそれ自身課題性を含むものではない。ただし調査項目の決定そのものにすでに問題と課題とを幾分予定していることも否定できないが、それは単に大づかみな方向にすぎない。引き出された実態に基いて地域の民衆がどんな決断によって計画を立てるかということに到って、地域の課題が具体的に姿を現わしてくるのである。

そういう実態をもととした課題を引き出し、これを整理するには、どんな操作が必要であろうか。ここでさきの実態調査項目を引き出す前段階にあたる問題をとり出すための社会機能別の委員会を思い出すことができる。この委員会の形を中心として少し工夫すると、実態調査の資料に基いて、互に爾後の計画を具体化してゆくための社会機能別の専門委員会が構成できる。もっともこうした立地計画はぜひとも多数の地域の民衆の参加がのぞましいから広く討議事項をあらかじめ公開するとか、委員会の公開が必要である。

このそれぞれの専門部会の討議事項や立案事項は記録され、整理されると共に、折々に町村議会その他の代議機関に進言するとか、可能な実践運動を発展させることができる。ただしこの課題設定の場合にも、広い国民的、世界的見地が必要であって、専門家の招聘や図書の研究、ラジオ、新聞などについても研究がのばされるべきである。ここから新しい成人教育の形が現われてくることは次の節で別にのべたい。

とにかくこうした形で地域を改造する課題を、すべての人々の参与につとめつつ実態に即して打ち立ててゆくとき、そこからはじめて地域教育計画は具体化の方向と内容を与えられることとなる。要するに実態に基くこれらの組織が母体となって、地域の民主化を促進し、閉鎖的保守的な地域の生活をゆり動かして、社会改造の一環として実を結ばせたいものである。

さて以上の如き諸操作を経て、教育計画の背景的な編成が一応形をととのえるのであるが、これらの諸組織は継続的に運営され、不断に動きゆく実態と新たな課題をとらえてゆくことによって、動的な社会過程の計画化に即した動的な教育計画が仕組み上げられてゆかなければならない。

■成人教育計画

さて地域教育計画の一環としての成人教育計画は、すでにふれてきた地域立地計画のための民衆組織の運営と別個のものとして考えられてはならない。従来社会教育とか成人教育とかいう場合の中心的な教育形態は、とかく講演会やパンフレットや教育映画の如きものが主たる部分を占めてきていて、これがきわめて多くの場合官僚のプロパガンダに利用せられ、その意味では正当に教育の名に値しないものであったし、今日においてもそのような形が横行している。多くの民衆は中央その他からの説教に耳や眼を貸すことに教育の意味を見出してきたかにみえる。それはつまり上から作られた成人教育である。

民衆自らによって作り上げる教育は、民衆自らの社会設計の過程に即して成立する自己形成でなければならない。地域の民衆が出くわしている共同の解決課題を、共同的、社会的に処理してゆく過程に即して、新しい民衆の社会秩序の成員としての実践力と知性が培われてゆくのである。しかしながら、地域の民衆が地域の当面する問題をただ思いつきや恣意によって解決することに意味があるという訳ではない。地域の民衆が問題を広く国民的、世界的、さらには歴史的社会力の展望の中で処理しようと努力するとき、はじめて近代的知性と実践力が培われる。

だからさまざまの文献や専門家の講演や指導や、その他さまざまの参考資料を充分に使用して、自らの問題ととり組みこれを実践的に解決する過程に成人教育は成立する。

具体的には、さきにのべてきた立地計画のための専門部会は、実は同時に成人のための学校である。もしこれに一層の工夫を加えて、専門部会での計画や実践に広く民衆の参加を得て、講演や文献その他の研究を地域の課題解決に即して取りいれ、そうした資料を自らの問題解明に生かして用いてゆくことを計画的に行うならば、従来の成人教育の面目を一新した教育体制を生み出すこととなろう。

今日民衆の正当な生活権、民主的生産関係の展開を阻んでいる社会機構の矛盾に民衆が勇敢にぶつかって、これを克服する過程に練られる実践知こそ社会を民主化する鍵であり、そこに新しい人間の作られ方があるはずである。地域社会における公民館の設置、図書館の普及の如きも、具体的な運用と、その内容とは、地域の課題解決の共同的努力の中で方向を与えられるものである。前述した地域実態の調査や、その処理過程もまた貴重な成人教育のプロジェクトであろう。

ところで右の専門部会を中心とした成人教育の編成は、その専門部会の仕事が単に調査や討論を中心としている間はまだ充分な成人教育といえない。討論や研究中心の成人教育方式は、とかく地域社会の中の一部の教養階級の独占機関となる恐れが多分にある。働く民衆は一層切迫した問題を一層切迫した形で要求しているので、理屈を並べ合う成人教育の方式では、たとえその論ぜられる問題が地域の問題であり、民衆自身の問題であっても満足できないものである。

だから専門部会はときとして文献研究や討論や講演や映画を取りいれて研究してゆくとともに、実践的な計画を立てて、民衆の協力によって実践成果を出すようなプロジェクトをもち続けてゆくことがのぞまれる。おのおのの専門部会が中心となり、それぞれの領域の中で生産的な実践課題をつかまえ、実践的に民衆の参加をもたらすように仕組むことが要求される。それは実は成人教育の学習活動としてすぐれた教育価値をもつばかりでなく、社会的に何者かを生み出しつつ、実践的生産的活動による社会改造そのものを意味する。討論や研究はかえってこの共同的な生産活動を満足するための手段であり、そうした活動の一環として考えたとき重大な教育価値をもつに到るものである。なぜなら単なる生産活動だけを通しては教育活動としての価値は期待できないからである。

■学校教育の編成

地域教育計画の一環としての学校教育の編成は、地域の民衆の生産的課題の解決の一環として編成されるべきである。この場合生産的課題というのは、単に物を作るという意味ではなく、文化的社会的諸生産を一括していうのである。地域の民衆によって教育を作り上げることが、地域の民衆自らの生活設計を背景としその一環として教育が作り上げられるという意味であるのだから、教育設計の中の一つとしての子どもの生活編成、つまり学校教育の編成もまた当然その原則に立つわけである。ところで地域社会の中の子どもたちも実は立派に地域社会を構成している成員であって、子どもは子どもなりにその土地の課題にとり組むことが要求されている。それは子どもの発達の程度に応じて、その課題の遂行力において、精神的にも肉体的にも限界があるけれども、大人が——というより地域全体が——直面している同じ社会的課題のただ中におかれてあることにはすこしも変るところはない。地域教育計画の一環としての子どもの教育編成は、子どもの日々の生活活動を正しく社会の課題解決の方向に向うように編成してやることが、その中核的な操作である。つまり土地の民衆の生産的課題に参与するようにかれらの生活の自主性を方向づけることであり、社会改造を子どもながらに実現させることである。

さてこのような観点に立って行われる学校編成の操作は、どんなものが考えられるであろうか。

まず右の観点から決定的に方向づけを受けるのはカリキュラムである。従来のカリキュラムは中央で固定的に定めた文化財を、その種類に応じて教科書にあみ、各文化財の内容の盛られた教科書毎に各教科に分れて時間配当が行われた。そこでは文化財の分節である各教科がカリキュラムの単位をなしていたのであり、一層具体的には教科書が大単元、その章節が小単元をなしていたのである。これに対して新しい教育の立場の中には、児童のやりたいと思う興味のある活動のいろいろを単元に仕組んで、そうした活動のいくつかを配列してゆくカリキュラムが見られる。この後の立場についての批判はすでに幾度か行ってきたし、一般に理屈の上では容認されているかにみえる。

しかし民衆の生活設計の課題に参与する子どもの生活の編成を主張する場合には、カリキュラムは、こうした社会のきびしい課題に子どもが子ども相応にとり組むそういう活動の一つ一つが学習の単元の中心とならなければならない。ここでは単元とは、子どもが社会改造に参与する活動の一の一つ一つがそれなのである。だからカリキュラムの構成にあたっては、子どもが現実にその社会のためだ中におかれているそこの問題や課題を引き出してきて、子どもの活動をその解決方向に向わせるような単元の配列が行われなければならない。

そこで具体的な操作としては、さきにのべた課題を設定し、これを実践に実現しようとする民衆組織の意味が学校にとっても頗る重大な意味をもってくるのである。そこで学校の教師も積極的にこの組織の中にいり込んで、そこにあらわれる生々しい問題や課題を記録し、実感的にもこれをとらえることが必要である。おのおの部門部会は部会の構成が社会機能別にできておれば、そこから出てくる問題や課題が各領域に応じて学校の中にとりいれられる。この場合の枠がいわゆるカリキュラムのスコープであって、スコープがあってカリキュラムができるわけではなくて、こうした生々しい地域の課題をいくつかの領域（スコープ）に整理していれてくる窓である。このようにして、地域の民衆の生活設計の課題が、児童の発達に応じて配列されるとき、地域教育計画の一環としてのカリキュラムの輪郭が描き出される。

ただしこの場合においても、実際の学習展開に際してはもちろん、構成に際して、成人教育の場合と同じような問題が起る。つまり子どもたちが地域の問題をかれらの力量なりに応じてただ当面に解決してゆくのでは、教育的価値を伴わない。教育は生活過程に外ならないが、意図的な教育は意図的な生活過程であって、したがってまた計画的な生活過程なのであって、単に惰性的、習慣的、あるいは卑近な意味で常識的な生活過程を意味するのではない。地域の課題を国民的、世界的、さらに歴史的に考察研究して、そうしたより広い連関からこれを実践的にときほぐす所に成人教育の形が成立するように、子どもの精神的肉体的な発達の配慮において、地域の問題をそうした広いかつ深い観点から処理するように導くとき、子どもはかえって地域の現実から解放された広い見地に立って問題をとくのである。

このことを通して、過去の貴重な文化遺産をはじめ、人類のたくわえてきた人間生活の基本技術が、現実の問題解決に即して子どものものとして伝達されてゆくこととなる。この文化財の伝達がこうしたシテュエイションにおいて適確に伝達され、そのことによって一層すぐれた現実の課題が解決されるとき、かえって文化財の伝達もまた保障されることとなるのである。もっともこうした問題解決的学習によってすべての文化財が適確に伝達せられうるということがすでに実験ずみであるといいきることはできない。だがすくなくとも社会的公民的人間の形成に決定的な役割を果すといえるであろう。

次に学校経営の問題について考えてみると、学校の経営は結局右にのべた子どもの生き方――つまりカリキュラムを徹底的に保障するように仕組まれなければならない。つまり子どもたちが、地域の生活改造の問題をもっとも適確にときほぐしうるように学校の構成、経営が行われることがのぞまれる。学校はだから子どもによって行われる地域社会改造、発展のための共同体として仕組まれる。学校は一方において土地の生産問題にかかわり、その課題解決の一環となるような学校生産計画をもたなければならないが、これは同時に生産問題に関するカリキュラムを保障するものとして設計される。学校は地域の文化を創造せしめ、豊かな社会的生産力の増大を鼓舞し、裏づけるような文化計画を打ちたて、それによって子どもの文化問題に関するカリキュラムを物的設備その他あらゆる点で保障するものでなければならない。衛生計画や学校内の秩序、あるいは運営のための諸計画についても同様である。

だから学校の経営の中心は、一方において地域の立地計画の一環となることを配慮し、同時にそれに即して子どものカリキュラムを保障するものでなければならない。とりわけて、地域社会の改造発展に基底的な意味をもつ生産計画の線に応じて、学校の性格が生産的なものとなることが望ましい。

今日までの学校観は、とかく理論と実践、頭と手の問題についてはまず前者の方に力点を置いてきた。それは一面において学校および教師が、そして教育という言葉のもつ音調が、貴族的な傾向をぬぐい難くもっていたのであり、そのゆえに軽る軽ると宣伝的、啓蒙的な性格をもってきたのである。けれども働く民衆を育成する学校はやはり働くことの中に理論や頭を練ってゆくものでなければなるまい。実践知、実践力は働くことの中に培われてゆく。この意味で学校は一つのたくましい生産共同体として、確固たる生産計画をすじ金として打ち立てておくことが必要である。もちろんそうした勤労を高めもし、楽しくし、美しく健康にするための諸計画が裏づけられることによって、共同の生産をあらゆる意味で高めてゆくようにしたい。地域社会の中に貯えられている働く民衆の社会的生産力を高めるために、その一環としての学校の経営の基軸が打ち立てられるであろう。

学校経営の一環としての学校財政もまたこうした学校計画を保障するものでなければならない。今日までの学校財政は、町村財政全体の中で年々比率が固定していて、そこでまず財政の性格が規定せられ、次いで各学校では経常費を差し引いて残りは、ただただ当面の所要に応じて無計画に使用してきている。この財政のやり方は根本的にその方向を間違っている。まずカリキュラムの単元展開に要する費用を、各単元毎に見つもり、次いでこの単元を保障するに足る学校計画に要する費用を考慮し、次いで経常費および雑費が見積られる。その場合町村はその要求を、どう削減したかを根拠をもって示すべきである。

こうした見積られ方は、実に子どもを土地の改造発展の一環としての生かし方に要する費用の見積りであって、町村にとってきわめて生産的な入費なのである。これまでは、国家の学校を町村が負担してやるのだという見地から、全く教育費を消耗的にみている。それでは土地の改造発展のための子どもの教育を保障することはできまい。(もちろん国家的見地からの教育財政については筆者は機会均等の建て前から、強力な国家の補助を要求するものであるが、それにしてもこのことはいえると思う。)

■地域教育計画の範囲

今まで地域教育計画の諸操作をのべるにあたって、わたくしは概ね市町村単位の積りで叙述してきている。しかしながらこうした計画は郡、県、地方別の如きより大きな地域社会においても、それぞれの担当領域の立場から、これに準じて考慮されるべきだと思う。われわれは広島県豊田郡の一地区でこうした教育計画を二カ年に亘って実施してきているが、そこでは農村地帯の交易聚落としての一つの町を中心に、八カ町村が一群となってこの計画を行っている。地域の事情によっても相違するけれども、もっともケースの多いものとしては、こうした農村地帯の交易聚落中心の町村連合は、教育計画の最小単位としての範例の一つではないかと思う。

しかしそうした教育計画の範囲については、こうした最小単位の立場からは一般に次のような条件を伴うであろう。まず経済的に利害関係の密接な地域であることが必要である。したがって生活関心が集中しており、交通連絡が充分成立していて、地形的にも便利であることがこれに付随する。この場合そこに中心聚落が成立していると、そこを中心として利害関心が交錯しているので、計画の単位としてその周辺地帯を一括して押えることができる。しかしながらわれわれの今までの僅かな経験から反省すると、真に地域の民衆の意識を盛り上げて、民衆自らの教育計画を実現するためには、一つ一つの村や町から丹念にとりついて、拡大発展させてゆくことが至極必要なように思える。

結び

社会を民衆の手で作り上げることが多難なように、その一環としての教育計画もまたすぐれて難しい。それにもかかわらず、われわれの国土や世界を民衆化し、民衆的な新秩序を生み出して、世界史の歩みを進めるためには、地域地域の民衆が立ちあがり、その勢力を拡大し、強力なものへとエネルギーをたくわえるために、地域教育計画がたくましく育て上げられなければならない。以上のべてきた諸操作は、われわれのこれまでの実践の反省からの一つの試案にすぎない。必要なことは、歴史の偉大な歩みを透視しつつ、地域地域の実情の中で真に自主的な工夫が民衆自らによって行われていく外はない。固定したひな型こそ民衆を鋳型にはめこむことであり、半封建的な遺制のただ中にあるわが国の現状の中にあってはもっとも禁物のように思える。

ただし地域に応じていかなる工夫が行われるにせよ、今日のわれわれの活動は世界的連関において考えられ、世界史の展開の大勢力にかみ合ったものでなければならない。そうでなければ、単に自分の居住地域の興隆発展のみにこだわるあの閉鎖性に陥ることになろう。自己自身の内と外とに潜む封建性と市民的害悪を押し破るための民衆相互の社会的自己陶冶こそ社会民主化の一環としての地域教育計画なのである。

（一九四九年）

第2章　段々畑の人間形成ノート

解説

たった一日の聞き取り調査で、こんな研究報告を書くのは、たしかに乱暴な話です。けれども、前章の論文の背景にあった本郷町教育計画のゆきづまりがみえてきたことから、一九四九年から五〇年代はじめにかけて、私は日本社会の地肌を足で歩いてたしかめる仕事を始めていました。後に述べるように「社会科学としての教育学」という構図が私の中に芽生えてきたのです。北は北海道から、このルポにある四国の西の果てまで、ときには集団で、何日ものとまりがけで現地調査に出むいたものです。せまい地域の中でものを考えることから、それの基盤である日本の社会の体質にふれるという意気込みだったのです。東大文学部の地下にある研究室で、「社会基底研究会」と名付ける勉強会を、大学院や学部の一部の諸君と続けたものです。

この研究会は、本郷町の教育計画の中で、社会科の教育内容を子どもに身近な地域の社会問題とのかかわりで一つの学習単位として編む場合にも、当然より広い日本や世界の社会問題との関係であつかわなくてはならないという必要から始めたのでした。生産、消費、保健、文化生活、家庭などの社会問題の領域別に研究して、地域の教育内容をより広い社会認識とつなげて子どもたちに理解してもらうための研究活動でした。

ところが、それが教育全体、教育計画の全体を、ひいては教育現象を社会問題と、それをかもし出す社会構造、機能の全体からとらえ直すための社会調査へと、少しずつ視座を移すことになったのです。社会について何でも知ってやろう、その中で教育というものがもつ機能と問題とを研究してみようということになったのです。この九島の調査報告は、現地調査をはじめたごく初期のものですが、「社会基底研究会」での勉強が頭の中に一定の枠組をつくっていて、それに照して、地域の現実をみて、段々畑に踏み込んだり、民家の軒先で話し込んだりしたききとりと、その時学校や農協から入手した若干の資料をもとに、一気に書き上げたもののように思います。

「反封建」、「反近代」といった図式があって、まずすなおに現実を読み切れないでいる未熟さがいたるところに露呈していて、今読みなおすと恥かしい思いがするのです。それでもその頃の調査活動は、学生諸君と現地に泊り込みで行うのが普通で、大ていは学校の畳敷きの裁縫室などでのざこ寝でした。だが、いままで学んできた思弁的哲学的な文献研究中心の教育研究から、社会科学の文献研究に助けられての社会の現実の中で、教育を読むという仕事は、見るもの、聞くものすべて興味関心を刺戟しつづけてくれました。深夜までその日の「ききとり」の内容を、めいめいが発表して、倦むことを知らぬ討論に明け暮れたものでした。その頃の学生諸君にとっても大変印象深いものであったようで、今でも語り草になっています。

そういう一連の研究活動の一つが、この九島での一日調査だということでして、他の地域の調査などを頭の中におきながらの作業だったのです。だがこの種の調査の限界もすぐに現れてきました。まず地域の社会問題をきき出します。封建的なしきたりや人間関係がぼろぼろと浮きぼりにされます。次にその中で影響をうけた子どもの生活上の問題も調査によって出てきます。そして、教育計画、とくに学校がそれにどう取り組んでいるかを調べます。そして学校が、地域のリアルな問題からはなれた、国という地域の外側から観念的な働きかけをしている姿も批判できます。しかし、それでは子どもたちをどう育てるかということへの方向性なり原理なりを提起するとなると、にわかにわびしい結論になるのです。つまり、教育のまわりをぐるぐるまわる社会調査でおわるのです。ゲーテの『ファウスト』のコトバを借りて少しもじっていってみますと、「申しておきますが、調査などをやるやつは、悪霊に引きまわされ枯野原の中を、ぐるぐる空廻りしている家畜みたいなものなんです。その内側には立派な緑の牧場があるというのに。」

この解説を補うものとして、『教育とは何かを問いつづけて』の「Ⅲ　教育研究と社会への開眼」を参照していただければと思います。

あなたがたは、死体をせんさくしておられる。私は生きた生命をしらべているのです。

（ファーブル『昆虫記』）

一　西海のはてに

瀬戸内海は自然の公園として、私に一つの美しい幻想をもたらす。深くおだやかにたたえた緑の海、無数に点在する島々、くっきりと描き出された白帆、そうしてとりわけ秋の瀬戸内海は、真黄色の麦畑にそめ出された島々と、青味を加えた海とが美しく平和な調和感をいだかせる。頂上までたがやされた島々の耕地に、そこに住む人びとの苦しい汗がそそがれていようとも、通りすがりの旅人の目には、そのような、いたく現実的な悩みをいだく余裕は毛頭ない。私が踏査した島の一つ、宇和島市九島《くしま》は内海を佐田岬を距てて西南に、わずかにずれて、宇和島市の正面に位置する小さい島である。ほんとうは地図で分るように豊後水道を距てて九州に相対する。四国の西端に近く位置するが、周辺の風物はいちじるしく内海的であり、内海の島々と共通した風物と課題をもっている。宇和島からの定期船で一五分、ろで二〇分という、一衣帯水、周三里の小島である。

この島を踏査することにした動機は、しごく突発的なもので、あとでまとめるのに悔まれるほど無計画なものであった。この島に調査をかけることにした一つの理由は、内海を中心として一帯の沿岸および島々に広範囲に展開している半農半漁の生活、とりわけ、不安定な漁業に追われて、住民たちが必死に生きんがためにかじりついている段々畑の農業、そういう生産を中心としたいとなみの中に、どんな人間がつくられているかという観点から、調べてみようというのであった。そうして、そのような瀬戸内海沿岸の臨海村、および島嶼の中でも、とりわけ、そうした特色を極度に表現している九島がたまたま選ばれた。

西海のはてにあるこの小島が、日本社会のもつ宿命的にさえ思える業果を、どんなふうに背負いこみ、そこでどんな日本の人間がつくられているかは、後にのべなければならないが、あくまで美しいここの風景の陰に、限りなく暗いものを追うわれわれの気持が、あまりにもそぐわないものであるようにうしろめたい。けれども、傍観者の美に耽溺するまえに、そこで働く人びとの生き方が美しく解き放たれることから、数千倍の美を生みだすことに、われわれの期待をつないで、勇敢にその中にメスを加えなければならない。その場合、私は、そこで生きる島の住人、大人や子どもたちのさまざまのいとなみ、生産、文化、保健、消費、政治などのいとなみの中に現われてくる彼らの生きぶりをつかんで、そのような生きぶりの中に、どんな人間形成がいとなまれているかをつきとめたい。西海の小島もまた一つの人間形成の学校として考え、そこでの教育方法や内容が明らかにされるとき、われわれはふたたびふり返って日本社会という日本人の学校の構造に反省の資料をうるであろう。九島はすでにのべたように、愛媛県宇和島湾内にはまりこんだ周三里の小島であり、海抜三〇〇メートルの高地を中央に、山裾をそのまま海中にはめこんだ恰好をしている。海岸よりの平地は、わずかに南側に、一〇〇〇メートルの長さで帯状に流れているにすぎず、この平地の幅

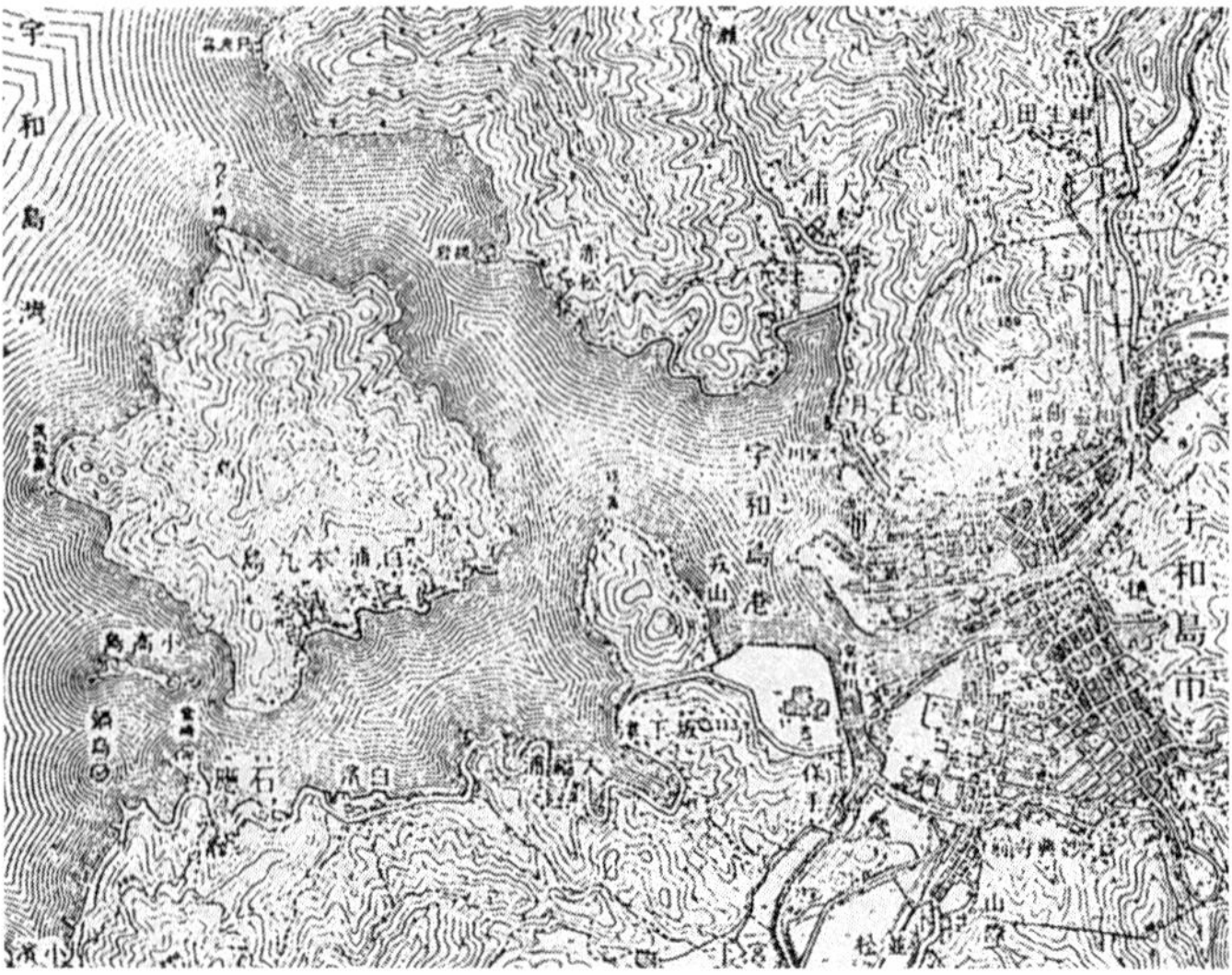

は山腹に一番深くきりこんだ蛤、本九島の地域で三〇〇メートルにも満たず（海抜二〇メートルの線までの距離）、背面には、すっかり耕しつくされた段々畑がのしかかるようにせまっている。この長さ一〇〇〇メートルと、幅平均一五〇〜二〇〇メートルの平地の中間に、高地が二カ所で海に突出しかけて、おのずから三つの区分けができ、東側から順次に蛤、百ノ浦、本九島の三地区が出来上っている。この三地区は、それぞれのせまい平地に寸土も許さず島民の住居が立ちこめていて、大都市のスラム街のような状況を呈する。全地域あわせてこの狭地に戸数六〇〇、人口三〇〇〇というから、その密度の高さは想像にあまる。商店一つないこの地帯を、真昼の労働時間に通っても、裸の子どもの右往左往を押しわけるという都市的な錯覚にお

そわれる。

この島は、行政上は対岸の宇和島市に属し、日に数回の沿岸廻りの定期連絡船と、島民所有のろ船の往復も頻繁で、百ノ浦に渡船場がある。しかし後にのべるように、対岸宇和島市とは一種の別世界を構成していて、われわれに奇異の感をいだかせる。穏かな内海の水畳を乱して、宇和島港を出ると、右側に市と陸つづきの四国と、左側にある小島の見事に耕された段々畑を眺めるようになり、九島は、とりわけ群を抜いてわれわれの前に段々の地肌をあらわにしてすぐ眼前に迫ってくる。海岸につながれた、ろ船が小さく簖状をなして並んでおり、小型のモーター船や釣船がこれにまじっている。海に働きかけるこの幼稚な武器と、海岸にのしかかる巨大な段々畑が、この島の生命をのせている。段々畑の頂上に立って、小島の散在する彼方に、はるか豊後水道をのぞむと西海のはてにきたという思いをする。

二 段々畑——島の生産生活

九島の住民たちのくらしが、前面にひかえた海と、背後にそびえたつ段々畑の上に仕組まれているということについてはすでに触れた。伝えるところによると、幕藩時代の宇和島藩主伊達家の殖産興業政策の一環として、少数の漁民がこの地に移住させられることから、この島の歴史が始まっ

九島の船（1951年8月）

		トン数	隻 数
無動力船	漁業用	5トン未満	160
	漁業用	〃	200
動力船	漁業用（6～10H.P.）	〃	160
	鮮魚運搬用（50～70H.P.）	5トン以上	4

——九島漁業組合——

たといわれている。

通常の場合、徳川幕藩政治下の領主の財政難は、中期以後、商品経済成立後とされているが、宇和島藩の場合においては、地形の関係からいちじるしく平地にめぐまれず、現在でも南伊予地方総耕地に対する水田の割合二〇％以下のもの二五カ町村、その中一九カ町村は一〇％以下といわれるから、その米穀を中心としたその時代の財政難が想像できる。その上外様大名、仙台伊達家からの分藩であり幕府の辺境政策と相まって、けっしてなまやさしいものではなかったろう。伊達家の殖産興業政策は製紙、製塩そのほかが実施されたが、もし、つたえる所を信ずるならば、それらの一環として、ここの漁業生活が始まったとみられる。ここの住人たちが「よそもの」に対して強く自己を閉鎖する性格をいまなお残している所からみても、そういう小規模漁業と、そこでの自給農業はおそらくその初期から、からみついて成立していたであろう。

農業としての段々畑は、宇和島市周辺には、幕藩時代から古く

主要魚類魚獲高（1950年）

	水揚高	価　格
いわし（年間）	25万貫	1500万円
たい類（4 5 6月）	10	4500
はも	7	2400

――九島漁業組合――

成立していた記録があるから、それらとあわせ考えると、ここの住民の定着と同時に、内陸の段々畑の経営の手法が導入せられ、小規模漁業と相まって、ここに一個の自給圏が成立したであろう。そうしてここでとれた魚類は、おそらく定期的に藩主に送られたろうし、参勤交代の土産に、干した鰮《いわし》が献上せられたとも伝えられている。

この島の歴史について、さしあたり私の手もとにある資料では、ごく周辺的な事情しか分らないので、いたずらな推断はさし控えたい。ただ幕藩以来外国の文化の影響を早くから受け活発な先進的な動きをみせる宇和島市に対して、今なお一種の閉鎖境にある実情から推して、ささやかで不安定きわまる自然まかせの漁業と、背後の段々畑が固く結びついて、一つの閉鎖的自給的生産圏が長く成立してきたということはいえると思う。

参考　「日本特殊産業の展相――伊予経済の研究」（一九四三年）

九島の海岸部落につながれている漁船は、いずれも小型で、えびあみ用（三〇隻）、はえなわ用（一〇〇隻モーター船）、それに農業用（肥料などを運ぶ）（一五〇隻）が加わる。これらはことごとく個人所有であるが、「いりこ」などを収獲する「よつであみ」の場合には五戸ないし、六、七戸（人員二〇人―三〇人）の協同体制をとる。「はえなわ」によって北方海面で「たい」「はも」「はまち」な

いりこの価格の変化

	ちりめんいりこ		かたくちいわし	
	公　定	闇　値	公　定	闇　値
1946	240〜270円	800〜1000円	180〜230円	300〜400円
1948	250〜270	1000〜1200	230〜250	600〜800
1950	260	320 〜 330	250	170

——九島漁業組合——

どがとれる。漁場は大体一日行程の範囲の沿海漁業である。

ここの漁業の重要な産物は、「いりこ」であるが、漁獲の時期は大体三月に始まり、三月から四月にかけて「ちりめんいりこ」、四月に入って成長した「いりこ」がとれ、四月から九月のものは加工して売り出す。九月から一一月が加工「いりこ」、九月から三月は収獲がない。「いりこ」加工のために、専業の「いりこ」製造が数カ所で行なわれている。その他「いか」の加工が副業として行なわれる。収獲された他の魚類は商品として販売され、宇和島市で処理される。こうした程度の漁業はほとんど自然経済から小商品経済への過渡期にあるものであろうが、資本制的傾向はむろん現われていない。

第二次大戦はモーター船の徴用、燃料の不足、漁夫の応召などで、この島の漁業に大きな打撃をあたえたであろうが、その後この島の漁業に最も決定的な影響をあたえたのは戦後における沖あみである。周知のように、日本漁業の漁場喪失は、大資本を近海に投入せしめ、零細漁村に対して、大きな打撃をあたえている。ここでも三菱系の電波探知機と、起重機をそなえた近代漁業が沖に出現して以来、ここの漁

経営規模広狭別農家数
（1948年8月）

	戸 数
1反以下	54
1 ～ 3反	181
3 ～ 5 〃	91
5 ～ 7 〃	66
7 ～ 1町	37
1 ～ 1.4 〃	13
1.4 ～ 1.6 〃	2
計	444

――九島農協――

主要農作物作付反別，反当生産高
（1950年）

	作付反別	反当生産高
甘藷	115町	600貫
麦	60	4俵
夏みかん	13	700貫
すいか	5.5	400 〃
きゅうり	2.4	450 〃
かぼちゃ	2.5	400 〃

――九島農協――

業に対して決定的な脅威をあたえることになった。加うるに一九四八年度一二〇〇円を示した「ちりめんいりこ」が、今日四〇〇円、「かたくちいわし」が一九四八年六〇〇円―八〇〇円のものが二〇〇円と漁価の低下にともない、生産手段に要する工業生産品（網、漁船、燃料）は公定と「やみ」の、はなはだしい差がある上に、大部分を「やみ」に依存することが多く、島民の生活への圧力となっている。

ここにいたって、この島の背後にそそり立つ段々畑は重大な意味を持つこととなり、このけわしい山腹に、必死にかじりつく姿が一層深刻な様相を呈するのは当然である。九島の耕地は、住居をのせている平地面を除いた傾斜面にあって、総面積一七五町歩のことごとくが段々畑であるとみてよい。北側の直接、風を受ける急斜面と、頂上（三二〇メートル）を中心とする一五〇メートル半径の地帯を除き傾斜七〇度におよぶ地帯が、ことごとく耕作の対象となっている。五〇度の傾斜は普通に見られるという有様である。この急傾斜に平均一段の高さ五尺、せまい所では二尺という段々畑が出来上り、まさに人力をつくして土地にかじりつかざるを得ない有様が分る。ここでは一一月—五月にかけて麦(はだかむぎが大部分、小麦、もろむぎ)五月から一一月にかけて甘藷の輪作が主で、その他、かぼちゃ、西瓜のごとき野菜のほか、柑橘類を主とする果樹が行なわれる。その他、養蚕が行なわれていて桑園が若干見られる。米ができないということがここの農業の背負ってきた宿命的なものである。甘藷は南予段々畑地帯一帯が好条件であるようで、普通畑の五割増となっていて、反当り五〇〇貫、六〇〇貫、競作時代には一五〇〇貫も出たことがあるといい長い間の技術の発展もこれに加わっている。麦はここでそだつ貴重な穀類であるが、両側は風を受け、北側の斜面は日照不足で成功しないということであった。こうした段々畑は、多く所有する家で七—八反、小なるもので三反以下で一般に小規模のものが多く、平均五反とみてよい。

註　前掲「日本特殊産業の展相——伊予経済の研究」の「南予段々畑の特異性」の部、参照。

しかも段々畑である関係上、耕地は細分され、一反歩あたり枚数は著しく大きい。

この島には農地改革以前にも、一町五反近くを所有するもの一〇戸足らずで、ほとんど分配上の問題はなかったといわれる。

こうした耕地の分散に加うるに、段々畑特有の労働が加わって、島民の労働状況はいちじるしく

甘藷生産額生産費比較表（1949年）（反当）

		段々畑	普通畑
生産額		11,140円	7,010
生産費	種苗費	1,481	786
	肥料〃	3,085	2,179
	諸材〃	895	567
	防除〃	438	3
	建物〃	808	228
	農具〃	3,036	390
	労働〃	13,021	8,842
	合計	22,764	12,995

——南予段々畑の特異性——

激しいものとなっている。その中でも最もいちじるしいものは、段々畑への肥料の運搬である。急傾斜地にする段々畑は、降雨毎に表土と共に肥料がはぎとられて流出する。その上、多肥栽培を必要とする麦を植えるので、このことは、一層労働を激しいものにしている。

まず肥料であるが、その主たるものは人糞肥料である。家畜の役立たない段々畑では堆肥もとれない。それでこやしを集めるために、対岸の宇和島市に進出する。朝早く暗い中からろ船によって宇和島に出て、一一時頃、二〇～三〇個の桶に人糞をつめて帰ってくる。荷を積むと四〇分から一時間かかる。毎日何百人かがこの島を出て、宇和島に出かけるわけである。宇和島市の何軒かと契約が出来ていて、一〇軒もあれば、大体月二回位出かける。行きの船には、かぼちゃ等の野菜をつみ、肥料を陸上で運ぶリヤカーを積む。野菜は各個に問屋に渡したり、契約した家にも、とどけるということである。島の小中学の便所との契約で年間一万円近くも払うくらいだ。昨年あたりは、硫安一俵二〇〇〇円もしたというからこうしたシェーレの増大からくる圧力がここの生活を急激に圧迫することとなった。島に運ばれた人糞肥料は、たるおけに入れられたまま「山」に運ばれる。「山」というのは、すなわち「畑」を意味する通用語である。急傾斜に沿うて山に登るのだが、これは容易ならぬ労働である。おまけに「山」への道は不完全きわまるもので、私どもが訪問したときは、九島中で一番よい山道を通ったのであるが、道幅一メートルもあるのは最初の一〇〇メートルくらいで、あとは、けわしい谷沿いにしば道がつづく。この道を両方あわせて三〇貫近くもある桶を、天秤の両方につけて肩にかつぐのであるが、平地のお百姓なら、まず足をふみはずすほどけわしいものである。まして、一歩段々畑にふみこめば道なき道を、奇蹟的な器用さでやりぬかなくてはならない。もちろん道のところどころに肥だめがあって、リレー式に運ぶような工夫もしてあるのだが、この山への肥料運び、「たるおけ」ができるようになるのがこの島の青年の成年、一人前を意味するくらいに困難なメルクマールになっている。

溜肥の設備費や修理もこの島の農業の生産費の中に特別に入っている（甘藷の場合の建物費、段々畑、反当八〇八円、普通畑二二八円）。これだけ辛苦をしても、一度多量の雨を呼べば、貴重な土壌が流出してしまう。その上、麦の連作で地味をくい、一般に酸性度が高く、やせているといわれている。こんなわけで肥料運搬には、いちじるしい労力をくうのであるが、高い所になると往路だけかついで五〇分、一日肥ばかりかついで四日が最大限という所がある。肥料の運搬は毎日というわけではないが、毎日「山」にくるついでに運ぶものもいる。二反の畑で一月に六〇荷から一二〇荷ということである。（九島の糞尿購入、甘藷の場合反当九九四円）、その上、畑は通常四カ所か五カ所に分散しているというからたいへんである。肥をはこぶのは、畑にはいれない雨の日に運ぶものも多いという。

通常の場合の労働時間は、朝六時から一一時まで一仕事をして昼食にする。昼食をすますと午後二時まで働き、ここで「おこんま」と称して三度目の食事をする。約一時間をおいて、四時頃から七時半（夏季）頃まで働く。約一一時間の労働だが、島民にいわせるとマンマンデーの仕事ぶりだという。けれども、あれだけ急傾斜では、やはり自分で気付かぬ気くばり、特殊な姿勢をとるエネルギーの消耗は、相当なものだろう。宇和島の波止場で「あれが九島のものですよ」と教えてもらってふりかえると、半裸に裸足の、たくましく赤銅色にやけた身のしまった小柄な男の人が立っている。足はO型に開いて、合わされない。かの、「たるはこび」のせいだと九島にきて、つくづく納得させられた。「山」にいく九島の男は、ことごとくがそうなのである。頭から肩にかけてのいかついもり上りは、重い圧力で大地にすえ込まれた印象をあたえる。

九島の婦人も「たるごえ」をかつぐ。しかし婦人の生理的な身体構造は、そのマキシマムな努力にもかかわらず、漁業と段々畑には適さない。そこで大部分の家庭の主婦は、家事労働のほかに副業を持っている。糸を繰って、原始的なはた織機で、段々畑の天びんに堪える特製のシャツを作る。多くの家庭はうすぐらい土間に、はた織機を持っている。夏は日陰で、冬は日あたりのよい場所を選んで糸をつむぐ。そうしてガタンピシャと、はた織機にかける。網のつくろいもあろうし、養蚕も婦人の重要な仕事であるようだ。終日そういう仕事におわれて、老いては子どもの一人前になるのを唯一の楽しみとする。楽しみなどというものは始めから期待もしなければ、ないという。

若い娘がいないということもこの島の顕著な現象である。九島はいちじるしく多産長寿で、五、六人の子どもを持つのが普通で一家一五人くらいの家族もめずらしくないということであった。激しい労働をともなう生活なので男子の労働力は、かなり吸収されるが、女子はその能力範囲を超えている。そこでこの過剰な家族生活を支え、追いつめられた海と山の生産生活を援助するために、娘たちの大部分は工場に「女工」として雇われる。大阪や松山市の北方にある北条町の倉敷紡績などに集団的に出かせぎをする。それらの工場には、九島女子青年団支部ができて、若干の寄附も村にするというし、ほとんど全額が家庭に送られる。つまり九島の財源をかせぐ大切な要素なのである。こうして九島から出た女子労働者は、故郷と強い紐帯をもって結ばれていて、結婚前の数年を

九島中学校生徒卒業後進路状況

		家事在村就職	出稼	高校進学	計
1947	男	17	0	0	17
	女	2	6	0	8
1948	男	38	2	6	46
	女	3	45	1	49
1949	男	54	0	6	60
	女	1	45	11	57
1950	男	40	2	3	45
	女	9	41	1	51
計	男	149	4	15	168
	女	15	137	13	165

出かせぎ先で送り、やがて島に帰って、島の家庭の主婦となる。九島の娘たちは工場主、企業家の賞讃のまとであって、勤勉で、純情で、この上なく辛抱強いということであり、島の人びとも、それを心から誇りとしてきたようである。娘たちは、盆と正月の各一〇日間は業主から許されて島にかえる。そういう帰郷の許される前には、業主は夜業をさせて、マイナスをプラスにするということをきいている。

以上のように九島の生産生活は、男女の原生的分業の外に、海と山と、それから「出かせぎ」との三つで支えられており、この三者がお互に結びついて島の生活の破綻をくいとめているといえる。海と山との生産生活の原始性が崩壊と破綻をともなうにつれて、「出かせぎ」も強化されるであろうし、そのことによって崩壊がからくもくいとめられはするが、改造と抵抗のメンタリティはミニマムなものに押し下げられる。

対岸宇和島市には、一〇〇トン以上の漁船一一隻、三〇トン—九九トンの漁船七八隻が（一九四八年水産局調査）ひかえている。九島の人びとがどんなに努力しても、漁業の発展の余地はおそらくのぞまれまい。段々畑は、いよいよその重みを加えるであろうし、そこに強い紐帯をもった「出かせぎ」も強化されよう。分村計画も進められているが、日本のどこに楽天地を求めることが期待できようか。それは日本社会そのもののもつ大きな限界を示すものではあるまいか。

三　親子関係の人間形成——家族生活

南側の密集した地域は、海にはみ出しそうに立てこんでいる。実際、海に突出した家がある。海に突出した部分の面積は、大体、陸地の半分の価格を呼ぶというから海にも値段がついているということになる。平地がなくその上年々の人口増加と、二男、三男の分家でいよいよつまってくる。宅地は前にのべたように海に値段があるくらいだから、地面はいちじるしく高価である。大体、宇和島市の目抜きの商店街の宅地料を基準として、地価が上下する。現在は一畝一〇万円ということであった。家を立てる土台からしてはなはだ困難だというわけである。

こうした高価な宅地の上に、一軒一軒が立てこんでいる。建物は中国、四国地方一帯にみられるように平民的なつくりである。富山あたりの農家がもつ玄関や、その他のいかめしさもなく、ごく必要な間取りのようにみえた。ある家の構造、間取りを図示すると上図のごとくである。

上の母屋は二階をもつが私の見た家では奥の四畳と六畳と

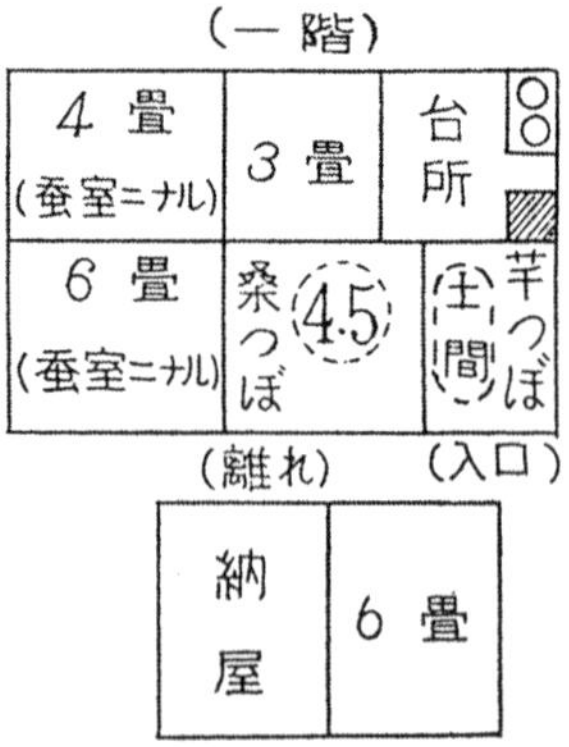

1950年代の漁村調査にて

が蚕室になり、土間の隣の四畳半の床下にはコンクリートで作った桑つぼがあり、土間にも芋つぼをもっていて、上に板が渡してある。養蚕のために二階も使用する。この家は年とった夫婦二人と、青年一人だったが、家族数の割合からみて島でも広い方の部類である。

離れの六畳の間は青年宿で、同年輩の青年数名がとまりこむ。家と家との間隔はいちじるしく接近していて、日当りはひどく悪い。ちょっとした空間には「いりこ」を腐敗させた「ためつぼ」があり、異臭を放つ。小路に出てきて糞尿をたれて帰る子どももいる。まるで汚物だめの中の住いである。夏はのみがたかるというので、通常たたみを引き上げて、板の間になっていて、調度類も比較的簡略に見うけた。住む家ではなく働く家である。

家をつぐのは長男で二男、三男はせまい土地の分配を受けて家を立てて分家する。二、三男以下の子どもを外に出すことは恥かしいという気分が残っていて、だんだん土地や財産の零細化となり、とりわけ最近の経済的圧迫、海の働き場の狭隘化が、二男以下の子どもの処置を真剣に考えさせているようである。島の粉ひき場の前で製粉のできるのを待っている初老の男性をつかまえて、近頃の景気、不景気の世間話をするうちに、五人もある男の子をどう処分したらよいかに困り果て「東京の方に何ぞよい口はないかな」と真剣に聞くのだった。こうした言葉から、二男、三男の「出かせぎ的な処置」に唯一の活路を見出だそうとする有様がわかる。「出かせぎ」により家庭を有利にして、島に一軒を構えさせ分家しようというのである。

家長の役割は服従、被服従の峻厳なものではない。いずれの家族も労働共同体の一員として、もちつもたれつのきわめて親近な関係にあるようだ。しかし、後にのべるように習慣的ないくつかの規範があって、おそろしく停滞的な共同体である。

土地耕作の問題などに対して戸主の発言力は決定的に強く、比較的めぐまれた家庭にかぎり息子が新企画をとり入れるということも、例外的にはできる。成長した子どもに対しては、それが有力な家内労働体の一員であるという理由でそうとうな発言も認めなければならない場合もあるのであろう。とくに年を取って、労働能力が低下すると、ここの労働はただちに無理なものになるからである。

九島の生産生活は、すでにのべたように、家族を経済単位とする家族労働であり、せいぜい漁業の場合の「はえなわ」などを通しての協業である。だが、他方孤立した自給圏として、共同体としての強制が習慣的に成立していて、これが家族生活を規制していることが注目される。島内での血族結婚、村内結婚の厳存は、この閉鎖性をいっそう強調しているといえるであろう。さきにのべたように大阪、北条などの資本主義企業に労働を買われている娘たちは、その出かせぎ中も、青年団支部を結成し、あるいは労賃の全額を送金することによって家計を助けるなど強く郷土と結びつき、九島の閉鎖性の延長を大阪や北条にまで運ぶ。だから一定の年限勤め上げると、再び帰郷して、島外の青年との結婚はきわめて例外に属する。そうして「いとこ」同士の結婚もまったく普通のこととなっていた。そのために虚弱児や精神薄弱児も目立ったということであった。

しかし、戦争はこの島から多くの軍人の出動を命じたし、この閉鎖体から他の開かれた社会に出ることによって、軍隊や予科練で生活した青年の知識は、他からの見聞によってこの状態に批判を呼ぶようにもなったということである。そこでこうした血族結婚は漸次反省されているというものの、従来のいきさつ上、血族関係のものが非常に多い。「甥、姪同士、いとこ同士の結婚がめずらしくなく、その上多産なので」、「私の家の関係（親戚関係）で、ここ二年間に三十何人かが縁づくので、これにいちいち贈物をするとなるとたいへんなことになり困っております」（Y君の話）。

この血族的閉鎖的な社会の中で、家は一個の家族労働単位をなしていて一応の独立性を与えられているものの、なお近代的家庭生活であるならばごく私的な問題であることに対してまで、共同体の干渉がくる。この島の食生活は後にふれるように、年間を通じて芋と麦が主食であるが、副食などでもちょっと変った料理をして食べると女房が周辺の家庭から非難のまとになるというような状態が起こる。娘の処置にしても、他村にかたづけることが恥とされるということもある。

親戚関係の交際も実に手がこんでいるし、隣家との関係もそうであるらしい。冠婚、葬祭、誕生、節句などで「客ごと」と呼ばれるが、これは部落の習慣が厳密に行なわれ、二つの「客ごと」を一つにまとめて行なうという場合などは、すぐ「けちんぼ」ということになる。嫁入りがあるという場合に、それが母の姉妹（娘のおばたち）である場合は一万円程度、「おい」、「姪」という場合にも数千円という贈与をする。赤の他人でもとなりつきあいともなれば五〇〇円はかかる。所得税と交際費で、全所得の三分の二がくわれるということからみても、税金の圧力もさることながら共同体の強制の強さがうかがえる。子どもに「おもちゃ」でも買おうものなら、金が余っているとみて、金をかせかせといってくるという次第だという。

本家の関係もさほど上下関係をなしているわけではない。盆や正月に魚などをとどける程度らしい。箱づめ一荷を「とりにこいよ」といった気安い関係で贈るらしい。ただこの村で有力なのは、たいてい長男、本家関係のものだといわれる。つまり、本家は何といっても一番安定した財政的基礎をもつことになるからであろう。

自給圏としてのこの島の経済的性格は、商品経済の導入でいちじるしく破壊され、一個一個の家を単位とする労働の場、労働共同体としての家による分散独立が、実質的には行なわれているにもかかわらず、古くからある閉鎖的共同体的強制の名残りがいろいろな形で家の独立性をうばっている。そこで青年の進歩的な意識には、いまではそぐわないものとして受けとれる。しかし、青年のこうした進んだ意識もなかなか育ちきれない幾多の障害もあるようだ。

というのは、青年たちは、新制中学に入ると、そこにもすでに一種の共同体的規制がまちかまえている。新制中学を出た男子は、同年輩の気の合った仲間で、村の比較的広い屋敷に数名で同居する。彼らはその家の夫婦を宿親と呼び、それに対して宿子と呼ばれる。食事は全部実家にかえるが、その他の時間は、自家の労働時間を除くとことごとく宿親の家ですごす。午睡も宿親の家でする。宿親が選ばれるのは、家の広いこと、部落の人望があるという条件として、今日は行なわれているが、古くは網元の家であったという。こういう青年宿が、本九島地域に四九カ所もある。人口の増加とともにふえたのであろう。同宿した宿子たちは、ここで結婚するまで同居するのであるが、最後の一人が始末のつくまで宿親は宿子を新しくとらない。結婚はすでにふれたように同村の娘が通常相手として選ばれるが、同宿の宿子が本人同士や、その実父母と話をつけ宿親は形式的な媒酌人となる。

こういうふうにして結ばれたものについては実父母も宿親もあまり反対しないですむらしい。これは日本漁村をはじめ、村落に残ってきた若者衆（連中）の強い力を思わせる。おそらくその名残りであろう。宿子たちは、以後終生にわたって兄弟のちぎりで結ばれるとともに、擬制の親である宿親を通して、共同体的強制下に入る。宿親は宿子のしつけに責任をもっているようで、私の訪ねた青年宿の宿親は、宿子の素行がよいので心配がないと安心し、また聞くところによると、それが彼らの誇りとなっている。だから新制中学を卒業した後は、定時制の高校に在籍しながら、あるいは大学生でも、擬制的な親子関係のなかに生活が何らかの編成をうける。結婚するまでの青年期が、このような関係の中でいとなまれることは結果的に共同体的なしきたりをかえって強化する力をもっているということがここでもいえる。

出かせぎの娘たちは、一年に一〇日くらいずつ、盆、正月の二回、島の実家にかえるのであるが、そのときがこの島の若い男女の間に愛情が生ずる機会を提供する。「娘が帰ったかな」と親のもとを尋ね「娘をかせ」といって、青年宿に娘をつれこみ同宿して、よもやまの話や娯楽にふけるという。しかし、けっしてあやまちをしないという。これも日本の漁村地帯にしばしば残存する風習なのだが、予想されるあやまちの起らないのはおそらくこうした男女間の関係が、強く共同体的な性格を保持していることによるのであろう。島民たちはこの青年宿が成立している事情について、家がせまく、夜業の多い漁業では、昼間夫婦生活がいとなまれる関係から、子どもを青年宿におくるのだといい、また島の娯楽生活の貧困さを青年宿に求めるのだというけれども、実際は、古い共同体的強制の下に子どもをしたてるという教育方式の残存形態ではないかと思う。

九島の家族生活は、このように全体を通じていちじるしく共同体的であって、私的な領域が比較的せばめられている。部落内での結婚は若いものの相互の意志が尊重せられるように見えるけれども、いったん「よそもの」との結婚となると、激しい批判的な気分が地域にあるのも、そういう地域共同体の家庭生活への干渉を示しているのではあるまいか。このような共同体的強制の名残りを深くとどめた家族生活に育った九島の子どもたちは、成長して男子は、擬制親子関係の青年宿に一人前になるまで育ち、女子は集団的に出かせぎしても、強い地域の索引力に再び引きもどされ主婦となる。こういう擬制親子関係からくる人間形成は、九島の青年たちをとかく古いしきたりに屈服せしめ、自らの運命のから、を断ち切る迫力をいちじるしく鈍化させている結果にはなるまいか。

このような人間関係は、社会を進歩させる独創的で異質な若人の成長に干渉することになり、むしろ旧体に適応する人間の形成に都合よい条件をあたえることとなろう。こういう情的擬制親子的人間関係の中で、労働共同体の一員として、つまり激しい労働力の苦難をしのぐ「一人前」や「宿子」としての模範青年が広く承認されることとなる。それからまた、金三千八百円也で労働を売り、「誠実勤勉」な娘たちの生まれ、かつ死する場をも提供するのである。

最初にのべたように、九島の家は宅地からしてはなはだしく高価である。第一、土地がなくて家を建てる余地がいちじるしく少ない。それなのに、かせいで島に帰り、あるいは二、三男に外で働かせて、島に宅地を求めて、独立させることに両親の期待があり、若いものもそれ以上の夢をもつ余地はない。それは、前にのべた人間関係をいたずらに強化する、からまわりの思惟である。こういう考え方と現実とが悪循環をしている。しかしこれもまた、日本漁村の人びとの夢でもあり「一人前」の構想なのでもあるし、多かれ少なかれ、今の日本人全体に通ずるものなのである。

四　肉体変形の人間形成——保健生活

生きることのために人びとは肉体を変形させている。社会は精神だけでなく肉体を変形させ、その社会に生きるに必要な「一人前」の肉体を要求するのである。すでにふれたように、九島の生産生活は、日本社会の農漁村が一般にそうであるように、単純、かつ過激な手労働に依存している。生きるためのいとなみが原始的であるほど肉体的変形もいちじるしく目立つのである。あの段々畑の重労働は短躯、頑強な筋肉、しまった腰を形成する。そのうえ、すでにふれたように、開いたO型の脚肢を作り出す。常に上体を屈げて作業をし、かつ長時間それが続くためか、四十代にもなれば腰のまがる婦人が多いという。妊婦は出産後二日目から床をはなれる。それでないと「なまくら」と呼ばれる。漁業にやとわれる新制中学の生徒たちも、一人、一作業、三〇〇円程度の報酬を受けるが、身体の大きさに比例して多少の差ができるという。こういう社会では、知性よりも肉体そのものが、人間の評価を決定しがちになる。そこでは、知性によって現実を変革するかわりに、肉体の変形によって現実に適応する。生理的な力の大小や、身のすり減し方が人間の価値を決定する。骨身を惜しまぬことが高く買われる。人間をすり減して消耗することのなかに、島の「一人前」ができあがるのである。それは九島の「一人前」というより日本の「一人前」でもある。

九島の経済生活の破綻はこうして、個々人の骨身をけずることによって、からくも守られる。共同体的な行事や冠婚葬祭のはでな表現の背後に、個々の肉体の処理や住居生活のなかに、骨身をけずる不衛生、不健康さが潜んでいる。密集した部落の住居ははなはだしく暗い。窓が少なく採光の考慮がおろそかである。ルックス・メーターで測定すればいっそう客観化されたであろうが、それでも狭い海岸、すぐ背後にせまる急角度の山の斜面に、六〇〇戸がひしめき合っていることでも想像できよう。細く不潔な道路がうねって、わずかに家と家とを距ててはいるものの、とかく屋根と屋根とが重なり合いそうである。腐敗した「いりこ」をほうりこんだ肥料だめがあけ放たれて悪臭を呼ぶ。裸の子どもが道路にお尻をむけて遠慮なく大小便をする。蝿が密集し、また四散する。夏は住居に畳を敷かない。その理由は暑熱をさけるためもあろうが、のみが発生して困るからというのであった。海は自然のごみ捨て場である。処理しきれない汚物はことごとく海にすてられる。すてた麦わらがたくさん海面に浮く。裸の子どもの遊び場は、せまい土をあきらめてこうした海にもとめられる。海岸ぞいのところは、ごみ捨場兼子どもの遊び場といったかっこうになる。板ぎれをつかんで「じょうきあそび」をする。泳ぎ、かつもぐる。学校の調査によると、トラホーム〔伝染性の慢性結膜炎〕が全児童の二割五分もおり、厳密に見るとまだまだ多いということでもあった。それでいてタオルなどは、一家の共同所有といった状況でもあるといわれる。当然、子どもの皮膚病も広く分布しているようである。地下水の便も悪く、井戸が少なく、水にことかく。雨の日は井戸水がにごり、塩分も海に近いので多い。そこで風呂に入る機会も少なく、一月に一回も入らない人もあった。四月から一一月まで、子どもたちは海に入るそうであるが、汚い風呂がわりではある。激しい労働生活で万年床もあるという。

この島には仲先生というお医者さんがいる。先生はＰＴＡの会長もしていられるがモーターボートに医療室と薬室をそなえ付近の島々を一手に引きうけて奮闘している。この白いモーター船が、段々畑の海面を白波を立てて走るのを見ると救われたような気分にもなるのだが、それにしても心がけというより社会構造からくる不衛生には、一人や二人の医師でおおいきれない厚い壁があろう。もと軍医さんで全科を担当する、この島の唯一の近代医学の担当者をしりめに、「もらい水」「おいのり」などの迷信的処方がかなり残存しているらしい。辛抱づよく身体をいたわる、ほのかなヒューマニズムが芽生える余地もないところでは、即効のある場合のほか、とかく近代医学はお粗末にされる。奇蹟や偶然を期待する。迷信に走るのである。理くつだけでは生きられないのである。

食生活にもいろいろ問題があるようだ。米のとれないこの島の主食は麦と芋が、これにかわってさつま芋がかこわれ、むしたり、切干にしてたくわえたものを食べる。一軒の家で一貫五百匁も一度にむして、これをつついてくだき茶碗に入れ、こなし、二杯か三杯たべる。その後で「す麦飯」と称して「まる麦」のまま炊いて、これもどろどろにこなしてすする。押し麦より一倍半もふえるという。漁村だから売りものにならないいきずついた魚の「すずけ」と「さしみ」が副食になり、魚のないときは、なす、かぼちゃ、味噌や「らっきょ」ですますという。

私どもの行った八月頃は、一週間に一度くらい魚が食べられるという漁夫にあった。料理の方法もまだまだ工夫の余地もあるのだが、さきにふれたように「うまいものぐい」というので非難され、娘なら嫁入口にさしつかえるということであった。したがって食用油の利用なども行なわれない、日本の農漁村が一般にそうであるように、台所は一番お粗末に見えた。それは家庭の「かげ」にあり、他人に見えないという理由でもある。

「うまいものぐい」が非難から賞讃の論理に大転換するには、まだまだ多くのかべがあり、とくに老人連の頑強な抵抗があるらしい。当局との話し合いで、一カ月の中一〇日間分の米の配給があることになっているが、ときに配給量も少ない。そのうえ麦、いもは生産者価格で出し、米は消費者価格で手に入れるといったことになる。病人があったときも米を買うのに困るという。

けれども他方、お正月、お盆、その他冠婚葬祭のときは、二日間に一俵も白米をたき、果てはくさらせるという場合もあるらしい。そういう場合には酒肴もうんとご馳走する。そうでないとあの家はけちんぼうだといわれるという。食生活もまた「外」のためにあり、自分の身体のためにたくわえられないという傾向がある。単に貧困とか、土地の自然条件よりも、社会に問題がある。

原始的生産労働と共同体への「みえ」のために、肉体への「教養」が成立している。こういう「教養」ははなはだ危険な人間を作る。低賃金で甘んじ、みずから安く工場に売り払う娘たちや、身をこう毛の軽きに比して、一旦緩急あれば、肉体を肉弾として安売りすることにもなる。こういう安い肉体への「教養」こそ、平和のために、日本が克服しなければならないものなのである。九島における肉体のとりあつかい、保健生活は、拡大反省すれば日本の問題である。

五　外に楽しむ（Extrinsic Value）——文化生活

九島といえどもラジオもあれば新聞もある。戸数六〇〇戸の中、ラジオも新聞も各一五〇戸に入っており（中学校の調査による）、総戸数の四分の一だからけっして多くなく、日本の水準をはるかに下廻わるであろう。それにしても、そういう近代的文化享受の条件から遮断されているのではない。とりわけ青年たちは月一回くらいは、幾人かの組でモーター船にのりこんで、対岸宇和島に映画を楽しむ機会を求めているという。普通の家庭としてそういうことのできる家は、部落に二、三軒と数えられるにすぎないといわれるが、これも農村の生活でそうめずらしいことでもない。九島の生活にも、他の日本の諸地域にみられる、モダンな文化を享受する機会をもっている。問題はそういうものの受入れ方や、古い共同体的なとじた文化との相互滲透の程度にかかっている。

私の一日調査から九島の文化生活を分析して、結論的な断定を下すのは、他の場合と同様危険だが、まず、九島の家庭の総収入の三分の一が、所得税と交際費に使われるというY君の説を信ずると、そこを手がかりに問題が出てくる。九島の日常生活がすでにふれたように、非人間的に切りつめている反面、外に対する祭礼、冠婚葬祭、節句その他の共同体的年中行事の社交費に、かくも大胆な支出がなされていることは、一見矛盾するように見える。己の肉体をすり減して逆に社交費が重むのは、日本農村全般を通じてそうだといえる。

この島で本家となっている家では、男の節句は簡単らしいが、女の子どもは、五万円もするひな様、ひな壇が用意されるという。全部がそうだということもあるまいし、あるいは若干例なのであろうが、それにしても、裕福な都市のブルジョアの家庭でも、近頃としてははなはだ思いきらないとできない。そういうはでな節句は、共同体に対する「家」の権威の誇示であり、子ども自身にとっても楽しいことに相違あるまい。余りせんさくせずに、私たちもそっと、喜びをともにしたいくらいである。

ところが、こうしたことは実は、九島の人びと自身にとって、彼ら自身告白するように、すでにはなはだしい負担を感じており、苦痛なのである。それはすでに何ものかに強制されている楽しみなのであり、文化享受が外的な〝みえ〟や〝権威〟のための文化享受として受けとられている。解放された個人の心からの楽しさとして楽しまれていない。個人が共同体の中に埋めこまれ、共同体的強制によって生活が浸蝕されているところでは、人間の楽しみの享受の場合は、圧倒的に共同体的行事の中に求められる。生きるということが、そのままあますところなく共同体に規制せられているならば、それなりに人びとは、共同体的しぐさの中で、自らを本質的に楽しませることもできよう。それはそれでよいのである。けれども九島では、そして多くの日本社会では、そういう共同体が半ば解体したままに、古い外的文化享受のしかたが、苦痛をともなってなお残存する。

それらは単に節句ばかりでなく、島の祭礼、二十四輩様、鎮守さま、和霊祭（宇和島市）、冠婚葬祭をめぐって、実にはなばなしく苦痛をはらんでいとなまれるのである。自らを楽しますことを知りつつある九島の若い人たちは、大人たちよりいっそう苦痛の文化を、苦痛をもって味わいはじめているであろう。しかも古い共同体がのこした強じんなこの文化圏は、存外強固に残りつづけるであろう。なぜなら、閉じられたひくい生産生活の〝こつ〟や〝かん〟がまだ支配的な手工業的社会では、経験をつんだ老人の意識が支配するし、それが若い人びとの開明的な意欲の展開をいちじるしく阻害するからである。

九島に残る古い共同体的文化享受の領域の強じんさ、有力さにくらべて、個々人の心からの価値追究の上に立つ、若く新しい文化圏のもつ勢力は、けっして強力にそだっているとは見えない。青年団の活動も常識的には活動しているように見える。道路修理、防波堤修理、学校の修理や暴風被害の家屋の屋根修理など、忙しい青年たちの涙ぐましい奉仕活動もあるという。水産、農業に関する講習会、宇和島から講師を呼んで鯨大師のお堂の三〇畳位の間で、二日三日の合宿修養会も行なうという。その他相撲などの体育大会、のどじまん大会、終戦直後は他の地域なみに演劇もやったという。

鯨大師の修養会は一〇〇人くらいも集まり、常に定員をこえるほどの盛会であるという。そこでは「青年のあり方」などが問題になるそうだ。青年団の気風として、ダンスや遊廓あそびをやらず、やれば島人の相手をされないといわれる。宇和島に出てもせいぜい映画をみ、「こおり水」か「うどん」をかきこんで帰ってくるらしい。島から出かせいでいる大阪の企業に働く青年たちが青年団支部をつくっていて、そこからの寄附によって、年四回も団報をガリ版ずりで出されるときいている。こうしたことはすべて結構だし、あれこれいうべきすじでもない。「郷土愛」によるとうけとめられている。だがこうした青年たちの文化活動はまじめな若ものたちの心根から出ているのだろうが、何か外から求められてのことかという気もする。特定の人がそうさせているなどと憶測をたくましくするのではない。さきにのべた共同体的習慣という強制物がそこに働いているのではという思いもする。

共同体への奉仕も悪いなどとはいえまいが、労働力を零とする価値評価の仕方がしのびこみはすまいか。九島に対する道路、堤防の修理費二〇万円の交付を受けて、青年団は無料の財産として、はてはこれを二十四輩様や、その他の儀礼的寄附に用いたということが、誰かの話のついでに聞きとったが、もしそれが事実だとすると、この一見美しい島の語り草は近代的観点からすれば問題がある。

青年団の魅力が古き共同体にかくも引きつけられるのであれば、右にのべた心配もあながち邪推ともいえまいと思う。もしそうだとすれば、日本の農村がそうであるように、九島もまたルネサンスを迎えねばなるまい。もっとむきだしの若い人間らしい情熱を吐きだして、封建的殊勝さ、大人らしさを脱皮すべきではなかろうか。共同体に迎合するより、本質的にむきだしの意欲から、大胆で積極的な型破りの活動を生みだしてほしい。そういう意欲を阻む停滞した生産生活の基底をまず破らなくてはなるまいし、これには国家政策の無力さがなげかれる。

〝うまいものぐい〟の嫁が批判される九島であり、日本社会なのだ。その他の欲望も、ことごとくおあずけの状況の中から、新鮮な意欲が生まれるのを願う方が間違いないのではないだろうか。もっとうまいものぐい、もっと個人の楽しみをむさぼるためにがむしゃらに、立ち上ってもよいのではないか。それが人間を大事にする、まず第一なのだし、文化生活のはじまりなのである。

六　政治屋の魅力――政治意識

九島の有権者二〇〇〇票はまさに政治家たちの魅力であろう。一人の娘を口説けば芋づる式に労働力を獲得できる紡績会社の勧誘員のように、二〇〇〇票のまとまりがわが身に集まることの利は大きい。九島の人びとの政治意識は、このように等質的なのである。

九島は前にのべたように、今では宇和島市の一区として、市に編入されている。だから公には、地方公共団体として宇和島市に属するのであり、宇和島市民として市会議員を選出するのである。現に四名の市会議員がこの島から出ているのである。けれども、この島に住む人びとは、宇和島市民として政治権利を行使するよりも、まず九島の人としての団結を強固に残している。もちろん、対岸宇和島市に対して一種特別の政治生活圏を構成するに足る地理的、経済的な条件をそなえていることも確かである。九島が宇和島市に編入されたことは、宇和島にとっては、生産力の限界をもつ九島のかかえこみは大きな負担なのであろう。九島にとっては、宇和島の財源によって恵まれたのではあるまいか。九島の生活を高めるための宇和島市の将来の負担はけっして少なくなかろう。どういう事情でこうなったかについては聞いていない。けれども、九島はなお別個の境涯を宇和島市の西北の一角に占めている。

島には島民たちの選んだ宇和島市々会の議員のほかに、島全体の代表者連合区長がおり、その下に四人（九島地区二、百ノ浦一、蛤一）の役員があり、部落長的な性格をもっており、その下に幾人かの役員がいっそう小単位の生活集団を代表している。この最初の小単位の構造がどうなっているかは、明かにする余裕を残念ながらもたなかった。同族的なものなのか、単に隣組的なものなのか、一見隣組ふうにみえて、そうでない因子が働いているのか知りたいところである。とにかく、こうした役員たちの間で、誰を推すかがきまるということを聞いている。「今度は誰に投票しますか？」「まだ何にもいうてきとらんがの」という会話が耳にきこえる気がするのである。国会議員の選挙の場合などは、ほとんど島の票がまとまるというから、この辺に立つ議員諸公が垂涎して期待するところであろう。

この島を獲得するためには、候補者はこの島の住民の利害を知って、「米を入れて麦を出すようにする」といったり、「連絡船の便宜を講じたり」といって、役員をだきこんで島民の票を買いとることをたくらまないとも限らない。苦い薬を島民に投ずるより、甘い「人情をみせて」票をかせぐことになろう。

九島の共同体生活は、知性より人情的にできているからである。家庭生活や共同体的行事に義理と人情が貫かれているように、むしろ、こうした義理と人情の大系の中に、政治もまた座を占めているのではあるまいか。

青年団もまた、この等質的な政治意識の中につつみこまれているのではあるまいか、これらの共同体の規制を脱して、自由にそれぞれの利益を公明に主張しあうことによって、義理と人情の政治生活がこわされなくては、近代的政治感覚は育つまい。こうした前近代的等質的な政治意識は、票の多数に唯一の目的を見出している日本の非近代的政治屋たちの好餌になる。これはもう九島だけの問題ではない。議会で乱闘するかの戦後日本の議員諸公の多くが、どのような性質の票で議事堂にはせ参じているかを物語っているのであり、日本の政治問題なのである。九島の政治意識は、そうした日本の政治の谷間をちょっぴりみせてくれたのである。

七　九島の教育構造

九島の貧困さと、そのおくれた社会生活とは、土地のせまさと過剰人口といった自然的条件に帰せられるべきではない。むしろせまい土地に多数の人口を押しこめている日本の社会構造そのものに原因している。九島の人びともこの状態からの解放を心に願っており、いよいよ急迫の度をくわえるこの現実とのたたかいに日々精魂をかたむけているに相違ないのである。それにもかかわらず、海面では血で血を洗う漁獲競争、資本の面からの圧迫にあえぎ、段々畑ではそこでの破格の生産費の高さが、これもまた税金の圧力によって、生産を拡張し、生産力を高めようとすればするほど所得はマイナスになるという状況におかれている。そうしてそこに生まれた生産力の低さに対応する相対的過剰人口は、大阪や北条の企業に安い勤勉な労働力を提供することになり、かえって資本主義企業の利潤欲を満足させているのであるし、日本資本主義はむしろこうした安い人間のプールでからくもおのれを支えているといえるのである。そうしてこれこそ日本の農漁村がいまおかれている現実の縮図にすぎないのである。

このような環境の中で人びとの生きるめあて、したがってまた九島での人間形成のめあてはどこにおかれていることになるであろうか。すでに事実についてのべてきたように、九島の生活は人間をマキシマムにすり減らすという方向にむいている。まず海と岡の段々畑で人間の肉体がそのまま生産の道具に化するように変形を強いられる。たる肥をかつぐ修錬は中学の一年にはじまり、三年頃にほぼ完成する。百姓は弟にまかせてしまうはずだったY君が、弟に戦死されて、ここ四年間の百姓修業を始めた。彼は商業学校をでて商業をやるつもりであった。

百姓になってまずぶつかったのは何よりも肥をかつぎあげる仕事だった。「これをやらねば生活が出来ぬと考えて、普通の人が一ぱいのところを半分にして、途中三、四回も休むようにしてやっていましたが、その中に足、腰、肩もなれてきて、いまでは人と同等とまでゆかないけれども、作をするのに必要な肥くらいは担えるようになりました」といっている。

食生活のきりつめもまたさきにのべている。衣生活のきりつめ方も、最大限にしぼられて、就学前の子どもは夏は素裸、小学生はパンツとズロース、女の子はおっぱいが大きくなる頃からシュミーズ、結婚した婦人もお腰と前だれという具合だという。住生活が生産の場として極度に利用されていることものべた。妊婦は産後翌日から床を出て、三、四日もぐずぐずしていると「怠けもの」といわれるという。人間をきりつめるための生活の論理を幼いときから心得ないとここでは生きられない。

男の子どもたちの間では、水泳や相撲に強いものに権力があるという傾向があるそうである。それは身体が社会的に尊重されているというところからくるのではなく、むしろきりつめた肉体の駆使にたえるという点に人びとの賞讃がおくられるのであるし、知能よりも肉体こそ、ここの原始的技術に生きる重大なもとでとしてある。とにかくここでは生活のきりつめがむしろ勤勉誠実な人間の在りかたとして、生活の論理がそのまま倫理化されているのである。そういう人間であり、そういう人間にあらしめることに、ここの人間形成の一つのめあてがあるとみてよい。

生きるために勤勉でなければやれない、その故に勤勉であれ、それは人びとにとってまことに分りやすい教訓である。日本資本主義の発達過程における日本の計画教育が日本の津々浦々の学校に誠実、勤勉、質実の校訓をたれ、二宮尊徳の銅像をもっぱら人間のすり減らす方向に利用したのはまさにこれだったのである。労働予備軍のこの人間形成の熾烈さはここにあるので、それどころか九島の社会は、優秀なる近衛の精鋭をしばしば送りだしたことをもって、いまもって語りぐさとしているのである。

九島の人びとにとって、人間をすり減らすということは、まったくやむにやまれぬ日本社会機構の強制からきているのであり、そのことがそこでの人間形成の一つのめあてとなっているにしても、それは結果においてそうなっているということなのである。生きるための強制からくる一つのめあてなのである。だからそういうきりつめによってからくも生きながら、しかもなおもっと遠いめあてがないものであろうか。労賃をゼロとして、あるいはゼロ以下にしてからくも得る一時的な余剰をどこに使い、また使おうとしているかが、一つのめあてを理解させてくれるであろう。それはすでにいくどかふれたように、共同体の強制からくる「みえ」と装飾に消費されるのである。せまい高価な土地の上に、大きな家を立て、共同体の家と家とのつきあい、義理の立て方に強さをみせて、家格をあげて安定することが、この島でのほのかな願いである。そういうめあてでもない限り、どういう希望が達せられるというのであろう。安住の地はそれ以外に見いだせないのである。

「ここの百姓は今日この仕事をしたら明日はこれ、というふうに目先の計画はあっても、何年計画ということがない。その点私は計画性をもって働くというところに、生まれながらの百姓よりも、勉強をしたおかげでためになっていると思います。」こういうY君は八反の土地と、モーター船で漁業をいとなむこの島の最上層の人である。八反もあればそのうちのいく反かに果樹の苗木をうえて、それで何年か後にいくらかの現金収入を期待できる。そこではなお学校でならった計画的思惟も使い道がないではない。

その果樹も景気がうまくつづいたときの話で、不安定がすでに伝えられている。まして寸土も寝させえない五反足らずのこの島で大多数の農家には、不安定な漁業とともに、まじめに拡大再生産の計画を立てることは無理であろう。このきびしい生産生活のかべが、生産力を増す方向に計画的な思惟を働かせることを諦めさせ、むしろ生産力の発展をくいとめる共同体的な「みえ」の方向へと逃避させるのである。

しかもこの一種の逃避は、単なる「みえ」ではなくて、家格の高さを示すことによって、この共同体の中に関する限り、実質的に有利ともなるのである。すなわち共同体生活の中で政治的にも有力視され、発言力にも自信がもてる。顔と顔とをつき合わせた親近な社会では、人間の評価が抽象的知能の働きなどで分化し、抽象化した形で受け入れられないし、ここの生産生活そのものの技術的原始性がそれを必要ともしない。ここでは人間は家や財産を背負ったままに全体として評価を受ける。家格を高めることによって、初めてこの土地での劣等感から解除され、自信をもった安定感にひたることができるのである。「家」といってもここではすばらしい門や客間や土蔵という形に客観化された誇示ではなく、冠婚葬祭などのつきあい関係の中で示される。それは個々の家としての誇示ではなく、むしろ血縁による一族の間柄の誇示である。

血縁の誇示は母系の血縁関係においてとくに顕著である。これは古い社会関係の遺物なのかも知れないが、これを現実に温存せしめているのは、男系の分家のほかに、母系に対する血族の保持である。娘の子は、平生は裸の状態で、満足に玩具もあたえられないのに、節句には思わぬ贈りものにおどろかされる。それは子どもの生活を尊重するというより、血族のつながりの中の家の尊重なのである。家の関係は片言まじりの幼児の口からもついてでる。三歳の男の子が、赤ん坊の女の子、妹をみて、「ボク町学校ユクカラ、カヨコムコモラエ」といって笑わせるという。子どもより大人の関心がこういう点に日頃集中していることが充分うかがえるではないか。

人びとのめあては、血族の団結の中にいかに家の安定をはかり、共同体の中に己の地位を確保するかに熱中する。そういう血族が結ばれる単位は個々の「家」をとおしてである。各々の家は陸に海に家内産業にそして娘の出稼ぎに成員のことごとくを適所に配置して、結集した力で生きつづけねばならぬ。とりわけ男子の労働力はいくらあっても、さしあたりは役に立つ。家族員は小学生の子守役から始まって、老人にいたるまで、家の部分として形成される。家の有機的一部となり、ひいては義理固い血族の分肢体となることが要求される。島を離れて働く娘たちもけっしてこの分肢体としての自覚を失ってはならぬのである。それらは人間をすり減らす生き方を機構的制度的に保障する温床である。明治以来の公教育における家族主義の強調は、この庶民的な困窮生活のめあてを正当化し、近代設備の工場の中にまでこれを持ちこんだのは周知の事実である。

　九島の人間形成の目標は、人間をすり減らさねば生きられないという現実、それを家族的な連帯においてしのぐという現実のきびしい生き方の論理をそのままあらわしてゆくことにある。この二つは相補足しながら、それから自由になり、解放されることを願う変革の論理と倫理の成立をかたくなにこばんでいる。すり減らさなければ生きられないという事実が、家族的結合を強化し、家族的結合がいよいよすり減らしてたまるものかという反発と変革の意欲を弱体なものとする。現実を保守する、あるいは保守せざるをえぬ、めあてに、人間のしたて方もまた集中せざるを得ない。人間の摩滅、血縁を結集する家族主義、それを保障する日本の生産構造、これらの悪循環が人間形成の目標として、九島の教育構造の核的な役割を果しているのである。戦争前の日本公教育はこれらの目標を大規模に再生産してきたのであり、今日といえどもすこしもその温床そのものにメスを加えていない。憲法や教育基本法や六三制のいたずらな空転は、日本社会の人間形成をいよいよ悲劇的なものにしている。

こういう生き方のめあてに即して、必要な生活の内容がしこまれる。その中心は、こうした人間の摩滅、人間の道具化にたえるにたる肉体の形成と、それを保障する思惟様式である。まず就学前の子どもはきわめて原始的に育てられる。就学するまでの子どもがほとんど裸の状態であることはすでにのべた。生きることに大人たちが多忙で、そのうえ比較的多産なこの島の家庭では、子どもは一見放任状態におかれる。けれどもときどき激しい命令や叱責が干渉する。命令や干渉は子どもの要求に新しい発展を期待するよりも、大人の生活の激しいいとなみから子どもを排除し、隔離する方向に行なわれる。大人への要求はめったに満足させられないものであり、限られた生活領域の中に忍従すべきものだという劣等感がうえつけられてしまう。貧困で原始的な裸の生活に突如としておばからの莫大な贈り物が子どもをおどろかす。理由もないこの贈りものは、子どもの終世を通じて、義理を植えこみ、恩を着せられる。早くから家族関係を口にするようになることはすでにふれた。

学校に入ると子どもたちは少しずつ生産生活に役立てられるようになる。小学生では漁業をてつだうものは極少数ということであったが、田畑の仕事には多かれ少なかれ参加するようになる。学

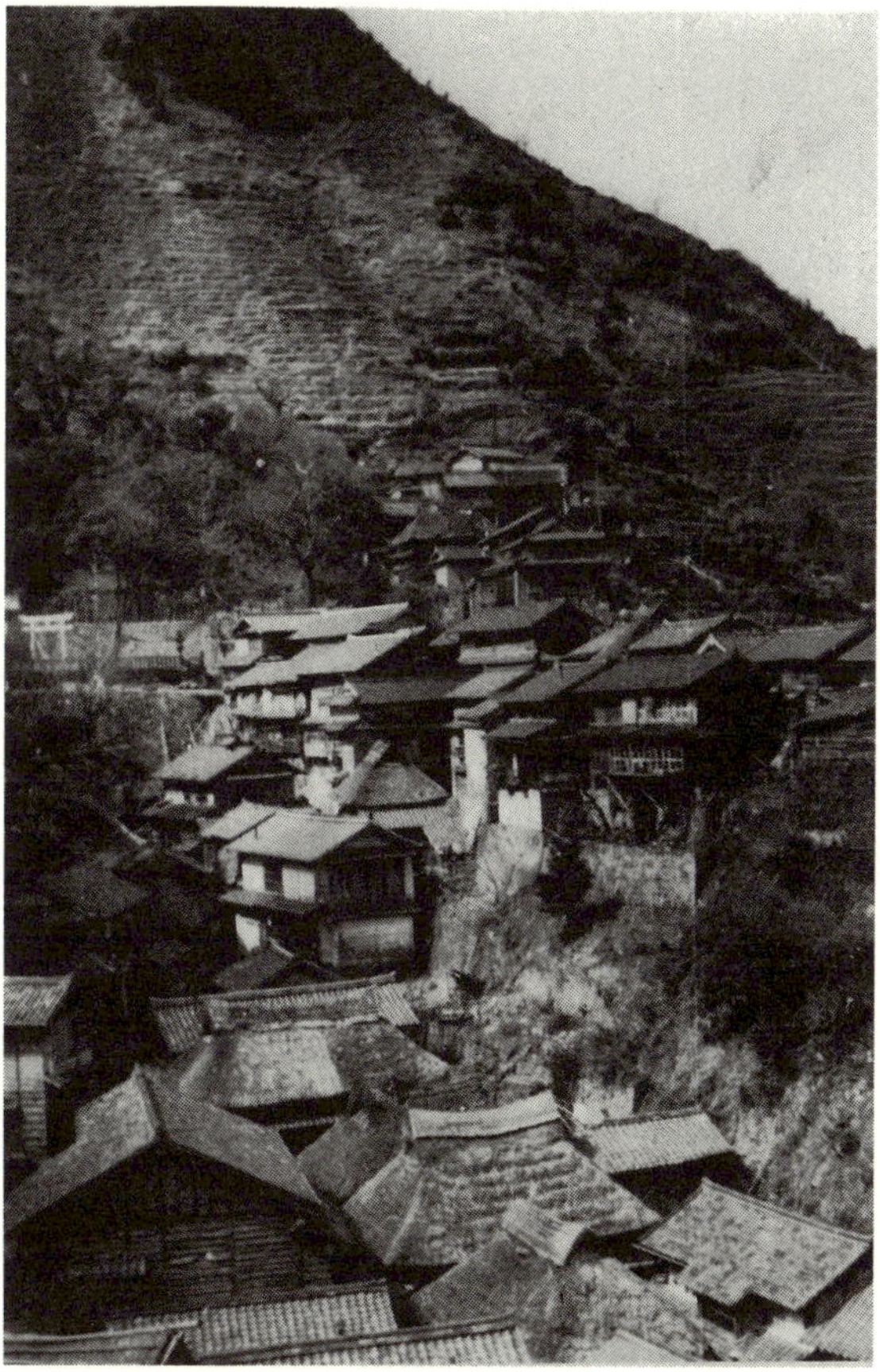

1950年代の農村調査にて

校は休まないもの、休めないものとしているようだが、ときに家業に引きずられた友人について「家につれゆかれ、山（畑のこと）にあそびよっと」と先生に報告する。農繁期には、「いもちぎり」「いもさし」「麦稈集め」などをする。女の子は小学校の一年くらいから幼児を背負う。五、六年生の女の子はほとんど子守りをしている。生産への足手まといを隔離することによって、生産に間接的に一役かうということになる。こうして激しい労働と、家族内での分業的位置づけが早くからしつけられる。両親の命令と叱責は、こんどは家族の分肢として労働活動の中に引きこむ方向に発せられるようになる。原始的な労働の収得には、長い時間と全人的な拘束をともなう。小学生から中学生へとこの労働教育は一段と激しさを加えて、中学三年ころになって、農業の一人前にようやく近づく。学校のそとでのこの労働教育の内容大系の全体が、すでにふれたここでの人間形成の目標から編成せられていくのである。

労働教育に熱心な両親は、学校の教育に対しては熱意を欠いているという。大体「教育」をあてにしていないという。学校教育はあくまでおかみの課している義務である。とにかく出席するだけはせねばなるまいというわけか、小中学を通じて予想せられる長期欠席などはないということであった。しかし形式上はともかく、内容的には勉強にみがのらないようである。

ある学級では（小学校）五〇人中三分の一くらいはどうやら宿題をやってくる。それもそうとう強くいいつけたときのことで、普通のいい方では一人か二人くらいしかやってこないという。親の意識を反映している面がつよかろう。

自分の畑に一本も草を残すまいと相互にきそう家々なのだが、子どもの勉強の方には反映しないようである。学校の勉強はここの生活にとって魅力をもたぬと見える。中学生になると勉強の中に労働が実質的にくいこんでくる。とくに、「よつであみ」で午後の四時に出漁し、朝七時に帰り、学校にでて、また四時に出かける漁家の子どもたちの場合はそうである。身体だけ学校にだして、居眠りをする。当然にすぎることとである。ほかの子どもも学校から帰ると日暮れまで働き、学習の時間が見出せないのが普通らしい。とくに漁業に出る子は三〇〇円とか五〇〇円とか、身体の大きさと、漁獲の総額から自分の労働が評価を受ける身分なのである。ここでの学校教育における学習構造は、いわゆる「新教育」のフォーマリズムでは処理できない問題を持っている。

小川太郎氏（愛媛県教育研究所長）の調査では、読書は皆無に近く、幼児や小学生の玩具もいちじるしく貧困で、この島唯一の販売店である協同組合購買部では玩具はならんでいない。Y君の話の中にも、「私などは自分の小遣を倹約して玩具などを買ってやるのですが、そうすると人びとは金をかせかせとやってくる仕末です。子どものために金を使うなどということは、まったく無関心なのです。」といっている。この学習環境の貧困さは、生産労働の激しさからくるのであるが、問題を出して、自己学習を強調する新教育がここで実施されたとすれば、その主旨はともかく、結果は放任教育とならざるをえまい。これは九島だけの問題ではないのである。日本農村の教育全体に関係することであり、都市労働者にも広く適用されるであろう。

　世界中どこでも子どものいるところ、遊びの世界がきずかれる。ただ九島の子どもの遊びは全体として単純な形をとっているようである。夏は泳ぎ、ろ船で遊び、板のかいで船をうごかす。夜づりにこる季節（七月頃）もあるが、釣は案外すくない。冬は陣とりが盛んで、「ぱっちん」「ラムネ（ビー玉）」のような勝負ごとが一般に多いという。チームワークやそこでのルールをともなう集団的な遊びが少なく、男女混合の遊びは皆無に近いという。女の子は縄とび、縄の目（国とりの変形、漁村らしい改造）、小石でやるおはじき、糸をまるめたてんまり、（一部は町でほんとうのてんまりを買う）で遊ぶ。

　水泳はもっともとくいで五つくらいでたいていおよぎだし、三歳でおよぐという記録破りもいる。県下でも優勝するほどである。こういう遊びの傾向からみると、まず遊びの構造が単純で、水泳や相撲のような体力で戦えるものが多く、知能的な面が少ない。相撲などは大人も奨励するというが、さきにふれたように、水泳と相撲に強い子どもが権力をもつというような点からも、ここの子どもの遊びの構造が推測される。

　九島小学校で小川太郎氏が改めて調査された結果によると、「模倣、構成遊びのような想像、創作の活動が県下の各種地域の水準をはるかに下まわる」そうである。これらの事実は、子どもの想像や創意が、すでにふれてきたこの地の社会的障壁にぶつかって、子どもの世界にそれを投影しているということができる。とにかく子どもたちは、幾多のかぎられた条件の中で、単純に遊びの反復を勝負のあらそいにまぎらせて、自己の成長発達を阻止されているのである。遊びは子どもが自己を形成するのに必要な内容なのであり、精神的身体的成長の糧なのであるが、ここの社会生活は子どもに対して右にのべた原始的な遊びの内容しか提供できないのである。

以上で九島の子どもの労働、学習、遊びの教育内容の構造をのべてきたのである。九島の社会が構成している教育構造の中で、青年たちがどのような内容を与えられてそだっているか、成人はどうかの問題はすでに幾度かふれてきているので、改めてとり上げる必要はないであろう。ただすでにのべてきたことで明らかなように、青年たちも固定したここの社会の中で、とりわけ大人の固定した意識の圧力のもとで、創造性や進取的革新性をうばわれている。創造と進取的実践が承認されない、またしようにもできにくい社会では、青年は本来の生存権をうばわれているにひとしい。創意と進取の実践によってどんよくに内容を奪取しながら青年は成長するし、そういう青年期に長くめぐまれる社会は前進する。

ここでの青年期は、生理的にはともかく、社会的にはいちじるしくみじかいのではあるまいか。青年たちがここであたえられる生活内容は、原始的な自然への反復的な肉体の使用の技術と、つまり肉体の道具的な形成であり、釣漁業をとおしての時間のかかる名人芸、こつとかんの修練である。それらは男子の青年の圧倒的な生活内容であり、それ自身が創意をはたらかす余地の少ないものである。娘たちの多くは工場に進出するが、島にかえって単にとつぐまでの手段であり、自主的な生活内容の獲得ではない。しばらく眼をとじて屈従するのであり、終世の屈従につらなっている。

嫁入前の家事の修養の機会はないということであり、九島の家庭生活の殺ばつで、何のうるおいの見出せないのもうなずける。幼児から青年、成人にいたるこうした生活内容の全体が、九島の人間形成のカリキュラムである。それは一言に、原始的技術による肉体変形のプロセスであり、その機械的な反復である。ただその様相が生理的成長のシークェンスに応じて、多少の陰影を示すにすぎぬ。

九島の社会の教育構造と方法的な側面からみれば、それはいちじるしく伝達的な構造をとっている。とりわけこの性格は子どもの生理的成長の増大につれて強化される。幼児はむろん両親のほとんど本能的な愛情のもとにおかれるが、いたるところで創造的活動の場が阻害されて、そのせまい空間の中で、充たされない衝動をうっせきさせる。活動の制限は強い命令や叱責と、身体的な拘束を強度にともなう。理由ののみこめない制限があまり重なると、子どものそとへの要求は内攻して、自己のそとへの人間関係をとおしての表現をちゅうちょするようになる。そのことを通じて、個性の発達と創造とがくじかれる。

そのことと九島の子どもが両親から放任状態におかれるということとは矛盾するものではない。それは子どもに自由を確保してやるという両親の努力的意図的な「放任」ではなくて、拘束の多い家庭環境、命令と叱責の拘束の中への「放任」である。子どもたちは、与えられたせまい道を生きるほかはない。日本農漁村の多くでは、こんな悲しい人生への出発が幼児のために用意されている。

青少年のしつけ方はこういう在り方が引きつがれていく半面、労働教育の強制的な伝達が日々強化される。身体的状況がマキシマムにたえうるかぎり、労働の中に引きこまれる。そこでの技術は、「こつ」であり、「かん」であって、言葉や符号では伝えられないようなものである。まず身体全体をうごかしての模倣が最初の段階である。この始まりはすでに早くから遊戯として用意されてきている。大人たちに立ちまじって、協同して仕事をなすにつれて、その労働教育の効果の評価は家計全体の交替によって行なわれる。だがそれを自分たちの努力とかかわりなく、外の世界の状況に支配される。計算の成り立たない、したがってまた合理的思惟を持ち込む余地の少ない労働生活なのだ。ささやかな生産手段をからくも先祖代々もちつづけ、家族的血族的に結集して守りつづけるほかはなく、そこでの技術の反復的伝達は宿命的なものである。逃れようとして逃れえないこの拘束的な環境の中で肉体を道具化する単調な人間形成がつづけられるのである。

単調な模倣と伝達の人間形成の手法は、形成の対象となる青少年の側に切実な希望と願いを欠く限り、強い外的な強制と拘束の環境を受けいれることになる。青少年の側の意欲を欠くと、伝達と拘束は直接的に結びつけられて、発展のない人間形成が限りなく再生産されるのである。九島の青少年も若ものであるからには、新鮮な希望を求めてやまないであろう。だがすでに幾度かふれたように、それは多くの場合失意に終る。そのとき都市の場合であれば、失意の青少年のデカダンないわゆる「不良化」があらわれる。しかし九島の青少年はその共同体的強制のつよさが、「不良化」すらも許さぬ。九島の社会は「不良化」という青年らしい抵抗さえ許さぬように見える。その結果は事態を諦観した老成化が迅速におとずれることになろう。そうしてこれまで日本社会は青年の老成化を模範青年として推賞さえしてきたのである。

九島の教育構造はその目的、内容、方法の全体を通じて、日本社会の踏み石としての農漁村生産者の形成、つまり労働予備軍の形成過程を縮図的に示してくれている。日本の計画教育がどのような一見民主的教育目標や内容、方法を用意していようとも、学校や計画的な社会教育のらち外に成立するこの巨大な人間形成の事実は否定することはできぬ。これは六三制やその他あらゆる民主的教育計画の直下に横たわる巨大な日本の地肌を示す教育構造なのである。

そこでは新教育と称する学校計画教育も、教師たちの努力をしりめに、無力をかこつばかりだ。それどころか、こうした地肌の人間形成の事実に目をおおうた新教育計画は、子どもたちの迷惑と混乱を助長する。

ついこのまえの日本の計画教育は、実はこの悲劇的な人間形成を正当化し、助長する方向にうち立てられた。戦後の新教育は一見これを否定したかにみえるけれども、それはいわば存在と意識の分裂を助長したにすぎぬ。日本の「新教育」はその地肌からみるならば一種の蜃気楼にすぎぬ。私どもが私ども自身のものとして打ち出す教育計画は、この地域の現実を克服することをめざす挑戦的な教育計画でありたい。

（一九五〇年）

解説（補）

このルポは三回に分けて雑誌『カリキュラム』に掲載されたものです。この文章を書き、この教育誌にのせさせていただいた意図としては、当時の子どもの興味中心のカリキュラム、新教育運動について、私のもっている疑問・批判を、このルポを通じて提示したかったからだったと思います。子どもの興味を大切にすることは実に大切な教育原則なのですが、社会の現実とのかかわりの中でこそ、この原則は生きるはずだ、そこが戦前の教育、それに当時の「新教育」の欠落していた問題点ではないかと考えたのでした。いま読みなおしてみると、その意図はともかく、社会の現実の読み方が図式的なうえに、共同体の中にひそんでいる人間の重い知恵の遺産などの貴重な価値の探求を怠っています。これは、後に出てくる習俗研究で補われなくてはならないことにもなるのです。前述のファーブルの言葉はそういう反省をこめてのせました。なお寛容にも、こうした未熟な新教育批判を採用していただいた『カリキュラム』の当時の編集部に感謝しています。当時この文章をおすすめ下さったのは海老原治善さんだったと思います。

第3章　同和教育ということ

解説※

「私の戦後教育史研究によりますと、学者として最初に同和教育について発言があったのは、先生のこの記録がはじめてだと思います」。広島市立女子大の天野卓郎教授からのこういう便りが、岩波講座『教育』の月報6号（一九五二年一一月）のコピーとともに私の手元にとどいたのでした。この文章が書かれて三十年め一九八二年九月二七日のことでした。日本列島の東北から西南にわたる山村、農村、それに漁村などを歩いたほか、こうした調査活動のおわりの時期、在日朝鮮人部落のいくつかと、この典型的なかつての被差別部落の調査を試みる機会を与えられました。それぞれ在日朝鮮人、被差別部落の人びとの導きによるものでした。

　こうした問題にみちみちた社会の中へ足を踏み入れ、差別された人びととの出合いの中で、お尻から突き上げられるような思いにかきたてられました。特権の座にある自分が、その座にあることの何とも云えない恥らいといいますか、もっと云えば、特権を棄てないお前は人間ではないぞと云われている思いさえするのでした。人権というものは、威張って権力に要求するもの、堂々と主張するものであるまえに、ないしそういう側面とともに、まず自分をとらえていた偏見というものを剥ぎおとされる痛みなしには実感できない側面もあることを教えてもらいました。このあたりのことは『教育とは何かを問いつづけて』の一二八頁以後にふれていますので、関心のある方はご参照下さい。

真実でさえ、時と方法を選ばずにもちいられてよいということはない。

（モンテーニュ『エセー』）

特権の立場は身分、人権の立場は職能です。……特権とは、差別の論理で、人権は連帯の論理ということもできます。

（武谷三男）

※最後になりまして、恐縮に存じますが、お断りいたします。この集成補巻の第3章、第4章の文章は、既刊集成の第2巻、第4巻で既載したものです。この補巻は、『地域の中で教育を問う』という単行本の全体をそのまま補巻としましたので、その結果この二つの文章をあえて再録することにいたしました。ご了承くださいますようお願いする次第です。

九月一日から三日間、H市の小中学校で、未解放部落の子どもの同盟休校という事件がおこった。第一日は四〇〇名、第二日は二七〇名、三日目は県下の小中学校八校にひろがり、さらに拡大する動きもみえた。わたしは九月一九日に、ここが闘争本部だったという河岸ぞいの番小屋らしいもののまえに立った。H市のデルタ上の地域で、いくつかの架橋で結ばれた離れ島といったところである。案内の部落の青年につれられてまず屠場をたずねる。屈強な男の腕からピッケル様の鋭い斧が、おののく牛の眉間にふりおろされると、ガクリとひざがおれて横たおしになる。打ち抜かれた額の穴に棒を突っこんでとどめをさす。まちかまえていた四、五人が、かけよってきて、まだ動いている牛の皮をむきにかかる。まわりの溝を血液がよどんで流れ、異様な臭気が気を遠くさせる。屠場を中心に、骨から肉を分離する調理場のような施設があり、市内の肉商が小屋掛でつめかける。大きな冷凍用の倉庫もあれば、付近に三つほど革製工場もある。「世の中で一番きたない工場」といわれるここでは、一〇年、二〇年と年期のはいった徒弟が、スキから仕上げまで出来高賃金で皮革製造に従事している。牛骨の山、乾燥したどす黒い粉末にされた血液が拡がる広場、ここには中学をでたばかりの少年をふくんだ一団がうごめいていた。この地域の南側に靴製造修理の世帯が約三〇〇あり、これらと自由労務の二〇〇世帯、牛肉商と行商とをくわえると、大体この地域の職業分布図ができる。人口六〇〇〇、世帯一〇〇〇といわれるこの隔離された特殊地帯は、そのほとんどが未解放部落の人々でしめられ、若干の朝鮮人がこのほかにいる。こうしたいわゆる部落産業と呼ばれる限られた職業と、限られた地域にとじこめられているうえに、結婚は部落内婚が支配的で、一般人との通婚は特例中の特例である。一九五一年には、差別からくる一般人との結婚の破綻で一七件の自殺があり、H市だけで四件ある。一九三七年には、人口六五〇〇のうち三〇〇〇人がトラホーム、一九五〇年、九〇〇人の受診者中七〇〇人がトラホームとハヤリ目だったというから、この閉じられた社会の衛生状態も想像できよう。

ここにも小中学在籍の子どもが約一〇〇〇名、川向いのT小学校に六〇〇名が通っている。これはT校全児童数の五五%にあたり、いわゆる同和教育のモデル・スクールに指定されている。スト騒ぎも一段落でほっとした面持ちの校長に聞いてみる。要するに結論は人権尊重の精神を徹底させることだという。部落のことにはふれないで、家の中でドレイのように働く母のことなどから、人間を大事にすることを教える。社会科で強調するほか、別にカリキュラムの図表があり、一五〇〇万円のコンクリートの建物もできたという。その中に「清心ノ間」という青畳の日本間があり、修身、作法、訓話が週に一回あるそうだ。部落のゴミゴミした環境がつくる心のゆがみを、ここでなおすということだ。校長は雑務に追われる教員のことや、経費の不足をなげいてはいたが、まずまずここは同和教育をやっていますの表情であった。もともと事件の震源地はここではなかった。同盟休校というとんだとばっちりに迷惑顔である。それではここで事件の発端にふれておこう。

話は六月二三日にさかのぼる。ところは県の西北端。中国山脈の山村Y村中学校の教室である。

大学出の助教諭Mは、今年三一歳、担当の社会科二年「武士のおこり」で、江戸時代の封建制にときおよんでいた。まず士農工商の身分制度に言及し、農民の苦しみをのべたあとで、「賤しいといえば、この士農工商の下に賤民をおき、農民は生活が苦しいというけれども、まだその下に賤民がいるのだと慰めた。賤民といわれるのは、平安時代の奴婢か或は帰化人を指したものと思われるが、その奴婢は前にも説明した如く下男であって、一般の民衆と何等かわりはなかった。」とのべ、指で示して、現在もそういう人のことをしかじかの名前で呼んだりしているが故ないことだ。さらに「以上のような差別は結婚問題によく現れている。社会の人が賤民には嫁にいかさぬと言うことも、私には馬鹿々々しく思われる。明治時代になって賤民のことを新平民と云われるようになった。そこで四民平等になった。憲法においては第一四条に国民の自由平等についてかいてある。お互いに皆血を等しくするもので仲よく暮さなくてはならない。」一応の「善意」にたったこのMの「講義」が、部落民の抑圧されてきた感情を逆に刺戟して、一気に爆発した。はじめは「寝た子をおこした」、知らさなければすむものをと学校側にくいさがった。やがて事件が部落解放委県連本部の手にうつされると、この点は修正され、Mが大胆にこの問題をとりあげたのは認めるが、同和問題の本質を知らないでやっている。これはMばかりでなく全教師の問題だ。今年に入っても差別事件は十数件に達している。県教委はすみやかに同和教育の具体案をしめせと迫った。虚をつかれた教委側は、調査団を出すやら、協議会をもつやらロウバイするだけで、満足な解答を速急に出せず、遂に事件は同盟休校に発展した。

　H市のあるモデル・スクールにしても、Mのばあいにしても、観念さえあらためればことはおわる、差別の事実は古い人間の「迷信」が原因なのだという観念の教育にとりこにされている。同じ観念教育でも二つの間にはすこしばかりちがいはある。Mのほうは大胆に事実を子どもにぶっつけた。しかし、Mは自分が講義をした学級のなかに、部落の子どものいることすら知らなかったと告白している。これは教育者として大変な間違いである。ゆがんだ社会の中で子どもの心にできているモヤモヤした不安、悩み、疑問、感動をつかんでいて、これにすじみちをあたえ、教材によって切実な願いへと高めるのが教育というしごとであって、いくら真実を語っても、かえってそれが子どもの劣等意識を助長させ、とまどいさせ、しこりを強化させるのでは無意味なばかりか有害である。真実を教えておけばいつか役立つだろうと偶然をあてにするのは、計画教育ではない。「真実を云ったにすぎぬ」「学問上の信念はまげられぬ」というMの抗弁は、赤い顔をしてうつむき、羞恥と怒りに身のおきどころを失った部落の子どもへの教育的罪悪のうわぬりである。少くとも、子どもをぬきにした一人よがりの教育である。

　モデル・スクールの方は、いっそう問題である。差別の事実を直視させないで、人間はみんな同じように尊重されるべきだと毎日説いても、差別の事実はいつまでもおあずけになる。気づかすまい気づかすまいの配慮は、かえって気づいたときの悲劇を倍加する。そればかりか、自分の悩みを直視して、埋もれ、まやかされた自我の確立を妨げるかもしれない。観念的な融和、ごまかしの原理によって建物をたて、カリキュラムをつくっても、それだけにゆがみが大きくなる。これも「同和教育」の問題だけではないようだ。

貧乏な子は貧乏と言いきれ、差別の悩みは差別として、教室で話し合えるようにしたいものである。子どもがめいめい自分の生活を直視しあい、そこにある喜びや悲しみがどこからくるかを教師から学びながら、力をあわせて世の中の問題をとらえていくようにしたい。そうして、自分の悩みが、世の中の大きな悩みのどこに位置するかをつかみとれるとき、かれは泥んこのこの社会を克服していく高い自分の役割をつかみ、自分自身を新しくみつけ、形成したことになるのではあるまいか。そういう雰囲気の前提があれば、Mの「講義」も、逆にどれほど部落の子どもを勇気づけ、他の子どもの良心をゆすぶったことだろうか。

（一九五二年）

第4章　地域の教育計画——新任教師Nの教育実践から

解説※

第1章の「地域社会の教育計画」と、この4章とをくらべていただくと、2、3章の社会探究を経て、どんな変化が私の考え方におこってきたかお分りいただけるのではないかと思います。本郷町の教育計画の挫折の中で、一町村をこえた日本社会の岩盤にいどむ社会研究、その中での教育の在り方の模索を経て、この文章は生まれています。夢中になって、社会科学の勉強にとりくみ、社会調査に熱中するうちに、「社会科学としての教育学」という構図も頭にちらついたのですが、しかしそれが早くもつきあたったカベは、教育は社会認識だけではとけないということが、だんだんわかってきたことでもありました。

このことは2章の解説でもすでに述べたことですが、それでも社会調査の中で何とか子どもと教育を認識する手だてを懸命に求めたのでした。その結果、精神分析、とりわけネオフロイディアンの社会状況にめくばりした人間の精神分析に糸口を求めようとしたのでした。順天堂大学の精神分析医学の懸田克躬教授に、社会調査に同行してもらったりしたのも、この模索過程のことだったのです。懸田教授らの村の子どもたちの精神分析の結果も、教育実践の求めるものとは、なお開きがあることも分りました。

この文章は、一人の教師の教育実践の検討からはじまっています。これに先立って、私は一九五〇年代の後半から、民間教育研究運動に参加するようになるのです。くわしくふれるゆとりはないのですが、一九五〇年朝鮮戦争を境に、戦後日本社会は大きな変質をとげつつありました。何よりも、一度崩壊した国家機構が漸次整備されるとともに、占領政策が、直後の平和政策から、東西の冷戦下で、日本を東に対する西の防波堤とみなす政策へと転じ、そのことから再軍備の動きも急になりました。当然「愛国心」だの「道徳教育」だの、戦後の憲法、教育基本法体制のみなおしなどが登場します。そういう社会的背景の中で危機感をもって、戦前からの民間教育運動が続々と再建され、私も教育科学研究会の再建に発足当初から参加しました。

ここで多くの現場のすぐれた先生たちとのふれ合いが始まります。『山びこ学校』の無着成恭氏なども その一人ですが、生活綴方などの実践を通して、一人ひとりの子どもの心を拓くのを助けることをめざしてのねんごろな実践の前に、私たちの教育理論はまことにひ弱くうつったものでした。こういうすぐれた教師の実践を名人芸におわらせないで、社会科学をも背景とした新しい教育理論によって、みんなのものにしていくことが、教育研究者の任務ではないかと考えるようになりました。

だが、これらのすぐれた教育実践の一般化といいましても、社会科学だけによってはそれを明らかにすることは到底できません。そのことは、すでに述べたとおりです。この文章の中で、子どもへの社会的「抑圧」とその「解放」という観点からNの実践を解明しようとしているところが、各所にうかがわれるはずです。これが生活綴方的教育方法をネオ・フロイディアン、フロイド社会派の理論で何とか説明し、一般化できないかという試みでもあったのです。生活綴方のことを、ノン・ディレクティヴ・カウンセリングと説明した哲学者、鶴見俊輔氏のような方もいるのですから、まんざら的はずれでもなかったと思っています。

いずれにしても、この文章によって、本郷町の地域教育計画の発想のもつ問題点を、具体的に一人ひとりの子どもととりくんでいる教師の教育実践のところから、改めてあばき出すということになっています。自己批判をしたといってもよいと思います。私の地域の中に教育を問う姿勢が、この文章を書く頃を境に、大きな転回をすることになるのでした。とりあえず、すぐれた実践家たちの知恵に学ぶこと。教育研究の出なおしということです。

ひとは単に知っていることによって知慮あるひとたるのではなくして、それを実践し得るひとたるによってそうなるのである。

（アリストテレス『ニコマコス倫理学』）

※最後になりまして、恐縮に存じますが、お断りいたします。この集成補巻の第3章、第4章の文章は、既刊集成の第2巻、第4巻で既載したものです。この補巻は、『地域の中で教育を問う』という単行本の全体をそのまま補巻としましたので、その結果この二つの文章をあえて再録することにいたしました。ご了承くださいますようお願いする次第です。

一　はしがき

Nは去年学芸大学を出たばかりの若い教師である。最初の赴任先から今年になって、このT村にきた。峠から海がみえる。白い波がよせてはかえすそのなぎさから、峠までの間に、彼のこんどの任地が見える。バスの窓越しに激しくゆれるこの村の断片的な姿態にふれるたびに、新しい抱負が純に燃えてくる。

1　まず子どもと仲よしになる。

2　村の人と話し合い、足にまかせて歩いてみる。

3　同僚と親しくして、相談しながらことをはこぶ。

昨日いよいよこの地に出発する前にノートに書きとどめた先輩の言葉を思い出し、あっためるように口の中で云ってみる。村に近づくにつれて、裸の子どもや、漁師部落のごたごた入りくんだ軒並が、つぎつぎにめまぐるしく迫ってきて、とかく不安にけおされがちになる。

彼の新しい学校は、この村の中学校の分校で、この部落にある小学校に軒を借りている。二間と三間のバラックだての教員室がにわかづくりで、木に竹をついだように北側にある。そこにところせまきまでに机をならべて、書類や参考書にうずめられ、椅子の置き場一つにも、他人に気をくばらねばならぬ。妙なことに、西側の原野に、木の香も新しい校舎らしい建物が、人まち顔にぽつんと建てられている。ここから二キロメートルもあろうか。しかしこの建物には年中人気がない。実はこれこそここの部落意識の象徴といってよいものである。この村の部落と部落とのきびしい対立は、新制中学が発足して五年というのに、まだ村民の同意による敷地が決定しない。村会の決議で、本校が隣部落にきまりそうになると、この部落の顔役たちは、部落独自の財産と部落民の寄付で、ここに校舎を建ててしまった。しかしもとより正式な手続きをしたわけではないから、県の認可が下りないままに、いたずらに雨風にさらされているという有様である。老校長もはなはだ気をつかってはいるものの、部落の人たちに気おされて、ただ成りゆきにまかせることにおわっている。校舎の問題だけでなく、一事が万事となりがちである。

Nが受けもった子どもは二年生である。人おじするこわい眼つきで、そっと額の下から上眼づかいでNをみる。何を云っても、何かを疑うかのようで反応しない。わざと冗談めいたことを云っても、いびつな笑を口のあたりに浮べるだけで、やはり疑ぐっている。学校の行きかえりでも、なかなか近よろうとせぬ。それでいて、何日かたつと、この無口で疑い深い子どもたちに、もっとちがった面もあらわれてくる。学校の門を出て、部落にかえると、急にこの無口で疑い深い魂が動きだす。機敏に板をけずって箱をつくる。いかを入れて売り出す箱である。漁業専門の家では、農家とちがって、大人でないと間に合わないので子どもは足手まといになる場合がある。家からつき放された子どもは、自分で内職をやり、自分で小づかいをかせぐ。稼いだ金で一里の道を映画館にかようこともある。村境のゴルフ場のキャディーボーイにやとわれる。なかなか利にたけたところがあり、重い口とは思いもかけぬものがある。それだけにちょっとちかづきがたい。中学二年にもなると、男女関係に微妙な色がついてくる。村の若衆と女生徒とのうわさ、男の子が女の子の出した手紙を、ポストからひき出してなかみまで調べるという事件。若い彼には一そうこまった問題である。「まず子どもと仲よしになる。」こうつぶやいてみても、どう始末してよいか分からなくなる。

父母や地域の人たちとの関係は一そうむずかしい。大体、漁師のおかみさんたちとは話が通じにくい。教師に対しても、よそものに対する敬遠の気持、警戒心が顔色からも受けとれるような気がする。彼はこういう村人からうける印象が、どういうここの社会の仕組みからくるのかということを、分析的にとらえるということは考えなかった。しかし何としても近づき難い対象として、かべのように眼前に立ちはだかってくる。自分だけが特殊な空間を背負って這いまわっているといった感じである。どうしても坐り心地の悪い不安がある。「村の人と話し合い、足にまかせて歩いてみる。」そういうことは心で何度もくりかえすものの、なかなか勇気がでない。どうもわかりすぎていて、かえってとりつく島もない。

こう考えると、子どもも、村も、学校も、近づき難いものとして、そぞろ孤独にとらわれてしまう。Nはこの堪え難い孤独感におそわれて、手さぐりで抜け道をさぐっている。彼の苦悶をよそに、同僚の教師たちは甚だ事務的で、小憎いほどしゃあしゃあしている。同年輩のMは、暇さえあれば通信教育の教材にかじりついて、レポートの作製に忙しい。どうせ当分の腰かけだ。やがて会社によい口でもあればと、逃避の準備おさおさ怠りないということである。中年の女教師は、家に残した子どもが気になって、退校時間に近づくと時計とにらめっこをしている。書類にうずもれた殊勝な校務主任は、自分より若い校長の後に椅子をかまえて、退職金のことを考える。Nは前任校の同じ姿を思いだして、折角の新境打開の念願もうちくだかれる。「同僚と話し合ってことをはこぶ」もこころもとなくなる。

其の後Nはこの部落の分校生活から多くのことを学んだ。この部落の手工業的ないかつり漁業への依存、この村の一年間の生活状態が一一月から三月にかけてのいかのとれ具合によって左右されていること、ここでの市場で売りわたされるいかの値段が東京の魚屋の店先では三倍近くもするということ、仲買人がうまい汁を吸うにまかせてあること、いかの値段が漁師たちの労働と無関係に市場できまるということ。それによってここの人々の死活が左右されること。それから、最初は無口で疑い深い一団だった子どもに、いろいろの個性があること、農民ばかり住む開拓地の子どもと、漁民部落の子どもとのちがい、そうして一軒々々の家の仕組みと子どもの性格、いやそういう一般的な整理された自覚は、ようやく近々のことで、始めはA子におどろき、Bの動作に面くらった。

人なつこいが、大事なことはいつもはぐらかすCは、浜の雑貨屋の息子である。一人むすこで、Nが通るたびに母親が声をかける。戦争で疎開したこの母親は、Nにとって一番近い人間のようだ。それは、お互によそものという関係だけからくる親近感なのだが。一人ひとりの子どもの顔のうしろに、潮風にやけた両親のしぐさが見えるようになる。学校の教師も、めいめいの意図で、懸命に生きている。すべてのものの背後に、人間関係のあみと、長い歴史がひそんでいる。大人も子どもも、笑ったり悲しんだりしてその日その日を送ってはいても、つかの間の命を、たゆみなく引きしめ引きしめて、生きようとしている。

こんなことは一度に分ったわけではない。孤独から抜け出そうとして、つまずいたり、焦慮におそわれたり、事務に追われていたり、子どもとふれたりするうちに、Nの中にたくわえられたことの一部である。

大体Nは、表むきの現象に安易に妥協できない性格である。それだけに一方では自己をいつも疑ぐって、納得いくまでさぐりを入れる。みじめなほど自我を裸にしていためつける。それだけに、自分をとりまく環境の中におのれを位置づけるのに時間がかかる。けれども、そういう苦悩に自分を埋没させて、毎日私小説を地でいくような感傷的な暮し方にも、くみすることができない。かつては、ほんとうのところ、そういう傾向が彼にはあった。学芸大学に入るまで、複雑な家庭にそだった彼は、早くから自分の占める地位について、人並以上に思いわずらわされた。中学時代から文学にこったのもそのせいである。中退して呉服屋の番頭になったりして、ようやく大学にすすめたのである。そこで彼も戦争後の世間の動きの中で勉強したのだが、彼は一つだけ大事なことを学んだ。それは彼のような不安をかかえた自己をもてあましているのは、自分一人でないということである。一人で感傷的な悩みに没入するのは無駄なのだ。一見ほがらかで、はぐらかすような生き方の人々でさえ、やはり深い傷口をひめている。だから一人で悩むより、ともに悩むことが必要なのだし、そうして共同で共同の悩みにとりくむことが必要なのである。お互に裸になって傷口をみせ合うことである。こう考えるようになったNは、もう自己の世界にとじこもるのに満足できなくなっている。それはおのれを詰問するいたいたしさからのがれるというより、追いつめられた自己を思い切って外につき出そうとするのであろう。この村でのNの実践はここからはじまる。

Nはまず部落の中に宿をとる。古くからの漁師で、いまではわずかの蓄積を岡に投資して柑橘をやっている家で、この附近では「岡に上る」と云われる一種の安定の仕方である。ふるまい用にとわざわざ大きな間取りで金をかけるのが部落の風習だから、独身の彼は身軽にここに落ちつけたのである。部落の入口にわき水の出るところがある。熔岩の流れが海にまで押し出して、そのうえにこの部落があるのだが、その下をくぐった地下水がようやくここで吹き出して、磯にそそぐのである。井戸を立てにくいこの部落では、これは貴重な飲料水であり、漁師のおかみさんの洗濯場である。それどころか、おかみさんたちがここでしゃがんで、大声を出して話し合うことから、村のサロンの役目もする。ここでは村の一軒々々の情報がとりかわされ、日本のマスコミのもとにありながら、一種特別の庶民の「うわさ」の世界がかもし出されている。それは日本の文化の下層土に広くひろがる庶民の世界である。Nは洗濯ものをひっさげて、この群の中にとびこんだ。ぼちゃぼちゃやりながら、よもやまの世間話がでる。あけすけに家の中のことが語り合われる。A子やBの母親も来ている。わざわざ実態調査をやらなくても、家族の構成から、家の中の問題までなまなましく語られる。何よりもN自身がおかみさんたちの仲間になれる。学校で教師対父母のしかつめらしい対談、部落生活指導対策協議会など、長くていかめしくて、なかみのない組織など、およびのつかないものである。教師として父母に対するかぎり、それはかたくなな紋切型におわる。何よりも部落の人間にはまりこむことだという確信が、Nの胸にわいてくる。

ふるまいづくりのだだっ広さをつかって、Nが自分の下宿を子どもの集会所にするのはそれから間もないことである。はじめはただ集まってやはりよもやまの話をする。子どもはさきに部落にかえって、Nの学校からの帰りをまっている。家内にもちこまれてくる漁業労働からおし出されて、あてもなく村の道路や海岸にさまようていた子どもたちである。かせいだ小遣で買いためた野球選手のブロマイドが雑嚢からさらさらとでてくる。しゃんと胸を張ってかまえた川上や、藤村のとんきょうなゼスチュアが、はなやかに座一杯にくりひろげられる。美空ひばり流の大人びた歌が人気を呼ぶ。Nもこのときのはなたれた子どもの姿態に満足である。

この先生は、子どもたちにとって、ちょっと風がわりな先生である。何でもこの人のまえでは楽しめる。これを云っては叱られるだろうというためらいがない。こういう気分が何日つづいたろうか。子どもたちだって、何もはじめからしまいまで好きこのんで、人まねやうつのとんきょうさだけを求めているのではない。家でも学校でも色々の悩みがある。それがとかれないと安心できないのだ。その悩みが引き出されないで、むしろ内緒におしかくされているからこそ、たわいもないことにのがれようとするのである。あれから色々の事件がおこった。そそっかしやのHは、学校でレコードをこわした。うちに帰っても、それが思い出されて、ずきずきと傷口のようにいたむ。こらえかねて母に訴える。忙しい母は叱りつける。どれほどの弁償かが気になる。ろくに魚もとれぬ今日此頃、どうしたら夏がこせるかと、気をつかっている最中である。一銭でも思わぬ余分の支出がくると、のどのしめられる思いである。それがレコードなどという貴重なものを……。むしゃくしゃして叱りつけるほかはなかろう。

暗い一家の入口で声がかかる。まさにN先生の声である。とうとうきたとおどおどする。「Hいるか。」いつもの平静なNの声である。「レコードをこわして心配してると思ってな。何も気にするな。先生がちゃんと云っておいたからな。」のどにささったとげが一気に抜き去られた感じである。これはNがレコードの事件で、教師の恩情を示したという、涙ぐましきエピソードというわけではない。レコードより大事なものがあること、わずかレコード一枚で人のたましいがすぐ傷つけられるような社会の中での子どもの悩みへの切実な接近なのである。いや鉛筆のひとかけら、紙一枚が子どもの悩みをつみ重ねているこの国の貧しくきびしい仕組みへの反抗でさえある。こうしてNの実践は、子どもと親とのなやみへの切りこみへと向かうのである。

この先生には何でも云えるということから、この先生はわれわれの悩みを一緒になって悩んでくれるということへの発展は大きい。Nの下宿での子どもの集まりは、こうしたつながりをとおして、だんだんと子ども自身の生活のなまの問題へとむけられてくる。うわべのものまねやとんきょうなはぐらかしがだんだんしりぞいて、おれたちの切実な問題や、それを助ける真面目なよみものが欲しくなる。いままでめいめいが勝手に金をもうけ、勝手にたわいなくつかうことをやめて、皆んなで働き、皆んなの役に立つものを手に入れようということになった。

いかを入れる箱を作って売り出し、その代金で図書を買い、Nの下宿を図書館にするという計画も、間もなくささやかながら実現した。それはわずかずつだったがだんだん立派なものになっていった。『山芋』や『山びこ学校』のようなお友だちの本も、熱心に討議され、自分たちの生活をふりかえらせる材料となった。いまでは、そうした熱心な話合いの中から、自己をみつめる良心が、文集となって綴られるようになった。これはおそらく、これからの子どもの戦いの中から、一そうきたえられた魂のこえを表現するようになるだろう。キャディーボーイにやとわれる中学生は、組合をつくり、日日の収入の何がしかを貯えて、あぶれた同僚に分けるようにした。こうした組織的な

1950年代、漁村の子どもたちと

実践は、そこから一そうたくましい自己をみつけるように、自らをみちびいていくにちがいない。Nの実践はたゆみなく続けられている。それはいよいよむずかしい問題に突きあたらせずにはおかないであろう。Nがせっかく精力をつくして生み出したすこやかな子どもたちが、やがて社会の中で一人だちする日がくる。新制中学を卒業した子は、村の若衆組に入る。若衆組は古くからのしきたりであるうえに、なお原始的なここの漁業段階では、暴風雨や火災にそなえて、ある程度必要な役割すらはたす。

若衆宿の生活は、厳格な年齢階層ができていて、まるで軍隊をおもわせるほどである。私刑も年長者によって今でもおこなわれ、年少者はこれに絶対服従である。力の、或いは暴力的な原理で貫かれるこの生活では、知性の役割は否定され、「高尚な」本を読んでいるとけとばされる。Nの生徒たちはいやでもここに入らねばならぬ。そうしないと、村の一員として実質的にしめ出される。こういう将来がまちかまえている。これはもうN対子どもでは、かたづかない問題である。Nからの便りでは、校舎問題もようやくかたづきはじめたらしい。若衆の方はどうなるであろうか。Nの下からのこの地道ないとなみが、学校計画として一般化され、教師と両親と子どもとの、実質的な、だが一そうスケールの大きい組織へと発展することはできぬものであろうか。

Nについてあまりに多くのスペースをさきすぎたであろうか。地域の教育計画について、いきなり大規模な実態調査や、教育目標設定委員会、カリキュラム構成委員会、地域学校制度改革委員会と、委員会ずくめの図表を頭に描かねば気のすまぬ人々がいるにちがいない。しかしN君のこのささやかな実践の方が、図表と組織をつみ重ねるばかりでおわってしまうわが国の地域教育計画の現状からみると、少しばかり血のかよったよさに気づくと思う。それどころか、大げさな委員会や実態調査に欠けているもの、そうして実は素朴だが本質的なものがすでにNの実践の中にふくまれているのではないだろうか。

Nのいとなみは、なまの子ども、なまの社会との切り結びが中心になっている。子どもをどう生かすか、子どもとともにどう悩みにみちたこの社会を生きぬくかが一切の中軸であり、それに必要な厳しい努力がある。そこから必要にせまられた操作が、汗みどろの中で仕組まれている。その努力が、公教育の枠内から、それをゆりうごかすような形で、大きな問題を提出している。それは、日本の「近代教育」制度の仕組みのうえに、屋上屋をかするような新教育の流行とはちがう。日本帝国主義のもとでの「近代学校」から、軍国主義の教科書を削除したり、制度の枠を組みなおしたりしただけで、それにおっかぶせるようにアメリカ流の制度や委員会を植えつけていき、ますます古い枠や内容を温存するような上からの「改革」の一かんとして、皮肉にも下からの地域の教育計画が考えられた。

それは日本の教育制度と社会体制の中でできている子どものゆがみにまっすぐにメスを入れるようなものとしてではなく、かえってそういう切実さから眼をそむけて、新しいものを早くとり入れると、鬼の首でもとった気持ちで競い合い、大人どうしで見えをはるお祭りさわぎに近いものだった。それはますます救われない子どもたちを氾濫させた。社会の肉体が悪循環のもとで下向し、うみをもっているし、これに応じて大人も子どもも、くずれはてた意識と行動とが悪循環をくり返しているとき、これをどこで断ち切り、どこでくいとめるかに、一切の教育計画の問題がある。地域の教育計画は、このいたいたしい日本社会の満身創痍の傷口の一つ一つにとりついて、地域地域の教師と地域の民衆と子どもとが、自らの力で起死回生の努力をふりしぼることである。

一つ一つの切口の腐敗が、日本の肉体全体の病気の構造にもとづく限り、それらの努力は、強く結びつけられ、広いつながりの中で仕事をすすめる必要がある。それは深く具体的に地域の現実を掘り下げることによって、かえって広範囲な病源の文脈につきあたる。傷口のいたみを身をもって感ずる民衆によって、下からもりあがる教育実践の計画化が、日本の地域計画の意味である。

わたくしは、そういう視点に立ちながら、戦後の公教育の舞台でおこなわれてきている地域教育計画のゆがみを指摘していく一方、下からの教育計画を展開するための操作や概念を整理する必要にせまられる。現在の日本の国家権力のもとでの公教育と、Nに示される下からの人間教育との矛盾は、最近の内外情勢とあいまって、いよいよ鋭くなってきている。それは良心的な教師をいよいよ危地においこんでいる。Nの実践はそういう条件の中で、着実に民衆と子どもの中に根を下ろしている。それは教育実践をとおしての矛盾の一つのとき方を暗示している。だから、われわれはこれらに教えられながら、この現実の中の地域計画を考察することの最初のてがかりとして、とりあげてみたのである。

二　地域の教育計画の内容

一口に地域教育計画といっても、そこには色々の内容や仕事のてだてがふくまれている。N君の場合には、生活指導が主として中心になっているが、その他に教科課程構成のための地域計画や、教育行財政面に力点した計画も考えられる。そういう地域計画の中のどれに重点をおくかのめあての相違に応じて、その計画の手つづきがことなってくるのは当然である。それにしても、地域の教育計画という場合、それらの一切を含みながら、全体として、教育計画としての骨組みが考えられて、その中で個々の目標が有機的につながっていることが期待される。教科課程は念入りに精力的に計画されていても、行財政上の裏づけがなくては、それは架空の図表におわるばかりか、実際に子どもに対して被害をおよぼす場合は少くない。そこで、ここで一応、地域教育計画の中にふくまれる内容をみとおして、それらの関係がどうなっているかを考えてみたいと思う。

N君の実践に見られるように、教育計画の中心は、何といっても、子どもをどう生かすかということである。それも抽象的に「民主的に」とか、「平和と真理とを愛する」とか云うのではこまるので、眼の前にいるAとか、Bとか、C子とかいった具体的に名前と生活の実態をもった子どもの生き方の問題である。しかし、そういうAとかBとかの今眼の前でいとなまれている生き方は、全くめいめいの思いつきや偶然によっておこなわれているわけではない。もちろん、それらの行動の一々が、すじ道だった説明で割り切れるものではないが、それでも彼等は真空の中で思うままにとびまわれる生きものではない。子どもは、すでに大きな枠としてお膳立てのできた社会の仕組みや文化形態の中に生れ落ちる。そうして彼等がもって生れた生きものとしての基本的な欲求をどうやら満足させ、孤独な不安定さをさけるためには、すでに彼等のまえにそなえられている社会の仕組みや文化形態に自分の行動の仕方をあわせていかなくてはならない。生きるためにはそうしなくては生きられないこととなる。そこでは人は単に生きるということだけからも、最小限一定の行動の仕方というものを方向づけられる。しかもそういう生き方が方向づけられるのは、職業、性別、年齢、社会階層などに応じて、ちがった色彩を持ってくるし、地域というような空間的な要素も、他の要因とからみあって、独自な生き方を要求するであろう。そういう複雑な条件に規定される様々の生き方をはらんだまま、或いはそれに支えられて社会は一つの構造をもって成立している。しかもそれは永遠にかわらない構造や仕組みをもって動かないのではなくて、人類はその長い歴史を通じて、一そうの安定と幸福をもとめて、いくたびかその仕組みを変革しながら、今日にいたっている。これは人間の歴史が物語る確認された事実である。そういう歴史上の変革は恐らく、すでにお膳立てのできた社会の仕組みの中に生れ落ちた人間の基本的な欲求が、仕組みにぶつかってはねかえされ、それが人々の意識のもっと下層土に、しこりのように鬱積され、そういう鬱積されたエネルギーのはけ場が、すでにその社会の仕組みではおさえ切れなくなったときに起ってくるのだと思う。民主社会の教育は、こうした鬱積されている大人や子どものエネルギーを、合理的にときはなって、知性によって社会をよくしていくための役割があたえられている。すでに定められた社会の鋳型をおしつけるだけなら、教育は保守的な役割を果すだけで、社会の進歩と、創造をもたらす機能とを放棄することになる。そういう社会では子どもへの期待は失われ、迷惑な未完成品とみられるだけである。教育計画の中心が、子どもをどう生かすかにかかっているということは、教師の独断や、国家の既成権力が要求する天降り的な教育目標を、子どもの生き方として一方的におしつけるということではない。色々ある生き方の見本の中からどれかを選んで、それを子どもに要求することではない。N君の実践をもう一度ふり返ってみると、そのことが明かになる。N君は子どもの中にできているしこりの中に入っていって、まずそれをときほぐす仕事をしている。レコード一枚、鉛筆一本で幼いたましいをゆがませ、傷つけなければならない社会の貧困を、N自身痛感しながら、幼いHのしこりに自己のしこりと同じものをみつけ、一緒になってこれを悩み、たましいの破綻を回避させたのである。それはその子どもに新しい生き方の道をひらいた。この誠実な実践を、すべての子どもへの接近に一般化し、計画化することが教育計画の中核であると考えたい。

社会の仕組みとそのうえに既に成立している文化形態は、子どもを生かす枠組でもあるが、同時に子どもの生き方にゆがみをあたえる。教育計画は、子どもが生れ落ち、いま生きている現地(ground)である社会を、子どもが受入れて、さらにそれを克服していくように、生き方を編成するという困難な仕事である。いまある社会を単にうのみにするのでもなく、始めから否定してかかるのでもない。子どもが直面している問題をとおして、いまある社会の仕組みや内容をつかんで、さらに問題を発展させることである。一つ一つの教科の中の、一つ一つの学習の分節(単元とも云うであろう)は、子どもが現在の事実を問題的に学びとり、更に問題を発展させ、今までねむっていたり鬱積しているエネルギーを合理的に解放させる過程である。それらの教科や、その教科の中の単元は、人間が現在まで生きるのに必要であった文化遺産を摂取して、そこから社会をつくりなおす問題意識と、実践力をつくり出すためにある。これは、組織教育のもっとも中核的な部分である。だから諸々の教科単元をとおして伝達される文化遺産は、それによって、子どものゆがみがいよいよ加わる方向ではなく、逆にゆがみをときほぐす方向に働くのでなければならない。

教育計画の端緒は、教師が毎日教室で展開している単元を、右にのべた観点でとりあつかっていくことにある。一つの単元の中には、それによって子どもが生活の或る事象に対してもっているゆがみを、蓄積された文化財の了解によってつきくずし、さらに生活の新たな局面をきりひらく役目が含まれている。それは地域の中で生活の中で子どもが具体的に植えつけられているゆがみをとく一つの単位作業である。けれども公教育の中で現在とりあげられている教材のすべてが、そのままゆがみの解放に役立つとは云えない。残念なことに或る場合には、ゆがみを強化する方向に働いている。たとえそれが善意に立つものであっても、地域の実情から云えば、全く逆の働きをする場合もある。一つ一つの学習単位の構成と展開にあたって、これは地域々々の具体的な実情の中で再構成される必要がある。こうした一つ一つの学習単位の連鎖が、この地域の教育課程として編成されるとき、教育計画の中枢的な部分が成立することとなる。

教育課程のこうした成立は、当然適当な施設や人的組織によって保障されなければならない。それが学校計画のもっている意味である。さきに学校の施設があり、一定の教員組織があって、その条件下に教科課程ができるのではない。まず教師と整頓された教材をとおしていかに子どもを生かすかの生き方の編成があり、その意図にもとづいて学校計画の在り方が問いただされるのが正しい。これはしかし全く論理的な意味からそうなので、実際は学校はすでに存在し、教員もすでにあるという事情の中で教育計画がうちだされる。だがこの論理上のすじみちを貫くことは、事実においてやはり意味をもつと思う。かりに学校計画の当面の責任者である校長が、経営者としての才腕がとりわけすぐれていて、町村当局や上級官庁に外交上の敏腕をふるって、彼独自の学校計画を設定したところで、子どもの生き方と日々対決するそこの教師の実践のうえにじっくり腰をすえて、それを守っていくにもっとも適応しい計画を打ち出すのでないかぎり、その学校計画は不充分である。

不充分であるというより、論理上の誤りである。「『子どもを大事にしろ』という校長が、先生を生き生きとくらさせなくてはいけない。『子どもを生き生きと正しいものに向ってくらさせる』ことは、『一人ひとりの教師を生き生きと正しいものへと求めさせる』ことです。」西南のある校長は、新しい赴任地からこういう便りを送ってくれた。子どものゆがみと無知からの一歩々々の解放を基底として、そのうえからこれを保障する学校計画は、こうならざるを得ないであろう。

学校計画を保障し、これを守るために、教育行財政計画がある。ここにいたって、子どものゆがみからまともなきびきびした生き方の編成へと向った教育計画は、上からの国家権力のもとに統括される公教育との正面からの接触点に到着する。現実政治の動脈がここには正面から露出している。しかし民主社会の原則が貫徹されている限りは、下からの教育計画とどこに矛盾するところがあろう。学校財政の費目は、個々の教師が、個々の教室で子どもを生き生きとよみがえらせるに必要な支出費目に応ずるべきなのである。指導主事は、現場教師の子どもの生かし方に深くまなんで、その実践の最善の部分を一般化する任務をもち、教育長はこれを守るのが原則である。けれども現実の国家権力が逆に自己を保守温存するために、一方的に特定の方針と思想をおしつけることとなっているならば、遺憾ながら下からの地域計画は、これと正面から対決せざるを得ない。けれどもそれは、単に教師の待遇が悪いとか教育予算が少いとか言う抗議だけでは充分でない。子どもの生き方を編成し、それを充分にのばしていくために、どの点に具体的な障害があるかをみきわめて、子どもと大衆のために科学的に計画された要求をもって発言しなくてはならない。それには学校の行財政計画そのものが、純粋に子どもをのばす一単位作業に要する経費や、人員、機構を緻密に設計して、上級機関との折衝が行われる必要がある。

　単元計画に出発して教科課程、学校計画を経て教育行財政計画におよぶこの重層的な諸計画が、子どもの生かし方の問題を中軸として有機的に動かされるいとなみを、われわれは地域教育計画の内容として把握しておきたい。このほかに最初にふれた生活指導計画と称する領域があることはたしかだが、この生活指導は以上のべた計画内容のおのおのときり離して考えたくない。われわれは、この生活指導と称する領域が別個に切り離されることによって、学校の生命である科学や芸術のような文化の伝達から切り離された抽象的なものになることを恐れる。われわれは修身科と生活補導の戦時中における役割を、またまた生活指導の中に復活させることを許したくない。それにもかかわらずこの領域の重大さは、Ｎ君の実践からみても明かである。われわれはＮの校外生活指導の実践は、日本の教育組織の中核に位置づけられると思う。それは単元と教科課程と、学校計画と、行財政計画全体の中を貫く基本的な軸として考えたい。子どもの現実を直視させ、子どものゆがみを自覚に導いて、新しい問題ときびきびした生き方を発見させていくいわゆる生活綴方的教育方法も、ここに位置するものと考えたい。それらは教育計画の全体に常に新鮮なエネルギーを提供し、教育計画の不断の前進を促進する。こうした意味の生活指導は、現実の中に眼を見すえて、ぐんぐん問題を子どもの中に発展させることによって、公教育があたえる教材やしつけや組織を主体的に克服させるように働く。国家権力を背景とする保守的で強制的な公教育が迫ってきても、これらの指導は正当な抵抗素の役割を果しながら、公教育自体のゆがみを克服する方向に働くであろう。この意味において、地域の教育計画の生命はこの部分にあると言ってよい。しかしこうした生き生きとした子どもの生き方の編成は、既にのべたように、個々の単元計画、年間の教育課程、学校計画、行財政計画の全体の中にこの視点が軸としてとりこまれていって、はじめて、地域の教育計画の全体が有機的に生きてくるということを再確認しておきたい。

三　実態調査

子どもと仲よしになる。村の人と話し合い、足にまかせて歩いてみる。Nの実践のこうしたためあては、平凡であっても、地域教育計画のための実態調査の基本的な態度である。わたしどもの教育調査でも、調査地の子どもと親しくなり、土地の人々に道すがら声をかけて、まず調査の抵抗を極力排除し、大衆の側にまわっての調査であることの覚悟を、自分自身にもしっかり納得させるところから始まるのである。抵抗と猜疑があるようでは、生きた人間や社会に対する調査を、満足な結果におわらせることはできない。土地の教師が土地の実態とそこでの子どものありのままの姿をとらえないで、子どものゆがみをなおし、問題的、実践的な子どもを計画的につくれるものでないことは明らかである。しかしすでに実態があけすけに教師の手元に入ってくるということになれば、それは教師が子どもと大衆のもっているゆがみの一つを既に解いたことであり、それ自身教育実践の一つの前進なのである。こう考えると、実態調査は教育計画のはじまりではなくて、少くも実践の一過程であると言ってよい。実際、子どもの実態なども、誠実に子どもの世話をしながら、色々な事件を経て、はじめていくつかの事実を思い知らされる。学者や研究者は、色々な地域について、ある特定の事象をつかまえ、概念を整理して新しい見通しを立てようとする。そこでできるだけ時間と手間をはぶいて結論を引き出す。しかしそれは生きた子どもを指導するためのほんの一局面をこまかくみているにすぎない。むろんそこには、無駄をはぶいたり、結論の引き出し方が客観的であったり、様々の長所があるにしても、生きた子どもを総合的に指導する教育実践者がこれを鵜呑みにすることは極めて危険である。

戦後の教育界では実態調査が大流行となった。そこにはいくつかの誤りがあった。その第一は、実態調査をしなければ、教育計画は始まらないという考え方である。もっとも甚だしいのは、何のための調査であるかのめあてもなく、ただ実態調査をやれば、何か教育計画の知恵がでてくるであろうという安易な気持で、何のめあても問題意識もなく行われたものが相当にあると思う。もちろん戦後の虚脱状態の中で、どこに教育のめあてをおいてよいのか見当も見失った有様の中で、まず地域の実態の中に問題をみいだしたいという所から、教育界にそれがとり入れられたという事情もあるだろう。しかし実際に莫大な労力と費用をかけて、調査結果がまとめられてみると、少しくわしい村勢要覧になったり、観光都市の案内書のようなものができあがる。さてそれを教育計画に活用しようという段になると、手のほどこしようもなく、調査と全く別個に教育計画がでっち上げられるような結果になってしまった。それは、調査の出発点において、子どもの生活や現在の教育的働きかけの中でどこがこのままではすてておけないか、どこにそういうことの起こる原因があるのかということをつきつめて、しっかり対処していきたいという切実な教育への問題意識に欠けたところからきている。それでは、調査のめあてや問題意識があれば、それで調査がうまくいくかというと、なかなかそれではすまないものがある。第一に調査のめあてや問題意識は、調査をやろうというので簡単に思いつけるものではない。誠実に地域の大人と子どもにとりくんで、様々の努力を積み重ね、その問題について考えたり研究したりするうちに、調査の問題意識が生み出されるのだと思う。大がかりな調査などに手をつけるまえに、漁師のおかみさんの中に飛び込んでいったN君の実践や、子どもの悩みへの具体的な対決があって、はじめてしっかりした問題意識が期待できるのである。実はそういう過程に調査と教育実践の両者が同時にすすめられていることでもあるのだが。

問題意識に立った明確な目標があっても、それにつづく調査技術が重要であることは言うまでもない。しかし、ここでは実態調査の方法技術をのべるのが目的ではなく、調査が教育計画で果す役割がねらいであるので省略せざるを得ない。ただ一言ふれておきたいことは、戦後教育計画のための実態調査が、それに基いて形式的な教科課程表の編成を急ぐために、単に形式的な手続きにとどまって、数字を羅列したプリントを作ることにおわっている。それは教科課程構成という目標自身が、実は形式的で漠然とした問題意識に立っているからでもあるが、技術面から言えば、或る地域の全人口、全世帯を対象とする悉皆調査によって、一時に大量観察による成果を急ぎすぎるからである。調査用紙を配布して、それに記入させて、大量集計によって結果を出す必要もある場合もあるが、それから出てくるような結果の大部分は、村や町の役場や農業会にある既存資料を有効に検討することで、相当に可能である。国勢調査、各産業についてのセンサス類、世帯台帳、その他税務関係の書類など町村役場や、協同組合関係の書類を用いて、統計を組合わせたり、個票の残っているものはそれによって、組替え集計をやればよい。これらを消化したり、これらから全体を判断したりすることもしないで、独自の悉皆調査でやろうというのは、はなはだ無謀である。しかしここでとくに言っておきたいことは、悉皆調査のかわりに、事例研究をもっと精細にやる必要があると思う。或る部落の社会生活と子どもの生活について、(当然教育上問題になっているような) つっこんだ研究をするとか、もっとこまかくなると、一人の子どもの生活について、その生活史や家庭構造や、社会的な背景をみながら、その子どもの成長を丹念に記録していくとかの方法である。むろんその子どもの問題になる点を、教育的な努力によって克服するために、激しくとりくみながら、その過程にあらわれる実態を記録する。それらの蓄積が、それにつづく学級や学校全体の子どもの調査事項やその解釈を生き生きとさせるもとになる。

地域の教育計画のための実態調査は、地域計画の内容のどの部分を目標とするかによって、その調査項目や方法に様々のものがありうることは、すでにのべた。しかし、あらゆる教育計画の土台となるのは、子どものもっているゆがみ、子どもの意識下に欲求不満として蓄積されているしこりを、合理的にときはなつ仕事である。そのためには、子どものゆがみ、子どもの欲求不満の具体的内容を、それをもたらしている社会的条件のもとで、率直に捕捉するということである。言葉をかえて言えば、子どもの悩みと、それをもたらしている社会的原因を地域の実態の中で具体的にとらえるという仕事である。よい教師は、ほとんど直観的にこの仕事をやっている。

このことは、最初にあげたN君の実践や、日本の現在の進んだ教育の良心とも言うべき綴方教師の実践の中に実は充分に認めることのできるものである。ただそれらは、きわめて直観的なものに依存しているので、個々の子どもに対して深く洞察に達するものがあるにしても、独断に流れる場合もあろうし、そのうえ、とかくすぐれた何人かの教師に限定されるであろう。一般に、こうしたすぐれた教師の実態把握は、まずその地域社会の人々の生活の危機をとらえていることである。とりわけ、食って生きることを規定づける経済的危機である。その地域の人々はこうした生活の危機にそなえて、家族員の労働配置やそれを支える倫理的な仕組みさらにそれから発展して部落や村の生活組織にいたるまで、一応の防衛体制をうち立てて、最悪の事態に対して備えをしている。それは部落や村として、或いは家として、個人として、それぞれ自己防衛のための生活の仕組みをつくり上げている。

そうしてこれらの防衛体制そのものが、そこの人間、子どもの生き方を方向づけているということができるのである。ところがこうした自己防衛体制は、それ自身が自らの生活を守るためのものであるとともに、そうした人々の生活を束縛しており、欲求不満やゆがみを作り出すもとでもある。自分の生活を守る体制、その背後に作り出されている社会の体制から離れて、悩みやゆがみは生れるはずがない。肉体的生理的な欠点でさえ、その悩みは必ず社会的なものでもある。そこで子どものゆがみ、主観的には子どもの悩みをとらえるには、右の考え方によって、すでに危機にそなえて出来上っている防衛機構がどうなっているかを、大人や子どもについて、とらえる必要がある。

これを、農業を主とする地域社会に例をとってみよう。日本の農民が、資本主義経済のもとで、その危機を一軒々々の「家」で受けとめていることは、誰の眼にも明かである。農民組合は成長せず、協同組合は成功していない。農民は、「家」を単位とし、老人から子どもにいたるまで、一たばになって働いて、ようやく生命を支えている。そういう、いわば、一個の労働共同体の中で、一人ひとりの人格などが成立するわけがない。

子どもは、弱い労働力として、他のものにおい目をつねに感じながら、この運命的な共同体の中に埋めこまれているのである。そこで子どもは種々の欲求不満をひきおこすのである。自分一個のかけがえのない意志はここではみとめられない。わずかな学用品一つ買うにも、「またぜにか。ぜに、ぜに、ぜに、ぜにて、このがきびだら口あくさえもすると『ぜにけろ』だ。ほだえ一丁前な身体して、よくはずかしくもないもんだ」と言われ、小遣帳をひき出してみる。「見るとわかるとおり、私は母からいわれていることを守って、ほとんどむだづかいなんかしないのだ。旅行に行ったときでさえもつかわなかったんだ。つかっている銭のほとんどが学校で集める金だ」と納得がいかない。それでいて「それでもやっぱり、年中おっかからばっかりもらうのはわるい。おれも、……かせいで、……、なるべく家から銭もらわねようにすらんなねと思った」といい、共同体への責任にひきこまれる。

しかし問題は解決していない。抑圧された欲求不満は、深く意識下の世界に封じこめられ、不安定な悩みを子どもの中につみあげていくのである。この抑圧された欲求不満、子どもの悩みを、そのままその子一人の心の中におしこめて、いわばそこを素通りして色々な結構な教材をいくらあたえても、それは子どものゆがみをましこそすれ、たちきる方向に働かない。そうではなくて、まさにこの悩みをみとおして、何故こうなのだ、何故わたしばかりでなく百姓の子はこうなのか、農民はなぜ損をしているかと、そのもやもやした不安と悩みに、科学と人間性尊重の意識でもって、すじみちをあたえてやり、一人の悩みをみなの悩みとして社会的にとらえさせ、社会的な実践のいとぐちをきずくところに、現在の大衆教育の深く大きなすじみちがある。

地域教育計画のための実態調査の根本的な意義は、それぞれのことなった地域の事情の中で、具体的に、こうした生活防衛の仕組みと、その中にできている子どもの心のひだの中に入りこんでいって、これをつかみとるという点にあると思う。

子どもの心のひだにできている喜びや悲しみや悩みの実体そのものは、子ども自身の言語や行動による表現や、親の長い間の観察や教師自身の観察によってとらえられる。子ども自身の言語や行動による悩みの表現は、綴方教師のとっている方法がもっとも典型的である。もっとも、綴方を書かせさえすればそれで子どもの悩みがつかめると考えるのは甘い考え方である。すなおに真実が語れるようになるまでに、子どもと教師とのへだてがとりさられ、わだかまりなく教師に訴えうるだけの信頼感と、表現技術の気ながな訓練が行われる。しかもそのこと自体が、教師の積極的な悩みへの接近と、そこをてがかりに、その悩みの子をはげましはげまして、生活の直視を行わせる教育実践である。こう考えても、誠実で気ながな教育実践と実態の把握とは、しっかり結びついていることが確認されるのである。

それらの子どもの悩みのすぐれた表現は、鈴木道太『親と教師への子どもの抗議』、無着成恭編『山びこ学校』、恵那綴方の会編『恵那の子ども』、石田和男編『夜明けの子ら』によくとらえられ、芸術的な表現にまで達している。

次に親をとおしての子どもの悩みの把握は、今日のところ主として面接法によることが必要である。家庭訪問は古くから行われてきた慣例の行事となっているが、とかく形式的なものにおわっている。子どもが精神的に傷ついたり、病気にたおれたり、家庭の不幸におしひしがれた場合、やむにやまれずかけつけた教師によって、かえってよく子どもを知ることができる。このことが示すように、教師が家庭訪問によってつかむのは、形式的な戸籍しらべではなくて、子どもの悩みにふれるためである。

この場合でも、まえに子どもの悩みの把握についてと同じことが言える。親はしばしば学校や教師のような公権力の代表ともみられがちなものに対しては、多くの場合一種の抵抗感をもっている。こうした抵抗感は、長い時期にわたるじみな努力、この教師はわが子について真実に愛情をささげてくれているという信頼感によって、初めて排除できるものである。何のわだかまりもなく、茶のみ話をして帰れるという雰囲気が、家庭訪問の前提である。

公権力への無意識の抵抗というほかに、貴賤貧富の意識が教師との間に溝をつくる。これは貧しい人々の劣等意識からもきている。孤独な貧困がこの国の病根なのだが、教師は救世主としてではなく、その同病者として悩みの中にとけこんでいく。そこから多くのことを、学ぶことができる。服装や言葉づかい、態度にいたるまで、細心な配慮が必要になる。もちろんそれは技巧的ということではない。あけすけで人間らしくふるまうことにほかならないのだが。其の他教師たちが部落に進出して開く部落懇談会なども相当な効果をあげている。

第三に、学校や路上での子どもの行動の観察によって、教師自身が子どもをとらえることがある。観察といってもただ傍観者としてみるということではない。学校のできごとをきっかけとして、子どもに話しかけたり、手紙のやりとりをしたりする。或る教師は、教室にポストを設けて、教師をふくんだ学級中のものが、具体的なできごとを通して、率直な意志の疎通をはかっている例がある。面と向った人間関係をはなれて、文字表現を媒介として、新たな人間関係を打ち出していくよい方法である。ソシオグラムを作って、客観的に子どもの交友関係をしらべるのもよかろうが、教師自身がソシオグラムの中に入りこんで、これをゆり動かしながら、切実にとらえていくことは一層重要である。

ところで、このような子どもの心のひだにじかにふれていく実践は、地域教育計画のための実態調査として、かけがえなく大事なものであるが、これらから獲得された材料が、地域の社会階層や、家族構成の相違、性別などに応じて整理され、蓄積されていくところに教育の科学性と計画性がうち出される地盤が生れてくるのである。個々の子どもの心のひだにできている喜怒哀楽、様々の心理的なうごきは、同じ村の中でも、その子の属する家庭の社会階層に応じて、ちがった色彩やあらわれ方をすることは常識的にもわかる。

旦那衆として、かつての村の地主階級の子どもは、きびしく古風なしつけを強いられるような抑圧からはすこしずつ自由になりつつあるにしても、没落をたどる家門の名誉にかけても、進学と勉強への駆り立てが一層きびしくなっているだろう。おちぶれてもかつてはの思いが、地主の子どもの母などにはいつもつきまとって、子どもの生活のあらゆる面にゆがみをつくり出す場合もある。

自作中農以上の階層では、比較的広い田畑に猫の手もかりたいほど全員の労力をふりしぼって、割りの合わない農業一本に死活をかけ、子どもをきびしく生産労働に引きこむ。お手伝いをめぐっての叱りが集中的に子どもに向けられるのはこの階層である。宿題や勉強はあとまわしという場合もあろう。貧農階層の場合には、とりわけ二、三男其の他の過剰人口をかかえ、家庭内のいざこざも多く、そのうえ貧困からくる劣等意識がことごとに子どもを苦しめる。他人の家に子守りにやとわれる子どももあり、そうでなくても、家の働き手、両親に対してすらひどいおい目を感じている。

経済的な意味の階層からばかりでなく、家族構成のちがいからも、子どもの運命に変化がおこる。両親と子どもだけという、いわば近代家族の構成をもつ家と、祖父母やときに叔父、叔母をふくんだ家族とでは非常にちがったものが、同じ農家の間にもある。まして多数の家族をかかえた家族労働の農家の子どもと、一人の父親の働きによっている労働者の近代家族構成の中の子どもとの間には、大変なひらきができやすい。労働者の父は、つかれた身体を、妻と子どもとの愛情をもとめて家にかえる。ここでは子どもが家庭の主役になり、愛らしいしぐさや表情が歓迎される。これにも日本社会の場合いろいろ問題があるのだが、家そのものが生産現場で、そのうえ祖父母や傍系親をふくんだ一家総動員の農家とでは、子どもの喜びや悲しみも質的にちがうのである。そのほか子どもの性別や成長段階の相違から同じことが言える。

このように、教師がじかにつかんだ子どもの姿を、いくつかの整理された枠を利用して、材料をつみあげていくならば、多数の子どもを年々送りむかえする教師が、子どもをつかむ眼をつくっていくのに役立つと思う。そのうえ、これまで一部のすぐれた教師がかんでつかんでいたことを、ほかの多数の教師にもわかってもらい、一緒に考えたり行ったりする手がかりとなる。そういう子どもに対する共通理解が平凡な教師相互の間にできると、いくつかの研究テーマによってグループにわかれ、色々な角度や目的をもった調査が、実践をすすめる過程で行われるようになり、相互に成果を交換し合って、教育計画全体の内容を充実することに発展するようになる。実際、日本の綴方教師をはじめ、すぐれてじみな、だがたしかに子どもをつかんできた教師、個々の教師たちの仕事は、科学的な操作をなかだちとして、こうした計画的な研究にはいる段階にきている。

わたくしがこの項でのべたことは、地域教育計画のための実態調査の内容の全体ではない。それは一、二の例をとって、実態調査の役割や態度にふれたにすぎない。このほかに、教科研究のための調査や、純粋に行財政的なものもあろう。同じ生活指導でも、小遣銭調査だけでも、大変有意義なものもある。しかしそれら全部を通じても、子どもの心のひだにふれて、そこから教育の計画化をはかるということのために、教育実態調査を実施する意味がある。

四　地域の人々とともに

地域の人々と話ができ、らくに意志の疎通ができること、これが教師の教育実践と地域とを結びつける第一の前提である。いかに組織や計画が花々しく打ちたてられようとも、教師と父母、教師と土地の人々の間に人間的な感情の交流ができあがっていないならば、そうした組織はよそよそしく役に立たないからである。戦後ぞくぞくと現れた教育課程構成のための目標設定委員会だとか、課題表作製のための委員会などが、殆んどその役割を果すことに失敗しているのは、こうした卑近だが困難な前提に欠けていたからである。委員会が始まるまで一時間もまたされる。そのあいだじゅう、自由な雑談がかわされる。もちろん農村の人々相互の間にも、互に無意識のかべができている。それでも、いよいよ会議が始まると、まるで場面がかわる。沈黙が支配し、紋切型の緊張したものになる。そんなところから切実で具体的な教育の目あてなどがでてくるはずがない。それは単に教師や学校の努力がたりないというだけの意味ではない。

日本の複雑な社会構造は、会議によって解決するまえに、もっと困難で複雑な事情があるということでもある。前世紀の或る著名な社会科学者は人間が進化した段階を三つに分け、習慣の支配する時代、国民相互が闘争する時代、討議の時代として、現代は最後の段階に属するとした。しかし、この国では（ほかの多くの国でも）村議会や町議会でも、いや国の会議である国会においてさえ、肝心なことでそこで決定されないことがある。村の寺院の三〇万円もする釣鐘は顔役との酒宴で簡単にできても、裏に廻って工作しないかぎり村議会で同額の学校予算がなかなか通過しない。つまり討議で解決しきれない古い生活の文脈、手続きが、われわれの日常生活をなおきびしく決定づけている。

委員会のような「民主的」手続きも、われわれの日常の生活の文脈から浮いて、形式のみが民主的の名前で利用される。そういう名義上の民主的な手続きがむざむざあるために、かえって古い生活の仕方が克服されないでいるともいえる。ごまかしの手続きで安心させておいて、裏から実は重大なことが決定されてしまう。重大な生活の関心事が決定されないような手続きに対して、大衆が本気になるはずがない。かえってそれは公的な、儀式ばったもの、切実な内容をはぐらかしたものになる。委員会にでた大衆が不真面目だと言うのではない。結構真面目なつもりでいて、それは生活の真実をはずれた形式的なものに固くなってはぐれこんでいるのである。そういう日本社会の古い仕組みからみても、学校とか教師とかいう、それ自身国家権力を背景にした地域の機関が、大衆と手をつなぐには、もっとも人間的なものにじっくりつなぎ目を求めていかなくてはならぬことが容易に分るはずである。

そう考えて、N君がとびこんでいった洗濯場のおかみさんの世界との結びつきは、甚だ意義深いものとなる。よい教師は、地域の中の「うわさ」と「かげ口」の世界に入りこんでいくことから、村人との結び目を求めることが必要になる。マスコミの力が新聞やラジオを通して村や町にそそがれても、それをまともに受けとめるのは顔役や旦那衆やインテリのところである。その下に多数の大衆がいて、うわさとかげ口の庶民的な世界がある。ゆがんだ形で顔役に引きまわされもするが、やはり一種の抵抗をはらんで沈澱している。日本社会の不幸が大抵ここにしわよせした形になっているのだが、それだけに独自な自己防衛のための生活の論理が慣習として深く根づいている。

こういう世界の思想は文字にもかかれず、公の場合は口先にも出されない。井戸端や夏の涼台や、うちわの寄り合いでの雑談の中に、いたずらに放出されるだけである。それでいて社会の九割までをこの人たちが占めているであろう。この世界に集約され、しわよせされた形で、社会の病根があらわれている。この人たちの苦悩が、日本の大人と子どもの苦悩をもっとも直接的に示すのである。彼らは、公の席上や無理に民主ぶってしつらえられた委員会では、沈黙でやりすごす階層である。教師がまずとらえなくてはならないのはこの階層の人たちである。この階層には、貧農、中農、賃労働、自由労務、小商業の人たちと、大部分の主婦がふくまれる。戦後の村や町での教育計画は、決定的にこの階層との結びつきを怠り、顔役や新しがりやのインテリたちで満足し、ゆがんだものにおわったものが多いと思われる。

多くの教師は、この階層の上部か、それ以上のところに階級的な地盤をもっている。そのうえ公権力の代行者の役割を果している。この場合どういう結びつきの仕方が考えられるものであろうか。それはおそらく百の戦術よりも、子どもを愛する真面目な実践を媒介とするつながりに勝るものはあるまい。進歩的な教師は、自らの階層や身分を忘れて、われわれはちゅうちょなく貧農と労働者に結びつくべきだと主張する。教員組合の動きの中では、今日の農家経済の窮迫と反動政府の悪政を結びつけて、農民に政治的自覚をもたらせと言う場合もあった。しかし、農業生産の中で汗を流さない、或いは日雇を入れたり、殆んど働きもしない教師の「米」説法で、農民に結びつけると考えるのはおかしい。労働者、農民との結びつきは、公式的には正当であろう。しかし、教師と地域の人々とを結びつけるのは、あくまで子どもの教育とのつながりがもっとも決定的である。ある労働組合の幹部は、子どもにだけは労組の指令や新聞をみせないようにしていますと言っている。これは全国でもすぐれた教育実践の現場での調査できこんだ一例である。労働組合の幹部の父親は、やはり父親らしく、直接的に子どもの教育を心配している。労働者と教員との結びつきなどと公式的に考える前に、子どもの教育がのびることを期待する人間的で切実な声なのである。まさにこの点こそ、教師と土地の人々との結びめを示すものではないであろうか。

Nの実践は洗濯場のおかみさんたちの中に飛び込んでいく果敢な活動から出発した。しかしそれとても、それにつづく彼の子どもへの誠実な実践があってはじめて、とじられた世界の中にしっかり根を下ろすことができたのである。山形県の或るすぐれた教師は、自ら町の新聞の編集員になったり、町当局や青年団、婦人会と結びつく努力をしてきた。けれどもその新聞を読んでいるものは実際は意外に少く、母親の一九%、祖父母の一六%、父親でも八五%が読むにすぎないことが分り、そういう読むことのできない人、ものを言わない人を無視して、町や青年団と結んでも意味の少いことを告白している。

それに対して、子どもの学習の一環として、大衆の関心である酒の問題をとりあげ、子どもの紙芝居をとおして接近していった報告をしている。岐阜県中津川市の綴方教師たちは、学校で研究したニュースや社会科の内容を、父母に報告させたり、或いは毎日家庭で書く子どもの生活ノートや、綴方の中にでてくる表現をとおして、両親と手をつなぐ実践を毎日のように繰り返している。そこでは、子どもたちは、家庭にかえって小先生の役割を果すのである。日々のニュースの受けとり方をめぐって、夕食をかこんで論争がまきおこり、だまってきいている母親、新聞もよめない祖母が、息子や孫の活躍に微笑みながらゆりうごかされる場面もでてくるのである。

こうしたじみな実践が、わずかでも正しい世論を根強く作り、学校と地域との間を暗黙のうちにとり結んでいることを注目しなければならない。教師もまた、子どもの腹蔵ない発表や綴方をとおして、ものを言わない大衆の声とじっくりとりくむことができるのである。

子どもをとおして、正しいと思う考えを訴えて、子どもの成長に協力してもらうという反面、教師は親や大衆から多くを学んで教育に生かすという面がある。子どもへの誠実な実践をとおして、教師は親と大衆との間に、人間的なつながりを見出すようになれば、おのずから、大衆に口をひらかせることもできるであろう。通りがかりに、米の相場や商売の景気やこつまできき取れるようになる。

そこでハタとぶつかるのは、おしつめられた生活の中で固く習慣的につくり上げられている大衆の生活の哲学や倫理である。それは手のほどこしようもなく固くできあがった完成物である。「すべて競争の世の中だ。他人をしのがねば生きられぬ」ということから、「戦争はさけられぬ」という結論にいく。自殺や心中沙汰の多い新聞記事をみて、「せめて家だけはあんなことにすまい」と、わが身の防衛の教訓とする。「かせぐのばかり忙しくて、さっぱり子どもらになの、かまっていられないよっす。……昔だと（学校に）ゆかないで、すましているいなだけげんと《（イルコトガデキタケレドモ）》、今はやかましくて、学校さやらねえで、いらんないもの、仕方なくやってんなよす。んだはげ、子もりばりさせて、ときどきやすませんなよっす。……人よりいい作つくらんなんなねんだもの、ほんて家の中もきれなじなの、していらんなくてこのとおりよっす。」このあとのものなどは、委員会などでは、おくびにも出てこない言葉である。

ヘーゲルはかつてこんなことを書いている。「時計は発条をまいておけばひとりでうごく。習慣は対立をふくまぬ行為であって、そこでは形式的持続しか残されていないし、また目的の充実や深まりはもはや問題にされる必要がない。慣習はもはや外的な感覚的な実存である。」地域の人々のもつ思想の背後に、こうした習慣の大系があり、それにハタとぶつかるのである。

そういうものは、単に古いものとして、軽蔑すべきものとして排斥すればよいものであろうか。マルクスが或る歴史段階の大衆の姿を、「盲目的な習慣の機械」と名づけたのは、そのままと言わないまでも、今日の大衆の或る部分についてはあてはまるでもあろう。だが何が大衆をこうあらしめているか、何が大衆をこう言わしめているかという問題が重大である。それは権力のせいだといえばそれでかたづくものであろうか。大衆の生活の論理を、あざけったり、簡単に権力のせいとして公式的にとらえていては、一人ひとりの悩める魂の技師としての教師の学ぶべきものは何も残らない。

固い完結した倫理や哲学ではあるが、それでいて現実の悩みがなく、何らの矛盾を感ずる契機がないものではない。競争の世の中、闘争の世の中だと諦観しながら、家と家との競闘がどれほど彼らを苦しみにおとし入れているかは、娘一人をかたづける見栄のために、汗水たらしてかせいだかけがえない金をそこぬけもっていかれたり、田畑を引き渡したり、気まずい家庭のいざこざを引き入れたりしている。学校を一方的に義務のように考えており、子どもを学校に出すのをしぶっていても、学歴のひけ目は、知りすぎるほど知っている。

つまり彼らの哲学も、われわれのそれと同じように破綻しているのである。それは、自らの哲学の破産を自らは宣告こそしないが、人々の無意識下にしこりのように、もやもやした欲求不満を沈澱させ、抑圧してとじこめているのである。教師はこの破綻の悩みを、大衆と分ち合いながら、きわめて日常的で具体的な事柄をとおして、多くの悩みや、その悩みをうみ出す生活の仕組みを学ぶことができるのである。

農民や労働者の割り切った哲学のもとにある割り切れないもやもやしたものの仕組みこそ、はっきりあらわにされ、それができるようになるだけの物の見方、考え方、態度を、教育をとおして、子どもとともにとらえていくのは、教師の仕事である。もやもやしている不満、それが「百姓は割り損だ」と割り切れるためには、米やまゆやたばこや薪炭の収入を客観的につかめねばならぬし、それに要する生産費が計算されねばならぬ。そうして、その割り損が数字的にどうなっていて、それがどんな生産の仕組みから来ているかを、社会科の教科書をとおして熟読し、地域の現実と厳密に比較しなくてはならない。教科書に読まれないで、かえってこれを読みこなすためには、地域の子どもとともに、地域の大衆の生活の実際、悩みの社会的心理的構造が、なまの眼でよめるようになる必要がある。

大衆の悩みの中から、個々の教科の実践の中で生の社会をよみなおしていく教育の過程は、それですでに地域の人々と学校との結び目ができているということであろう。これはすべての教科の教育を通じて、地域の人々と結びつくかんどころである。

ここで一つの夢と失敗の記録を附記しておこう。われわれは終戦後、西南のある地域で地域教育計画の研究にたずさわった。その一つの試みとして、地域の各階層の人々、思想をことにしている人々すべてを考慮して、生産、文化、衛生、家族および消費生活、政治の五部門をつくり、地域生活改善の委員会をつくった。各部門に二〇名前後の人々を割りあて、学校長の委嘱という形とした。もともとこれは、その委員会で地域生活の中で生きづらい問題をとりあげ、事実にもとづいて討議してもらい、そういう生々しい問題を、学校の運営に生かし、教材を生の問題の中で子どもにとりくませようという目的からであった。

それは地域の学校運営のための一種の諮問機関であって、五部会を総称して、教育懇話会と名づけた。社会科の単元計画の場合には、直接各部門の出す問題をとりあげて、教材の中に織り込む仕かけであったり、事実そういうことをして、課題表をつくったのである。各部会は単なる思いつきをのべてもらうのではこまるので、われわれ自身が地域の実態調査をやり、集計と解釈の結果をプリントして実費で配布し、そこにあらわれた数字や問題をてがかりとして討論してもらったのである。そのうえ各部門が今度は主体となって、調査とそれに基く改善の実践をしていきながら、問題をどんどん掘り下げていくという計画だったし、部分的にはこれを実現もした。

各部会も委員などと言う肩書きをつけると、顔役にねらわれるおそれがあるので、単に若干の世話人をつくり、この委員会は地域の人びとへの公開として、誰でも参加できるという仕組みにした。世話係には、学校の教師が分担して必ず加わり、記録を残すように努力した。各部会には、色々な職業、階層、性別、年齢、党派をふくめ、とくに世話人には若い熱心な活動家で、古い顔役をさけるようにした。

生産部会には農業にたずさわるものや、小店主、小企業の主人や労働者をふくめ、衛生部会には、医師、さんばのほか、家庭の主婦も参加し、家庭部会には主婦のほか、家庭問題について実際にいろいろ工夫している主人などにもでてもらった。共産党の青年幹部も参加していた。政治部会はもっともうまくいかず、結局町会議員二、三の集会におわるようなこともあった。文化部会も同様で、結局レコードコンサートのような親睦同好の会に向っていった。われわれは幻灯機を提供したりもしたが、活動も意の如くならず、討論も気分がのらなかった。部会中で比較的活発だったのは、前にあげた生産、衛生、家庭の三部門だったが、とりわけ生産部会はもっとも真剣で、深更におよぶ白熱した討論もあった。これらの部会では討論ばかりではつまらぬというので、というより討論に行きづまって、実践にうって出ようということになった。

生産部門は、当時まだ珍らしかった除草薬二四Dの実験を学校の実験田で試みたり、麦の肥料試験や、斜面の不用地に柿、栗の果樹栽培など試みた。教師も積極的にこの仕事の中心となったし、生徒も幻灯機をかついで、部会の人と一緒に「新しい農業」のスライドを部落にもち歩いた。pHの測定機で土壌の測定までやった。衛生部会や家庭部会はこれほどまではいかなかったが、町民の寄生虫検査や、町の水質検査、不潔箇所のＤＤＴ撒布、栄養食の講習や結婚改善というような点で、活動を開始した。教師や児童がそういう大人の動きから、多くを学んだことは確かである。それにもかかわらず部会はだんだん活動がにぶり、わずかに生産部門だけが辛くも命脈を保つということになった。発足して四年目である。

社会に向っての実践的な働きかけは、きわめて複雑な条件によって支配されるので、何が失敗で、何が成功かは簡単に判定できるわけではない。しかし、われわれの実践を反省してみて、次に考えられる点は、基本的な誤りであったと思われる。われわれの実践をふり返ってまず問題になるのは、子どもの切実な悩みとのとりくみから、地域との結びつきに発展しなかったということである。子どもの悩みにとりくんだ教師のじみな実践が、地域の父母や大衆を動かす、そういうことがまず大切なことなのだ。大衆との組織的な結びつきは、理論を超えて、より深い人間的な結びつきを土台とし、それをもっとすなおに合理化していくことでなければと思う。

組織以前に組織の情緒が地下水脈のようにおしひろげられていることが必要である。ほんのわずかのきっかけで、それらは、地上での組織へと創造的に発展していくといったものなのではあるまいか。この点は前にすでにのべている。

次に、部会の発展の経過から反省される点がもう一つある。われわれの意図は、地域のすべての階層、性別、職業、年齢層などを考慮した地域生活改善会議のようなものを意図した。顔役とみられる上層の介入を防ぐ道を多少工夫してはみた。しかし、今日から考えてみると厳密な階層分析もかけていたし、どういう階層がどんな動き方を組織の中でするであろうかの見通しにもかけていた。

この半農半商の町は次のような階級構成をもっている。最上層は、士族庄屋系統の旧地主と、小商人資本として発達した酒屋、肥料屋などのいわば旦那衆の階層、これと並んで付近の木材を利用した小企業の比較的新しい階層がごく少数これにならぶ。町の政治勢力は大体終戦までここに集中していた。次にもと地主だったが割合早く解体した小地主ないし自作兼地主に出身地盤をもつ医者、教師、吏員、若干の安定した商業の階層があり、其の下に一般の農民相手の小商業がある。ほかに半数を超える農民が農村地帯をしめていて、勤勉な精農の少数と、貧農階層が広く幅をしめている。この農家のうち半数は、付近の工業地帯に賃労働者を出していて、これがまた半農半工の特別な階層である。純粋の賃労働は比較的少く、この町の最下層は、戦災未亡人や、中心的働き手を失った日雇者、行商などからなっている。

ところで、われわれの企画した上品な委員会に参加できるのは、少くも中農以上、小商業以上のものである。しかも町の生活実態を中心とした話合いに参加できるのは、どうしても医師、吏員を中心とする知識層以上であり、とりわけこの階層がイニシアチブをとることになった。会合を重ねるうちにまず脱落したのは最上層である。この人たちは真面目な会合によって社会をよくするという気分はない。ただあらゆる所に一度二度顔を出しておいて、この会合は町の勢力分布に変化をもたらすほどのものでないと見込むと、さっと手を引いて、裏道の駆引きで野望をみたす本来の工作にかえる。実際にこの手くだの方が、世の中を動かせるのである。

中農、小商業以下の階層は、かげ口とうわさの中にとじられた階層で、およそ討議形式、とりわけ抽象的になり勝ちな上品な改良論に近づけるはずがない。農民は真黒になって少しでも働く方がまだましだと考えてくる。そうして各部会は遂に、町のインテリのサロンへと転落するのが落ちである。ただ中農以下の農村青年たちが、長男として家に腰をすえながら、生産部の中心となって、実際に活動をつづけたのである。けれどもこれらの青年の実践も、けっきょく、技術改良の方向にとどまって、経営の問題から生産の仕組みの問題へと発展しなかったのは、一人ひとりをおさえるとずいぶん進歩的な意見をもった青年もいたのに、これを支持する下層の大衆から切り離された組織だったからである。

もともとこの組織を企図するまえに暗示として与えられていたものは、アメリカの一九二九年の大恐慌以後あらわれたコミュニティ・スクールの研究からであった。一九三〇年代に入ってアメリカでは、ニューディール政策の末端地区でのあらわれ方として、地域復興計画会議（Community Planning Council）が生れている。このような動きの一環として、わが国に直輸入された地域社会学校（Community School）の構想がでていたのである。ところがわが国の新教育では、学校と地域とを結ぶあれこれのかけ橋のつくり方のようなものがいちはやく模倣され、地域とそれをつつむより大きな社会との動きから切り離されて理解され、流布された。われわれはその軽率さに激しく反対してきたが、資本主義の営利性を克服する平和なてがかりとして、住民参加の地域復興計画会議には引きつけられていた。けれどもそういう一種の修正された近代主義では手のつけようのないかべにぶつかっているのが日本社会の現実にほかならない。こういう理論そのものの甘さは、実際の適用に際して、下層の大衆の活力をもっとも有効に組織することに失敗したのである。

教育をとおして地域の大衆と結びつくには、とりわけこの社会を改造する活力としての大衆と結びつくには、いくら品よい近代主義の諸制度、組織をうわぬりしていっても、下層土に停滞した日本の病根を断ち切る方向には向わないのである。固い沈黙と、自己防衛のためのかたくなな哲学で武装された下層の大衆のエネルギーを、社会を更新する方向に組織し、ときはなっていくには、そうした固い武装の下に抑えつけられている欲求不満、悩みの中にじかにふれていくほかはない。

それはきわめて具体的で、日常的なもので、地域をよくしようとなどという高い理想とくらべものにならぬ目先きのことである。今日明日の飯をどうするかの問題である。それだけにかけがえもなく大切で切実なものなのである。これに学校や教師が結びついていくには、正にそういう同じ悩みの中で、抑圧やゆがみをうけている子どもの悩みをつかんで、それを温めながら、その悩みの成り立ちや社会的原因を子どもとともに直視する。クラス全体のものが、その悩みがはっきり共感でき、わかり合い、その悩みの解決にむかって考え、行動し、はげまし合うようにする。「田だ。田さえあれば、……」こういう悩みは子どもどころか、貧農、或いは働く農民全体の問題なのだ。こういう悩みを直視するには、多くの教科教材と、きびしい忍耐強い行動の指導がともなう。

そういう子どもとのとりくみを通じて、子どもの悩みを合理的にすじみちをつけ、実践力をつけていくことは、おそらく、大衆の意識下にあるもやもやした悩みのときはなち方と結びつく。少くとも父母の胸をゆるがさずにはおかない。これこそ地域の大衆との結び目が用意されたことなのである。大衆の抑圧された苦悩を、子どもとの学習と実践を通じて、すじみちをあたえるという基本的な視点がくらまされてはなるまい。それにしても、これらの手続きが、組織的に合理化され、社会の病根を、自由な討議と知性の交換によって、不断に更新し、高められた生産力をすべての人に分つような教育共和国への期待が、いつの日に到着することであろうか。

五　おわりに

戦争の前に郷土教育と称する教育運動があった。郷土社会の誇りと愛情とをつちかうことが目的だったので、郷土出身の偉人を顕彰したり、郷土の産業発展の姿を描いた郷土史が、方々の町村でつくられ、郷土教育資料室などが学校にできた。そこには日本の産業革命や其の後の帝国主義への発展によって、村や町におこった色々の変化、植民地奪取のための戦争で、犠牲を強いられた戦死者の写真や名簿が、叙勲昇進のほまれとともに、如何にこの村の人が国に殉じたかを誇るかのようにかかげてある。学校に建物やピアノを寄贈した大地主の恩情美談も記録としてのせられていた。郷土教育の深遠な理論は、これをうらづけるように、郷土愛は愛国につらなるという「哲理」をふまえて、くどくどと説かれていた。

戦後の地域社会学校はそんな古めかしいものではなかった。もっと現実的で実証的で、郷土愛の哲学のかわりに、客観的で複雑な手続きや操作が鉄筋建築のように仕組まれていた。いわばクリーム色のモダンな建造物で、メイド・イン・アメリカのレッテルつきである。中央集権の破砕、地方分権の民主主義の理論で武装されていた。ただそれらを通じて変らないのは、大衆の積極的な抵抗から打ち出されるという支柱をもたなかったというだけである。けれどもそれこそ致命的と言うべきだろう。古い束縛を断ち切った大衆自身の立ち上りという新しい文脈のうえに教育計画をのせないかぎり、どこにも新しいものがないということと同じだからである。

古い文脈が温存されているかぎり、どんな新しいものも流行として空転するほかはない。いや古い文脈が残されているから、更新でなく流行にとどまる。それどころか、流行を更新や改造とかんちがいして、いよいよ古いものを温存する結果となる。そんな戸惑いをくりかえすうちに、古いものが大ぴらにあらわれてくるきざしが充分に見えるのである。日本社会の教育計画は、明治以来この悪循環をくりかえしてきた。

これまでのべてきた地域の教育計画は、この悪循環を断ちきっていこうとする立場から書いている。反動化する国家権力の末端である地域の公教育の中にあって、大衆の側にまわってこれに立ちむかうというむずかしい問題がここにある。しかし少くもわれわれの平和憲法はこのことを保障してくれている。憲法は軍隊の存在を禁止している。安い労働者や失業の存在を否定している。国家権力がこれに逆行するような意図と方策を示すならば、つまり古い文脈のうえにあぐらをかこうとするならば、地域の教育計画は抵抗教育の様相を呈せざるを得ない。公教育のゆがみと、古い文脈への対決と直視とをはぐらかすモダニズムの新教育に対決して、そのゆがみをひきもどしながら、日本社会の素肌から立ち上がる地域教育計画の概念や操作をまとめるところにわたくしの意図があった。

ここでのべてきた地域の教育計画に必要な操作や概念は、古い文脈のうえに複雑な理論や操作をゆがんだ形で組み上げているこれまでの考え方をこわすために、かえって素朴にしばしば一人ひとりの教師の実践を頭においてのべられてきた。しかしこれはそれで満足するという意味では毛頭ない。地域の教育計画と言う以上、少くも一つの学校全体の教育計画が考えられなくてはならない。ただこれは、校長の栄誉心や、二、三の進歩的教師が、多数の教師を引きまわすような無理な傾向が戦後少からずあらわれていることを警戒しなくてはならないと思う。それはわが国の学校自体の中にひそむ古い仕組みによることが少くない。

しかし民主的な教育計画は、民主的な教員室からはじまると言ってもよい。お互の間に、相通じ合う共通の目標がはっきり打ち出されて、はじめて教育計画は可能になる。そのために、はじめの目標はごく低く具体的なところからはじめるのがよいと思う。自分のあずかる学級の子どもの中でもっとも気になるようなケースについて具体的に事情を話し合うところからはじめたい。スコープ、シークェンスと横文字をふりまわす一、二の教師の説得にはじまる教育計画などは大抵失敗するにきまっている。教師全体が腹蔵なく個人的な悩みを語り合えるような地盤から、子どもの問題をめぐる共通の悩みにいたり、それが教師たちと子どもと父母と地域のほかの大衆の悩みとして一般化されるにつれて、教育計画の地盤はだんだん固められてくるのである。

そういう合理化にすすむまでに、実は日本社会の複雑な人間関係の障害が、学校自体の中にいくつもいくつも重なっている。学校閥の問題、男女教師の問題、職制と身分の混同、教師の出身階層のずれなどである。そこで、学校の中の一、二の先走った教師の実践は、必ずそれらの教師の足場を宙に浮かせ、如何なる善意も、けっきょく大衆と同僚から引き離されて実を結ぶことがない。

それらの教師が職場から精神的にしめ出され、同志を求めて、そういう急進的な教師だけの会合の中に逃避したり、そこで気焔をあげてみても、けっきょく、現実をじっくり掘りおこす大きな力となることは期待できない。学級と職場と地域の大衆の中に根をおろし、同僚と結んで実践を計画化するための忍耐づよい努力が必要である。

それにはまず学校の中にある様々の古い人間関係を切りくずすことから、その地ならしが行われる必要がある。そうしてそのまず第一の目標をまえにのべたように、教師のすべてが、共通の話題で話し合い、討議することができる雰囲気を作るようなところにおきたい。こうしてはじめて教育計画を実践する主体の側の心の準備ができたことになるだろう。

われわれが期待する地域の教育計画の目標は、新しい外国の教育理論や組織を、現在の公教育のうえにうわぬりしていくことではない。それはますます本来の公教育のゆがみと貧困をおおいかくし、ほんとうの教育の出発点がどこにあるかを見失わせるおそれがある。そうでなくて、地域の子どもと大衆の抑圧された苦悩にすじみちをあたえる努力をとおして、いまある公教育のゆがみをなおして、大衆のための明るい展望にみちた成長の通路を、いばらの中から切りひらく仕事なのである。地域の教育計画こそ、その道をきりひらく最前線であって、公教育は新鮮な血液を大衆のもやもやした力の中からすいとることになる。地域の教師は、この仲立ちをしとげる人たちである。

動脈硬化の状態にある日本社会の肉体に活力を導入し、いわば起死回生のきわどい操作、日本の悪循環を断ちきる本質的な操作がここで行われるのである。わたくしは、そういうちょっとしたきり口をもとめて、色々の思いをめぐらしてきた。しかし考えていくほどますます問題は複雑である。地域の教育計画の理論構成も、むしろ今後の課題として多くの問題をのこしている。すぐれた教師の実践のあとを必死にたどってみたものの、その困難さにうちまかされる。それでもおそらくこの一角からの教育が、日本の教育実践と教育科学の基礎的な出発点となることはたしかである。

（一九五二年）

第5章　農村のサークル活動のめざすもの

解説

私のこの文章は、一九五三年から三年間ほどですが、その農村のサークル活動に直接に参加していき、そこで学んだことどもをやや整理して書き記したものです。私の参加したサークルは「ロハ台」という東京近郊の農村の若ものたちとの共同学習ですが、はじめは村の青年学級の教師ということで、そこに集まった若ものたちとの学習を、サークルとして育てる、そういうみんなの努力の中の一人としての仕事です。ここでの学習活動については、ここに再録はしませんでしたが、教育科学研究会の機関誌、雑誌『教育』にのせました。また『教育とは何かを問いつづけて』（一一五頁～一二二頁）にも簡単にその意図といきさつを書いています。

いま考えてみると、私たちの共同学習の中で、いちばん勉強になったのは私ではないかと思います。そのこととは逆に、この若ものたち自身がどれほどのことを学んだかには、いまだに手応えを感ずるほどのものがありません。たしかにいままであらわに口にしなかったことを詩や文につづって、みんなで励ましあったことはたしかです。ここに集まった若ものたちの大部分は、学校教育の被害者で、読むことにも、書くことにも自信喪失の諸君が多かったのです。だが、そこらあたりまでの共同学習が彼らの後の人生に、どれほどの役割を果しているのか、それは私にも分らないのです。

私はそこで学んだのは、私自身とは、学校体験、労働体験、生活体験、年齢差など大きなへだたりをもった若ものたちとの出会いの中で、彼らの心の動きから実に多くのことを教えてもらったことです。そうして、一人ひとりが一つの宇宙をつくり出しつつあるということでした。そういう仲間たちと毎週一夜を語りあうことで、私自身の内面についても改めて学ぶものが少なくなかったと思います。

いまでも、この若ものたちの顔形や話しぶり、かなりはっきりと思い出すことが出来ます。早く世を去ってしまった憲さん、玉ちゃんをふくめて、この出会いに参加してくれた諸君にお礼を云いたい気持です。

君の眼を内に向けよ、しからば君の心のなかに、
まだ発見されなかった一千の地域を見出すであろう。
そこを旅したまえ、
そして自家の宇宙誌の大家となれ

（ソーロー『森の生活』）

一　村のたまり場

どんな部落にも、若い衆たち、おかみさんたち、あるいは、おやじさんたちの〝たまり場〟があるものです。その場所は、氏神さまの石段の片すみだったり、橋げたの一角で、年中材木がつみあげてある上だったり、駄菓子屋の店先の茶飲台だったり、ビッコの椅子がころがり、チビた机がちらかっている一パイ飲屋だったり、あるいは小川のほとりの洗濯場であったりするのです。そこでは、家の中では、お互いにむっつりとしていて、ろくに言葉もかわさない親子でも、ＰＴＡの集まりで一度も口を割ったことのない母ちゃん、公民館の集まりで、神妙なよそゆきの顔でかしこまる親父さんも、身体中のこわばりをすっかりほぐして、見ちがえるような明るさをとりもどすのです。駄ジャレがパチパチと飛びかい、歓声がどっとおこります。キセル一本のうごきで、雲を呼び、嵐をまねくたくみな語り手が、一同の人気の焦点になり、名演技に人びとはすいつけられているのです。

このたまり場は、誰からか与えられたというところではなく、農民が自分たちでつくり出し、かちとってきた自由な空間なのです。土地の私有も許されず、徒党もきびしく禁圧された幕府政治のもとでも、たまり場は農民たちのものでした。そういう政治のもとでの重く暗い家や部落のくらし、義理としきたりにがんじがらめにされたくらしの中で、たまり場は生命の洗濯場、オアシスであったのです。たまり場は転々と場所をかえてきました。そこでの語りてたちも入れかわり立ちかわりしました。しかし連綿《れんめん》としてやむことはありませんでした。

残念なことに、こういう村のたまり場で、いままで何が語られ、どんなことがおこってきたかその逐一を知ることはできません。それはいままで文字にされたことも、ほとんどなかったといってもよいでしょう。このたまり場に、つかの間の自由をみい出すような人びと、たまり場の主人公たちは、自分たちがたまり場でしゃべったり、歌ったりしていることを文字にあらわすような人びとではありませんでした。社会の歴史を支配する人びとではなく、その支配のもとでおしひしがれている、名もない無力な人びとでした。自分たちのやっていることが、それほど重要なねうちがあるものとみとめませんでした。それでもたまり場が、そこの主人公たちにとって全くかけがえのないねうちをもつものであったことはまちがいありません。それだからこそ、たえることなく、どんな部落でもつづいてきたのでした。近頃になってようやく、このたまり場の主人公たちも、たまり場でおこったこと、話し合ったことを文にして書きあらわすということがはじまりました。しかし、こうなればたまり場は、行きどまりのたまり場であることから、何か別のものにかわりつつあることなのでしょうが、それにしても、たまり場の面影をしのぶよすがもできてきたといえるでしょう。

……玉ちゃん達がまた火の玉の話をはじめた。

「これからは墓場でリンが燃えるから気味が悪い」と誰かがいう。正木さんが
「千代ちゃんちのわき、すぐ墓だから気味がわるいだろうなあ……」また誰かが
「神社の方がこわいなあ、墓場はみんないつか行くんだから、さほどでもないよ」
すると急に栄和の島崎君が
「死ぬために人間は生きているんだからなあ」と極端なことをいった。その時おれは、その言葉が割り切れない感じがして考えた。おれは死ぬために生きているのだろうか？
正ちゃんがギターをひきながら、むじなの話をはじめた。
「別所沼の近所にむじながいてよ、たまに出てくるんだってよ」
昭ちゃんもこんなことを話した。
「兄貴んちの入口で誰かが呼んだので兄貴が出てみたが誰もいないんだってよ」
「銭形平次みたいに皆んなで正体をつかまえに行こうか」

（文集「ロハ台」No. 1から）

お化けの話からはじまって、ギターをひきながら、むじなの話がはじまるという文学的なばめんから、「人間は何のために生きているか」という、「どん底」のサチンが、巡礼のルカ老人に問いかけるような哲学的なばめんもあるのです。ヨタものとのけんかの武勇伝にはじまって、男の「かいしょ」が語り合われます。めいめい自分の親父さんとのいさかいのことなどしんみり話し合って、身のふり方の悩みをうちあける真剣なばめんもあります。そうかと思うと、うまい金もうけの話を

ききこんできて、ひろうすることもあるし、そんなことから、若ものたちの無邪気な陰謀がたくらまれるのも、こうしたたまり場です。

たまり場では、「バカ話」「ヒソヒソ話」が公然とあらわに語られるのです。そういうなかで、農民の間に生まれた数多くの民話が語りつたえられ、村に生きるものの哲学、処世術も身につけられていくのでしょう。長い停滞としきたりの中にとじこめられてきた部落や家のくらしの中でこのたまり場だけは、創造的で、変化にとみ、ユーモラスで、自由に考えるということの行われるほとんど唯一の場所だといえないでしょうか。人間らしさがほとんど圧殺されているといってもいい村のくらしの中で、ここだけがほんがりした人間味をとどめたただ一つの空間だったともいえるのです。

どこの村にもあるこんなたまり場、それは昨日、今日の〝はやり〟でないことは、前にもちょっと書いたとおりです。おそらく長い長い農民の歴史の中でずっとありつづけてきたものと考えてよいでしょう。ただこのたまり場は、文献としての歴史にも、人びとの語りづたえの中でも、その役割や意義が意識してとりあげられたことはありませんでした。それほど農民たちにとって身近で、日常的なものであったのですし、それだけ重大な歴史の中の下積みの役割をはたしてきたといえるかもしれません。

しかし、たまり場は、一方からいうと、あくまで行きどまりのたまり場でした。歴史的な大事件と直接につながらない袋小路にあったわけでしょう。部落々々のたまり場は、それぞれに孤立していて、何のつながりもありませんでした。たまり場ではくらしの苦悩も語り合われました。年貢への不満がぶちまけられ、お上への手きびしい批判も投げつけられました。しかしその大部分が、ウップンばらしでおわったこともたしかでしょう。だからといって、それが水泡のようにあわく、はかないものにすぎないかといえば、必ずしもそういいきれないものがあると思います。

一人びとりの胸から、あるときは悲痛に、あるときはさすような皮肉さで、あるときはユーモラスに、またあるときは喜びで眼を輝かせながら、語り合われる――そういうエネルギーが、チョロチョロと清水のようにたくわえられていて、一たんことがあって、村の秩序がゆすぶられるような大事件に発展する直前には、たまり場はいきどおりと不満とにたぎり立っていたといえないでしょうか。村々のそうしたたまり場が、それをきっかけに、相呼応して、事件の進行にカゲの役割をはたしたといえないでしょうか。幕末から維新の新政へのうつりゆきを、飛騨の山の中での農民一揆のうごきの中にとらえた「山の民」(江馬修の長編小説)の中には、こういうたまり場らしきものの果した役割がところどころで描き出されています。なかでも、村々の百姓たちのたまり場、郡中会所、とくにその階下に集まった小前《こまえ》百姓の結末は、終始この事件の中心的な役割をはたしたのでした。この場面についてふれられるところでは、明るいユーモアの中に、もっとも本質的要求、事件の核心が、小前たちの集まりの中からおし出されてくることがわかります。もちろんこのばあいは飛騨の山あいの村々をつらねた郡中会所のうごきですが、その背後に、わたくしたちは一つ一つの谷にある多くの農民たちのたまり場を想像することができるのです。こんなときはおそらく、たまり場は、もはや行きどまりのたまり場ではなく、大きな歴史的事件につながった組織的な集団に近いものに成長しているといえるでしょう。このような大事件が終ると、飛騨の谷間も、またふたたび静けさをとりもどしたでしょう。陣羽織に抜刀したサムライたちも、ムシロ旗をおし立てた百姓たちも、舞台のうしろに退きました。しかし、村々のたまり場は、いまも昔もかわらず、つづいているはずです。そして、あいかわらずこの行きどまりのたまり場が、人びとのいこいの場所となってきたのでしょう。

長い間、陽の目を見なかった村々のたまり場も、行きどまりであることをやめて、歴史の舞台に堂々と姿をあらわすような日が、近づいてきているのではないでしょうか。偶発的な事件といったものとしてでなく、日常的に、農民のたまり場が行きどまりであることをやめるときのことです。しかし、それまでは、たまり場は決して絶えることなくつづくでしょう。わたくしは、たまり場がすなわち、いま人びとの口にされているサークルと呼ばれるものだと考えているわけではありません。しかし、わたくしたちがいま村のサークルと呼ぼうとしているものの前史は、村や部落のたまり場の前史に見い出されるというふうに考えたいのです。そして、サークルも、このたまり場の前史にしっかり根をおろすのでなければ、単なる〝はやり〟の一種として、やがて大した役割もはたさずに、日本文化史の衣がえの一コマに位置づけられるにとどまるのではないかと思います。そんなことから、わざわざサークルの《前史》というような妙ないい方をしてみたのです。

二　サークルのめざすもの

たまり場がサークルの前史だといいました。そうだとすれば、サークルの中にはたまり場のすでにそなえていた性格が、何らかの形で受けつがれているのは当然のことです。ここでは、たまり場のもっている性格との関連から、サークルというもの、そのめざすものを考えてみたいと思います。それというのは、サークルというものを、村のくらしの中での切実な要求にもとづくもの、人間としてのまっとうな真実に根ざしているもの、きわめてありふれた身近なものとしてとらえたいということ、だからこそ、農民とそれをとりまくくらしとをかえていく大きな力に、サークルの活動がつながることをはっきりさせてみたいと思うからです。

■義理としきたりの支配する社会に自由をとりもどすこと

たまり場から受けついだサークルの性格の一つは、どこまでも自発的に生みだされ、自発性によって存続される集団だということです。たまり場は、上からの要求でつくられたものではなく、また村うちでの義理でできているものでもありません。むしろ、部落や家でのくらしの暗さ、圧力によっておし出されるようにして、思わず足がむくといったほどのものです。たまり場はほとんど本能的な逃避の場であり、それだけに行きどまりのいきぬきの場なのです。それに加わる、加わらないは自分の都合によるのですし、何かのことで加われなかったからといって、他人からあれこれいわれるすじ合いのものではありません。それほどに、各人の内からの要求に根ざしているといえるでしょう。それに加わることによって、愉快な解放感にひたることのできる一ときに強くひきつけられて、生命《いのち》の洗濯にあずかろうということなのです。

サークルもこれとよく似た面をもっています。いやむしろそういう本能的なもの、からだ全体からひきつけられるもの、つまりなま身からわきでてきた要求に根ざした集まりだといえるでしょう。サークルの中には、それに加わっている一人びとりが、はっきりと目的意識をもってはいるが、一人びとりのからだの中からわきでてくるような要求にささえられていないものと、一人びとりのほとんど本能的な要求に根ざしてはいても、目的意識のはっきりしない、たまり場風なものに近いものとが考えられます。いまわたくしたちの間で、サークルとしてみとめ合っているものの中には、はじめにあげた〝意識の高い〟といわれるものが多いようですし、サークルと呼ばれるものの多くも、はじめはそういった傾向のものから出発しています。

ただひたすらに、自由と真実を求めようという、人間としてのまっとうな要求も、わたくしたちの社会では、ずいぶんまわりくねった道をとおってようやくそれに一歩近づくといったぐあいですから、どんな出発の仕方が正しいとか、正しくないとかをかんたんに判断することはよくないことです。サークルについての実践報告のいくつかに出ているように、わたくしたちは、いくたびかの誤りや失敗をおかしてきました。そのあげく、サークルをささえる自発性とか自主性とかいうものは、ただ観念的に目的意識がお互いにはっきりしているというようなことでなく、人間のもっと深いところにあるものからつき動かされるようなものでなくてはならないということを知ったのです。つまりたまり場のもっている本能的なものに根をおろしたいということです。

だが、行きどまりの逃避の場であるたまり場と、サークルとを区別するものは、くらしの中での矛盾の自覚、矛盾との意識的なとりくみという点にあるといえましょう。たまり場に足がむくのは、理由のつかめないウップンばらし、そこから得られる一時的な解放感をからだごと要求するからです。だが一度そこをはなれると、まるで人がかわったようにふたたび義理の世界にうめこまれてしまうのです。サークルはそういう行きどまりをふり切ろうというのです。家や部落や仕事場の中で傷つけられた人間性、それが怒り、不満、ムシャクシャした気分となって、自分のからだの中に充満します。そういう自分のなま身からでるモヤモヤを、仲間のささえの中ではき出します。もっとも、それができるまでに、仲間関係の発展や、表現の問題など、いろいろな配慮と努力がいるのですが、そういう条件さえあれば、自分のモヤモヤを吐き出したいという内からの要求は人間にとって本質的なものです。

そういう自分の悩みが、家や部落や、もっと広い社会の矛盾とのつながりの中でとらえられ、自分のモヤモヤがどこからくるかを明らかにするように努力しながら、矛盾との正面からのとりくみが試みられるわけです。正面からのとりくみというのは、矛盾をかくしたり、ごまかしたりすることをさけて、明るく大ぴらに、話しずくで処理するということです。こうした矛盾を意識することと、とりくむことの中で、サークルの学習が、いよいよそのメンバーの一人びとりの内部からわきあがる要求にこたえていくということになればよいはずです。実際は、こんなにうまくいきません。こういうあり方をさまたげる条件が、十重二十重《はたえ》にサークルをとりまいているからです。しかし、サークルをささえる自発性という原則、自由であるという原則は、いまのべてきたように、一人びとりのもつ具体的な矛盾――これが自発的なものの根源なのですが――とその人をとりまく世の中の矛盾とをつなげていくサークルの活動の中で期待できることだと思います。

サークルの盛衰は、この自発性の原則が深められているかどうか、自分のうちからわき出た矛盾の探求とそれへの対決の仕方がサークルの活動によって深められているかどうかではかられるでしょう。これが停滞するサークルは衰微します。「出席しないとみんなに悪い」とか、「あいつ近頃こないのは変だな、反動になった」ということになると、サークルはその本来のあり方からはなれたものになってきたということになるでしょう。サークルが自由の原則をおおらかに守るとき、義理と強制の支配する世の中をかえる働きをしていることになるのです。自由であるということはサークルの生命の持続を意味するのです。

■劣等感を克服して〝もちまえ〟の力を自覚し、とりもどすこと

無力感やあきらめが支配する社会の中で、いろいろな劣等感を克服して、〝もちまえ〟の力を自覚し、これをとりもどすこと、そこから既成の観念や制度をなかみのある新鮮なものにとりかえていこうというのです。たまり場では、「なまのことばで話し合える」「ほんとうの友だちができる」といわれてきました。それは人間の地肌でまじわれるということでしょう。村の日々では、人びとはあれこれの劣等感にとらわれて、くらしがいとなまれています。父親に面とむかっていえない、部落の有力者の前では思うことができない、バスの中で方言をしゃべることからくる恥しさ、働く服装へのおいめ、学歴からくるひけめ、学校や役場のようなものに対する劣等感、身体の故障、あるいは働くごつい手に対する劣等感など、まったく数えあげるときりがありません。肩身のせまい思いのしつづけです。

ところがたまり場では、大体おなじ年輩の仲間が、お互いに肩をポンとたたき合える気安さの中で、思いきって気エンをあげることができるのです。いわゆる、「おだをあげる」というわけです。もっとも、このたまり場での劣等感からの解放感は、ほんとうに自分たちのもちまえの力の自覚ということよりも、同じような条件のものの集まった、その限界の中での安心感からきているのです。だ

から、たまり場の外側のものに対しては、いぜんとして劣等感や、ときに不当な優越感にとらえられるというわけです。

学習サークルが脱皮していかなくてはならない劣等感の一つは、既成の学問や芸術文化に対する劣等感です。村の中の優等生たちからなるサークル、学校の成績はよかったが上級学校にすすめなかった人たちの集まりなどでは、この傾向がとくに強くあらわれますし、いろいろな学歴の人びとからなるサークルの中でも、いくらか教育を受けた人、いまいったそうでない人たちにはこの傾向が強いと思います。とても部落の夜遊びのたまり場などに顔の出せる人たちではありません。こういう人たちにくらべて、学校の成績もすぐれず、既成の学問や文化に大した期待ももたず、かえって働くことにうちこんできた、あるいはときにくらしそのものに絶望的になった自称「ぼんくら」たちが、自分のからだをはってつかんだ経験、考えを、既成の観念にとらわれないで表現する中で、真実を確認し合うことから、自分のもちまえの力を自覚することがサークルの学習の中ではおこります。身体をはった実践の中で直面した矛盾がさらけ出されるうちに、それが既成の観念にとらわれるものでなければ、それだけ一そう、活字になった既成文化のおよびもつかない現実的《リアル》な問題が提起されるのです。優等生たちは、この「ぼんくら」たちのかざらぬ素朴な力のあらわれに感動することから、自分たちが、自分たちの実践的な立場を忘れて、既成の学問文化への一方的な執心のうつろさに気づき、かえって、自分のもちまえの力を啓発されることになるのです。

学校ではかなりの程度の勉強が要求されてきたにしても、学校を出て、農村に働く人となれば読む力も、書く力もたちまち転落しました。とくにすすんで自分の考えを表現する力はほとんど脱落してしまいます。国民の大多数が自ら発言の能力と機会とをうばわれているのであれば、たとえみかけはどうあろうと、その国の文化に大きなゆがみがないはずがありません。こう考えると既成の学問文化への劣等感、マスコミによる間断ない既成観念のまきちらしに耐えて、たまり場の主人公たち、いままで公《おおやけ》の発言をはばかっていた人びとの劣等感のぬぐい去りが、どれほどこの社会にとって大きな意義をもつかは、はかり知れないものがあるでしょう。学問文化に対する劣等感だけでなく、貧困、労働、言語をめぐるひけめにしても、それについてのモヤモヤを吐き出し合って、社会の矛盾との間のつながりの中でまともに直視し合うことが、わたくしたちに、力の自覚をもたせるでしょう。とりわけ、村で働く人びとが仲間の中で、このもちまえの力を自覚することが、やがて社会のあり方をほんとうにゆがみのない明るいものにすることにつながるでしょう。

■ほんとうのこと――真実をとりもどすこと

真実がなかなか通用しない社会に〝ほんとうのこと〟真実をとりもどすこと。この点についても、たまり場の中にそういう性格が用意されていたのでした。たまり場では、村うちのどこよりも〝ほんね〟や〝よわね〟がはけるのでした。前にもふれたように、すすんで自分の地肌をあらわにすることができるのでした。毎日の村のくらしの中では、〝ほんとうのこと〟をいうと、しばしば「ボロを出した」、「名誉をきずつけた」と非難されますし、おもわず〝よわね〟をもらすことから、足もとを見すかされて、思わぬ窮地においこめられるということが起るからです。お互いにウソであることを百も承知してながら、真顔でやりすごすことも少なくありません。農村にかぎったわけではむろんなく、この国の中での生き方は大方ウソで固められているとも云えそうです。人びとはウソの世の中と達観して、処世の術に身を武装しているといってよいでしょう。また義理にしばられて〝ほんね〟もなかなかはけないのです。

このような世の中にあって、たまり場の気楽さは、「実は……」とか、「ほんとうのところ……」とささやくようなものであるにしても、〝ほんとう〟が顔を出します。これがまたたまり場の魅力なのです。たまり場の〝ほんね〟は、多分に主観的なものですが、冷たい客観的な統計数字のとうてい示すことのできない深い真実をもの語ることが少なくありません。しかし、そういう〝ほんね〟も、たまり場では、仲間の共感を呼び、同情をまねくことはあっても、この限られた行きどまりの空間の中で立ち消えてしまいます。耳に口をよせた〝ヒソヒソ話〟でおわるのです。

サークルではこうしたふともれ落ちた〝ほんね〟〝よわね〟をかけがえなく大事にします。サークルの中にリーダーの役目をみとめるとすれば、気楽な話し合いの中で、もれおちたこの人間らしきもの、〝ほんね〟〝よわね〟をもらさずとりあげ、これをみんなのものにするということはもっとも大事な仕事です。とりあげられた〝ほんね〟は、ほかの仲間の〝ほんね〟をよびおこし、みんなで考え合う中で、もっとも素朴だが、もっとも本質的な客観性をあたえられるのです。それは、物を距離をおいてながめながらとらえること、たとえば停車場の乗り降りの客の数をしらべるというようなものとはちがって、自分のからだが対象に働きかけて、そこでつかまれた自分たちの血のかよっている真実といったものです。

サークルがほんとうのことを話し合えるまで成長することは容易なことではありません。前にのべたように、お互いの間にあるいろいろな劣等感も克服されねばならず、ほんとうのことを表現する能力もとりもどさなくてはなりません。そればかりか、サークルの中で話し合った〝ほんとうのこと〟、サークルの機関紙の上で歌いあげられた真実が、先にちょっとふれたように、部落のボロを引き出したとか、名誉を傷つけたといって、サークルの外側から文句をつけられます。ボロをひき出したというのは、矛盾を指摘したということです。自分自身のモヤモヤとつながった形で、矛盾とまともにとりくむのがサークルのしんしょうなのですからやむを得ないことでしょう。サークルが家や部落にあるいろいろな問題（矛盾）を指摘する場合、それはサークルのメンバー自身がもっている切実で具体的ななやみとつながっていなければなりません。また問題を指摘された人たちの人間らしい〝よわね〟〝ほんね〟を充分かんじょうにいれた指摘の仕方でなければなりません。こういう指摘であればきっと、サークルの外がわの多くの人びとの心の中に真実をよみがえらせることができるでしょう。こうして、誰でもがもっている真実への感動の波を、サークルを中心に、ウソと形式にとらわれた世の中におしひろげる仕事が、サークルのめざすものといえるのです。

■愛情をとりもどすこと

最後に、といっても、一番根本的なことですが、愛情をとりもどすということ。村の二三男は「忙しいときは使われ、ひまになると嫌われる」という例が少なくありません。農村の貧しさは血のつながるものの間の愛情をもむしばんでいます。家の中でもそうですが、家と家との間でも、より恵まれた家を、より恵まれることの少ない家がそねみ、お互い同志の間で「足をひっぱる」という冷たい人間関係が支配していて、相互の間に愛情の交流が絶ち切られてしまっているという有様です。〝ほんね〟〝よわね〟が顔を出すたまり場には、それだけお互いの間に信頼感があるのです。たまり場では、身分の上下、義理からくる縦の人間関係ではなく、「おら」「おめえ」の横のつき合いの中で、お互いの間に一種の信頼感があり〝あいみたがい〟の愛情の交流もあるのです。それが、ぞんざいな口のきき方、粗暴にもみえるやりとりの中に、一種の温かみがかよっているといえるのです。

サークルは、それに加わってくる仲間のみたされない愛情をめぐる〝ほんね〟をとりあげて、サークルの中で話し合ううちに、それが親子の愛情の問題であれば、その親子同士のむき合いのなかではつかみ得ない愛情復活のきっかけをみつけ出すのです。文学サークルの筆者はこの点にふれて、

「血のつながった親と子の間に他人――なかまを入れて、外の世界と狭いめいめいの自我とを結ばなければならない」といっています。

家の中や隣人の間に人間的な愛情をとりもどすために、わたくしたちは、サークルの中に愛情をよびもどすことからはじめるでしょう。〝ほんね〟〝よわね〟が少しずつ話し合われるうちに、〝おめえにもそんなやさしい心があったのか〟〝おれにもあるぞ〟〝おらにも、おめえにも〟とお互いに愛情をたしかめ合う中で、サークルは愛情をよびもどしていくのでしょう。〝すべての人間には愛情がある〟などと、本に書かれたり、誰かから説教されてそんなものかと思うのでなくて、お互いに生活の苦悩におしひしがれるような中で、人間らしいもののかけらをお互いにみとめ合ったときの喜びの中で、失われた愛情がよびもどされるのでしょう。そういうサークルの中での〝あいみたがい〟の愛情のよみがえりがてこになって、家や部落での人間関係と、それをめぐる感情の交流の仕方が、あらためてみなおされることになるのでしょう。

こうして、サークルのうちがわのつき合いの中で生れた愛情が、家の、部落の、さらにより広い外の世界のものへとおしひろがっていく中で、たまり場の中のあの気安いぼんくら同士のとじられた愛情が、そとに開かれた愛情へと変質するのです。そして、サークルは、愛情をむしばむ世の中にあって、愛情をよみがえらせるとりでとなるのです。

サークルがめざす四つのことにふれてきました。自由をとりもどし、もちまえの力を自覚し、真実と愛情をよみがえらせたいということの願いをこめて、いま農村の働く人びとの間にも、小さな集まりが芽生えているのだと思います。決して欲ばったものではなく、人間として生きるのにぜひ必要なものばかりです。そしてこれは、ここ二、三年の間に、にわかにもち上った願いではなく、長い長い歴史の中で農民たちによって願いつづけられてきたものです。そのあらわれの一つがたまり場にもあらわれているといいました。

サークルはこうして、特別の人間の特別の願いの上に存在するのではなく、働く人びとのすべての人間らしいものをもとめるまことにありふれた願いにつながるものだと思います。古いものが圧倒的に支配している世の中では、こういうまっとうな願いもなみなみならぬ辛苦をへて、それに一歩近づこうという努力がされねばなりません。たまり場はほとんど本能的に生きづらさをまぎらそうとする人びとのいとなみであったのですが、歴史はいつまでも行きどまりのたまり場に、村人たちの願いをとじ込めてしまうことを許さなくなってきました。たまり場にこめられた村に働く人びとの願いが、行きどまりをやめて、社会が発展していく大きなすじみちに、新しく自分たちを位置づけようとするうごきが、農村のサークル活動だといえるでしょう。

三　サークルの成長をそだてるもの、はばむもの

■学　習

サークル活動の中心は何といっても学習です。それは、自分たちの身のまわりにあるよいもの、悪いもの、そういうすべてを、自分たちを強くかしこくするために吸いとっていこうという活動です。

学習はおれたち中心から出発するところにその本質があると思います。おれたち中心ということのもっとも根本的な意味は、前の節の最初でのべましたが、自分たちの生身からわき出た問題とのとりくみが中心だということです。頭の中で思いついた問題でなく、やりながら身にしみたこと、しかも、誰が、どんなところで、どんなときに、どうして、どう考えたかを具体的にのべることのできるような、そういう場面の中でぶつかっている自分の問題が、どこまでも学習の出発点であり、帰りつくところだと考えたいと思います。この原則が大切にされると、学習はサークルの成長をうながしますが、そうでない場合は失敗します。

サークルの学習活動の中で、もっとも安易にとりかかられるのは、学習や文化人の書いた本をテキストにする輪読会のようなものです。この方法はとりつきやすいようで、失敗することが非常に

多いように思います。まず活字に親しめるほど余裕のある人は、ごく限られた人たちになります。学習をみんなのくらしの問題として、てがたく積みあげていくためには、とくに部落を根じろにした集まりのばあいには、まず活字への抵抗という問題でつきあたります。その上、学者や文化人のものの考え方、つかみ方と、村に働く人びととの生き方につながるような考え方との間には、長い間に深いミゾができてしまっています。したがって、テキストのふくんでいる考え方に圧倒されてしまって、自分たちが身体をはってつかんだ事実や、それについての考え方を活字の方に屈服させられてしまいます。自分たちの実践に即してつかんだ考え方を、活字のテキストの考え、概念にすりかえられながら、何か身についたという錯覚《さっかく》にとらえられていることも少なからずあるはずです。こういうことにならないで、テキストを、自分たちの実践の立場をすすめるための栄養剤としてこなすことができるかどうかが、読書サークルなどにとっては、もっとも大事なわかれめだということができるでしょう。

自分たちの毎日のくらしの中で、身体でつかんだ自分たちの問題を発展させるのには、いろいろこまかい工夫も必要です。仲間で集まって、自分たちのくらしを話し合って、それを記録する「話し合いの記録」なども、自分たちの問題をほり出していくために大きな役割を果します。日本の社会のようにひどく進んだ面とおくれた面、原子と原始が背中合わせであるようなところでは、そして、「進んだもの」が、「おくれた多数のもの」にむかってやたらに既成観念をまきちらすようなところでは、自分たちの自身の問題やそれに即した考え方をのばしていくのに大へんな困難がともないます。つまり、自我がおかされるのです。農村はまさにその「おくれた多数」がいるところです。それだからこそ、この「おくれた多数」の生々しいくらしの中で身体ごなしにつかみとられているかけがえのない問題やものの考え方が大切にされる必要があるのです。それは何度もふれたように、日本の文化のゆがみを正すことにつながるからです。

「話し合いの記録」は、その「おくれた」といわれる多数の人びとのくらしの中での発言を文字にすることです。気楽な仲間の間でしゃべられたくらしのことばの中には、村に働くものの問題や考え方がすなおに顔を出しています。こういう自分たちの話し合いの記録を「テキスト」にして、仲間づくりと並行して話し合いをすすめていくうちに、自分たちのもつ問題や考え方がだんだん発掘されてくるのです。自分たちと大体おなじ境遇にある働く人びとが、見たり、やったり、考えたりしたことを書きつづけたり、歌いあげたりしたものも〝おれたち〟の問題や考え方をほり出すのに役立ちます。自分たちの仲間の中の生活記録や詩や、演劇サークルの共同製作のシナリオなどは一そうこの目的に適します。活字になった生活記録にもよいものもありますが、自分たちに身近なものほど、たとえまずいものでも、みんなで読み合い話し合っていくと一そう有効です。

こうして、埋もれていた自我、自分の問題、疑問を具体的に（誰が、どこで、何を、どう……と。そうでないとすぐ既成観念のとりこになるのです）ほり出すことが、学習をすすめるための土台です。この土台のないテキスト学習はきまって行きづまりますし、はじめにのべたヘイガイがともないます。いきなりテキスト中心の学習をやったサークルが案外成功しているというのは、テキストをやる前後の話し合いや、仲間として別の日常的なつながりがこれをささえているばあいが多いのです。

　だから、農村のサークル活動ではとくに、考えのすじを立てて自分を表現することのできる読み書き運動が非常に大切な役割をはたします。読み書き能力などは学校で学習ずみだと考えやすいのですが、わたしたちは、他人の書いたものをものさしとして、自分のことを書きあらわすことができても、ほんとうに自分の脳ミソで自分のくらしをとらえて、言いあらわすような力は実はあまりないのです。むしろ、教育をよけいに受けたものほど、既成観念にとらわれて、自分を正確に主張する力を失っているといってもよいほどです。それよりも、読み書きの習慣を失ってしまったような人が、思いつめたことを話したものなどに、一そうねうちの高いものがあるのです。歌にたくして、自分の胸先をつきあげてくるものをはき出す歌ごえなどは、もっと根本的に自分たちの発想をゆすぶってくれるでしょう。しかし、自分を充分にすじみち立って表現するために、国民のすべてが読み書きの力をとりもどしたいと思います。

　自分たちの発想を掘りおこしながら、それを豊かにするために、いろいろなテキストがえらばれることは、むろんのぞましいことです。自分たちを大事にしていく努力を中心にでっかとすえこんでおきさえすれば、わたしたちはあらゆる既成の文化を、貪欲《どんよく》に身につけていきたいものです。

話し合っては記録し、あるいは生活記録を読み合っていくことをくり返すだけでよかろうか、それからさきどうなるのだという疑問がありましょう。こういう疑問がおこるのはサークルに対する考え方に一つは原因があるようです。わたくしたちのくらしをよくするために、いろいろな内容をもったサークルが成長しています。そこでは、それぞれの活動内容をとおして、自分をつくりかえ、また自分たちの身のまわりのつき合い関係を住みよくする努力がされています。そうして、これらのサークルは、前の節でもふれたように、他のどういう集まりよりも自由であるはずです。

サークルは、最初に入ったメンバーが最後までぬけてはならず、一定の段階をふんで成長しながら、いつまでも絶えることなくつづくものとして、あまり固定的に考えなくてよいものだと思います。妙ないい方ですが、サークルはつぶれる自由ももっているのです。読み書きのサークルのメンバーの一人が、そのサークルで学習する中で新しい意欲をおこして、別のサークルをつくったり、ほかの既成サークルに加わるようになるのは当然です。そのかわりその読み書きサークルは、新しいメンバーを加えてつづいていくかもしれません。またある時期にその読み書きサークルが、メンバーの多数の要求で、別の内容をもったサークルにかわることもあるでしょう。たまり場のもっている神出鬼没とでもいうような性格をサークルも受けついでいるのです。

ただそれぞれのサークルは音楽、演劇、文学、農事研究などのそれぞれの分野で、日本の文化の質を大衆生活に根をおろしたものにし、文化の質を高めていく一くさりとして、大きな文化的社会的な運動につながっています。ですから、各分野のサークルが技術的な水準においても高まるための努力をしつづけることは当然です。それにはいろいろな技術的に成長していくための、専門領域の工夫がなされるでしょう。しかしサークルはそういう領域の専門家をそだてるのが目的ではなく、その領域の水準を高める土台になる大衆として成長をねがう人びとの集まりです。その領域の学習を通じて大衆としてのくらしを豊かにするのがねらいです。だから、サークルをあまりに計画的、固定的に考えないでよいと思います。なるべく多くの人びとと、質のよい歌を、質のよい技術で歌おうということ、それで毎日をすこしでも豊かにすればよいのです。

読み書きサークル、とくに話し合ったり、生活記録を書き合うサークルについていいますと、ちょっとふれましたように、これは、国民的な学習運動の中の基礎学力を担当すると考えてよいほど大切なものだと思います。そのために話し合い、書き合うことは実によい学習ですが、同じメンバーがいつまでもそれをつづける必要はないでしょう。ほかの活動内容をとり入れるのもよいでしょう。読み書き学習サークルは、基礎学習ともいうべきものですから、そこからいろいろな意欲がほりおこされて、いろいろな方向にメンバーが発展を希望するようになるのは当然です。また読み書き運動の意味あいからいって、ほかのサークルでも並行してこれをとりあげることが、非常に大切だとわたくしは信じています。そういう方向に読み書きサークルの発展を考えていってよいと思います。

事件は学習サークルにとって大事な学習内容です。事件といえばいかにも大げさですが、別に新聞ダネになるような事件のことをいっているのではありません。部落のくらし、家のくらしの中では、ほんの小さなこと一つを改めるにも、まわりの秩序や習慣をゆすぶることになります。嫁の座にあるものが、ラジオの置き場一つをかえることについても、家族を説得するのになかなか大へんでしょう。そういうごく日常的な生活の問題のことをさしています。

サークルのメンバーが仲間の前にはっきりつき出した問題は、彼が生活とのとりくみの中でぶつかった生々しい困難な問題であれば、それ自身一つの事件です。

事件はいまいったようにどんなにささやかなものでも、いままであらわにされなかった矛盾があらわにされる機会です。これらが仲間の間でとり上げられ、どうしたらうまくやれるかが相談されていくということは、いままで気づかないでいたくらしの中の矛盾がだんだんはっきりさせられてきて、いろいろの努力の中でみんながこれを解決しなくてはならないという気分がわき出てくるということです。こういうことの中でサークルの成長ということがしとげられるのです。もちろん事件の性質によっては、ときにサークルを窮地に追い込むことがあるかも知れません。仲間われや解散のうき目をみる直前まで追いつめられることさえあるでしょう。だが、ちょっと妙ないい方ですが、事件のないときは、問題がとりあげられていないことで、サークルにとっては、かえって本質的な活動をしていないということにもなるのです。だから、事件はサークルの成長を阻止するものであると同時に、サークルの成長を促進するものでもあるということになるのです。

■助け合い

サークルはいままでのべてきたように学習を中心的な活動内容としているのですが、別の角度からとらえると、これは一つの助け合い運動ともいえるのです。サークルがこの助け合いを欠くと、その大事ななかみがぬきとられてしまいます。逆にいえば、その内容として、文学もなく、演劇もなく、生活記録もないとしても、ただ助け合う仲間というだけでもサークルといってよいのではないかと思うのです。

サークルのリーダーの大事な役目の一つに、仲間のほんねを引き出して、みんなのものにするような力があるといいといいましたが、リーダーはさらに、いつも仲間の問題に気をくばっていて、すすんで助け合いの世話役をたんねんにやることだと思います。仲間の誰かが病気をすればリーダーはすぐこれを仲間の問題にします。就職のあっせんをやります。サークル自体は職安でもあるのです。むろん身上相談所であるのです。

こうして、助け合い運動をサークル活動の土台において、その上に文学とか社研とかのいろいろな領域の学習がすすめられることになるでしょう。そうして、この土台である助け合い運動と学習とが密接につながっているのがサークルの全体の姿だと考えたいと思います。サークルの発展を地についたものとするために、助け合いを欠くことのできぬ、いやむしろサークル活動のシンにあたるものとして考えたいと思います。

■広まりと高まり

これはサークルが発足して、学習が軌道にのってしばらくすると、大ていのサークルが直面する問題です。具体的には、サークルの中に新入生とベテランとができてきて、どちらの要求もみたしたいというところから、実際の運営が矛盾に直面することになるのです。この頃から、サークルが停滞気味になるのです。この点については、すでに学習のところで、サークルを固定して考えないようにしようといったことと大へん関係があります。一つのサークルの中にすべてを入れようとしても無理をすることになります。ここでは村のサークルの成立基盤といったことから、考えをつけ加えておきたいと思います。

サークルは、この成立基盤がせまくなるほど、つまりいくつかの村からの集まりよりも、一つの村、一つの村よりも一つの部落というふうに成立基盤がせばまるほど、地についたものになるわけです。それがサークルの発展だといえるでしょう。そして、部落というようなせまい成立基盤に立つサークルは、徹底的にみんなで学習していけるような原則に立つべきだと思います。各部落の中に助け合い仲間のサークルができていくなら、村の中央にもっと専門的な高い水準の学習サークルがあって、部落からもそれに参加するものがいて、そこでの学習を、部落のサークルや部落の生活に生かすことができるわけです。

部落は農民にとっては、労働者の職場に対応するような生活単位ですから、何よりも部落の中での仲間との助け合いと、共同学習の体制をしっかりとそだてたいものです。そういうまず身近なところにしっかりした生き方をみい出す努力とつながった中で、村の中央や、他地域のサークルに加わることが一そう意味深いものといえましょう。村に中央にあるサークルに参加するメンバーが、部落の中に根のおりた実践をもたないとすれば、村のサークルはこの人にとっては一種の逃避の場、たまり場なのです。たまり場は、家や部落の矛盾ととりくむことなしに、一時しのぎの行きどまりの場だということは前にもふれたとおりです。

家の中の矛盾とむきあって、これを克服していこうとする毎日のとりくみをふまえ、部落の仲間といっしょに努力してきた実践をふまえていれば、村の中央のサークルも、ほんとうの意味で高い水準のサークルだといえるし、広まりをふまえた、もっともほんものの高まりといえるのでしょう。

サークルの成長をそだてるもの、はばむものとして、主として、サークルの内側にある問題のいくつかをとりあげてみました。もちろんこれにつきるものではなく、ちょっとふれてはいますが、いわゆる「優等生」と「ぼんくら」との問題、サークルのメンバーの年齢差、男女の別による要求のちがいの問題、仲間うちの恋愛問題などがあります。そのほかちょっと観点はかわりますが、非常に大事な問題で農村サークルの中での勤人、労働者と農民との要求のちがい、同じ農民でも長男と二三男の問題、メンバーの属している階層のことなど、いろいろ残された問題があるのですが、とても一つ一つこれにふれていく余裕がありません。またサークルの外側との関係、たとえば部落との関係、青年団との関係、家との関係など、きわめて重要な問題があります。ですが、ごく原則的には、いままで書いたことの中にふくまれるものもあると思いますので、省略するほかはありません。

（一九五六年）

第6章　「教育正常化」事件を考える——岐阜県調査から

解説

私自身は一九五四年、第一回日本作文の会全国集会以来、その開催地岐阜県中津川市を中心とする地域の教師たちとの付き合いは古いのです。この地域での生活綴方を中心とする教育活動からは、実に多くのことを教えられました。私の方から云わせてもらうと、教育研究のフィールドであり、長期にわたってそこでの教育実践、運動の動向を追いながら、多くの研究問題の提供をうけつづけてきたのです。

「教育正常化」事件の調査研究は、事件そのものに関しては何回かの調査にとどまるのですが、長いそこでの運動への参加と訪問、観察とが背景にあってのことですので、事件に当面した教師の方々の内面への立ち入った話もきけました。その調査報告の詳細は、この簡単な講演記録以外に、拙著『教育の探究』(東京大学出版会)の中の「教育を支えるもの」という文章を参照して下さい。また『教育とは何かを問いつづけて』では、一七三頁～一七六頁まででごく要約的にここでおこった

「教育正常化」問題と教師たちの対応にふれています。

中津川市を中心に、この恵那地域では、長い間多くのことを学びつづけた私のいわば「教育学の学校」でもあったのですが、「教育正常化」事件は、ここで辛苦して創り出された生活綴方教育を中心とする一人ひとりの子どもを大切にする教育と、その仕事にたずさわった教師たちに対して、県教育行政当局が「公務員の自覚」を求めるというものさしをつきつけて、教員組合の組織から離脱させるということでした。「自覚」を強制するのは、戦前流に云えばいわば思想転向を求めるということです。戦前戦中は密室の中での強迫、拷問によるものでしたが、戦後は、開かれた地域の中であるとはいえ、「報告」にあるように、利用しうる限りの家、職場、地域の共同体的な圧力により、真綿で首をしめるような方法によるものでした。しかし、また別の見方をすると戦後民主主義が教育現場にある教師の内面にどの程度定着しているかをはかる試金石でもあったのです。私たちは、そこから実に多くのことを学びました。

とりわけ、教師たちにこのきびしい試練に耐えさせたものは、つきつめたところでは子どもとどうかかわるか、いま目前の現実の中に生きる子どもとどうつき合っていくのか、その出合いの質というものが問われたといってもよいのでした。かつて子どもを大切にしてきたという過去形ではことはすまないのでした。かけがえのないいまの出合いの質が問われるというものでした。

教師というものは、その国家やあるいはその属する教会よりも、その子どもたちを一層愛すべきものである。

（バートランド・ラッセル『教育論』）

教科研としまして、一九六四（昭和三九）年の三月の終わりと五月のはじめの二回にわたって、岐阜県へうかがって、いわゆる「教育正常化」の名で進行している事態が、どういう内容のものであるか、――そして教科研運動のこれからの課題とどういうかかわりを持つだろうか――という関心で、勝田守一さん、五十嵐顕さん、山住正己さん、堀尾輝久さん、それにわたくし大田が、調査団を形成して、合同調査をしました。それ以外にも、各個人がそれぞれの機会を利用して、この事件についての情報を集め、現地調査も重ねてまいりました。

■「教育正常化」問題とは

今日は、この調査にもとづいて、もっぱらこの岐阜県の「教育正常化」問題についてご報告を申しあげるわけでありますが、まだ、最終的な調査報告書もできておりませんし、ここでは、わたし個人の考えが大体中心になっており、調査団を代表して申し上げているわけではないということを、おことわりしておきます。

なお、事件が非常にこみ入っておって、それを短い時間でご報告することは、誤解のおこる可能性もあるわけですが、極力要点をお伝えするように努力いたします。

最初に、岐阜県でおこりました「教育正常化」問題とはどういうことか、という事態進行の概略を、お話ししておきます。今回の「教育正常化」問題に関連して、岐阜県教組に対して直接的に権力が圧力をかけはじめた——具体的には、県教育当局などによって代表されるわけですが——のは、一九五九(昭和三四)年一一月に、専従者制限条例を強行可決したのが最初であります。これで思い出しますのは、一九五六(昭和三一)年に任命制教育委員会法が成立する時における国会の混乱であります。国会における任命制教育委員会法成立という事態が、実は、その後のわが国の教育政策を大きく動かしているわけです。つまり、任命制をとることによって、議会で法律を制定しなくとも、直接教師に対して圧力をかけるという足場が、公選制を否定することでできあがったという重要な意味を持っていると思うのであります。つまり、「教育正常化」問題は、そういう事態からくる結果の一つのあらわれでもあるわけです。

専従制限条例の結果、条例実施二年後の一九六一(昭和三六)年までに、それまで二四、五名の専従を持っておった岐教組がわずか一一名の専従に限定される、という結果になり、まず苦しい条件がここにあらわれておるのであります。

一九六〇(昭三五)年には、岐阜県教組加茂支部というところで、役員選出のうえで、いろいろな困難がありました。これは内部的な弱さでありますけれども、役員がなかなか成立しませんで、そういう矛盾のあるところへ、外側から、PTAの幹部とか、地方事務所長などの働きかけがあって、支部が解体するという事態がおこっておるのであります。

しかし、本格的に組合組織に対して働きかけがはじまりましたのは、一九六三（昭和三八）年一月以後でありまして、それを、時間的な順序で申し上げますと、六三年一月から三月の間に、可児《かに》支部では教頭会が中心になって岐教組・日教組から脱退をする。また本巣《もとす》支部というのも脱落致します。それから益田支部でも教頭全員が脱退する。さらに揖斐《いび》支部でも教頭全員脱退――そういうことが相ついでおこるのであります。さらに、六三年七月以後、岐阜県全体にわたって、地方事務局次長や課長が校長たちを集め、校長たちをとおして、直接に教師に対して教組からの脱退を勧告する、ということが行なわれる。いま、校長たちをとおしてということを申しましたけれども、たんに、校長を通してだけではなしに、ばあいによっては、指導主事が直接に教師個人に働きかけたり、ＰＴＡ幹部とか、その他村の有力者など、およそ可能なかぎりの方法をもって、日教組、岐教組からの脱退を教師にせまるという事態が、全県各支部にわたって、いっせいにおこってくる。

これを七月以前の状態と比較しますと、そのときは、支部が単位となって、岐教組や日教組から脱退することを決議させる、いわば上からの「自主的」な「体質改善」というかたちでの組織攻撃が行なわれるのであります。そうして、組織そのものを、ごっそりと変質させて、やがて日教組および岐教組から脱落させる、ということが進行するわけであります。こういうことがおこった郡市教組支部の性格は、いっぱんに、職制と組合とがはっきり区別されておらない、たとえば校長会が実質的に組合支部長を推せんしたりするようなおくれた組合、そういうところにおこっているのであります。ですから、そういう意味では、教組内部から脱落をひきおこさせるというかたちで、あくまでも、当局者が姿をあらわさないのでありますが、七月以後になりますと、地方事務局次長をはじめ、管理者側が直接に登場してまいります。そして、校長をとおして脱退勧告を、教師一人一人に対してする。あるいは、PTAをとおしてやる。さらに村長をとおしてやる、それ以外にも、あらゆる方法をもって、教師に脱退を勧告する。こういう事態が進行するのであります。

この二つの段階をとおして、全然姿をあらわしませんのは、県教委当局の執行責任者である県教育長であります。教育長が姿をあらわしましたのは、ようやく一九六三（昭和三八）年八月二六日に、岐教組の執行委員長の西宗右衛門さんが教育長にあてたこの事件に関する公開質問状を出し、それに対する回答というかたちで、はじめて「教育正常化」問題について発言をするのであります。ここでは、質問状の回答内容を、あまりくわしくお伝えするという余裕はありません。ただその中の一文を引用しますと、こういうことがあります。

「今日、県下各地にみられる、日教組ならびに岐教組に対する批判や組合離反の傾向は、教職員一人一人が、教育公務員としての自覚に立って行動したものと信ずるものであって、決して貴組合でいう、県教育委員会の圧力によるものではない。なお、貴組合は、正常化の結果、かえって現場には混乱がおこっているというが、教職員が教育公務員としての自覚をもって職責を遂行する限り、そのようなことはおこり得ないものと考える。」

と、答えておるのであります。つまり、岐阜県の各郡市にほぼ一斉に、ところによっては期限つきで脱退を勧告するような事態が、非常に多くの強制的な方法で行なわれているという事実があるにもかかわらず、県教育行政の責任者である県教委ならびに教育長はこれに対して一切責任を負わない、これは組合員一人一人の教育公務員としての自覚にもとづいておこっている出来ごとにすぎない、というのです。

なお伊藤教育長は、その後、一九六四（昭和三九）年三月一一日に衆議院文教委員会に喚問されまして、その議事録のなかに、彼の発言を残しておりますけれども、それは、いま申し上げました回答と同様の趣旨を繰り返しているにすぎません。

このような事態のなかで、結果的にどういうことがおこったかと申しますと、岐教組の組合員総数約一万二千余名のうちで、約二千余名を残して、あとは脱退するという結果がおこったのであります。

事態の進行の逐一にとらわれませんで——というのは、それに時間をとりますと、問題の核心を述べることが出来なくなりますので——問題点を述べるなかで、それに関連して事実をお話ししていきたいと思うのです。

■「教育正常化」問題の核心

最初にやや結論的なことを申し上げますけれども、このような混乱がおこったなかで、結局、どういうことが事態の本質であるのか。それは当面の目標としては教組の勢力を破壊するということであることは明らかであります。ところが、教組の組織を破壊するというばあいに、教育そのものの破壊を通じてそれが行なわれているということに、重大な問題点があると思うのであります。

では、それはどういう意味で教育ないし民主教育の破壊なのかと申しますと、結論的に申しますならば、権力が個々の教師の価値体系の変更を強制する、とでもいいましょうか——個々の教師のものの考え方の変更をせまる、あるいは転向をせまる——転向を「権力の強制による価値体系の変更」という意味に解しますならば、まさに転向であります。それは、もっといえば、教師の思想の自由をうばうということになるわけだし、教師の内発性を抜きとるという意味で、まさに民主的な教育の破壊ということの、いちばんだいじなかんどころをおさえてきている、といえるのであります。

このことを実際に行なわれました方法に即して追求してみる必要があると思うのであります。一九六二（昭和三七）年度中から、無署名の四つの文書が県下の校長たちにくばられるのであります。このどこから出たかわからない文書は、「教育公務員について」「日教組と階級闘争」などをふくむ四つのパンフレットでありますけれども、そのなかで、日教組の批判、とくにそれがもつ倫理綱領をとり上げまして、その持っている階級的偏向――倫理綱領の本文よりも、のちに出されたという「解説」のことばを引用しまして、階級偏向の問題をとり上げています。ところが一九六二〔昭和三八〕年度以降になりますと、まさに岐阜県教育委員会という署名入りで、全く同じ文書が教師の学習用のパンフレットとしてまかれるのであります。無責任な無署名配布のものに、のちに教育委員会の署名が入るなどということは、ちょっと考えられない非常識なことだと思うのであります。要するに、そういう怪文書がまかれる。それをよく学習せよ、そこのなかに教育公務員としての自覚の内容が書いてあるというわけなんであります。そこで、その四つの文書をよく学習して、脱退を決断をしたかどうかということを、次の段階でせまってくる、というような方法がとられておるのであります。学習の成果を、期限つきで、脱退するかしないかというかたちで問いただしていくという方法がとられていくわけでありますけれども、そのばあいに、自覚すべき内容について直接に議論するなどということは、ほとんどまったく行なわれなかった、と考えられます。教育公務員としてどうあるか、という内容の問題は、まったくといってよいほど抜きにされまして、あらゆる方法でもって、脱退するかしないかということがせめられているのであります。

とくに重大なことは、論理による説得によるのではなく、一人一人の教師の私事に無制限にたち入るというやり方であります。たとえば、人事問題をめぐって、脱退しなければきっとお前はうまく行かないだろう、といったおどしであるとか、あるいは、脱退しなければご主人の面目がつぶれるぞと、村の役職にある主人の地位にかかわって、女教師を脅迫するというようなこと。おまえは、だれのむこだ、脱退しないと義父のめんつが立たないぞという具合に、家族制度、部落制度などの共同体的圧力の利用。もっと極端になりますと、ある教師が過去におかしたあやまちをほじくり出して、そういう古傷が云々されるかも知れないといって脱退を強制する。つまり自覚する内容自体についての論理をとおしてではなくて、いわば共同体的拘束といいますか、あるいは、理性の働きとかかわりのない感情・感覚の拘束をともなった拷問といってもさしつかえないと思います。そういう方法をもって出るか出ないかと勝負をいどんでくるというわけであります。

このような数々の証言を、わたしどもが直接に聞けば聞くほど、伊藤教育長が、「このような事態は、組合員一人一人の教育公務員としての自覚によるものである」といういいかたは、いかにもナンセンスに見えるわけであります。しかも、一斉に期限をもうけて自覚せよ、脱退せよというのでありますから、自覚ということばにそぐわないといえるだろうと思うのです。

ところが、伊藤教育長が「自覚」の結果だというふうに事態を表現しているほかに、部下である事務局次長、課長などの管理者たちは、地域に入っていきまして、校長たちに対して、「管理者たるものは、自主的にこのことを組合員に働きかけるべきである」というふうに口をそろえていっておりますし、最後に校長は、「最終的には君たち自身の判断にまかせる」というふうないい方で、個々の教師にいっておるのであります。つまり「自覚」とか「自主的」ということが、「正常化」を実施する、つまり脱退を強制する一つの方法的原理として使われているということがいえるのであります。わたしどもは、やはりこのことは、非常に重要であると思います。自覚とか自主的とかいうことが、パンフレットにあるような当局の考えを強制し、教組からの脱退を強いるための方法原理として使われるという、たいへん矛盾したことでありますが、そういうことが行なわれているということであります。

もちろん、なぜこういう言い方がされていたかといいますと、おそらく、労働組合からの脱退を権力をもって強制したという責任をまぬがれるために行なわれたのでありますけれども、しかしながら、責任をまぬがれるために行なったことによって、自覚とか自主的とかいう考えかたを導き入れてしまった。いいなおしますならば、近代社会において、権力が人間の内面精神を規制するという、もっとも忌むべき制限を自らおかす、法をおかすまいと思って、逆に、自主的とか自覚ということばを使うことによって、こんどは教師の内面をおかすという矛盾のなかに、権力自らが入っている、ということがいえると思うのであります。

いうまでもないことですが、すくなくとも近代の法治国家の法の本質は、外部的な行動は規制するが、内面精神にはたち入らないというたてまえをもって成立しているのでありますが、その法の追及を免れるために、逆に法の精神を犯すという結果を招きよせていることになるのであります。

ここで時間がありますと、伊藤教育長のいった「自覚した教師」——つまり脱退した教師が、本当に自覚したのかどうかということを、その内容にたち入って考えてみるという資料もあるのですが、一つだけ、ご参考のために引用しておきたいものがあります。それは逆に、伊藤教育長の「自覚」というのが、どういう内容のものかということとも関係すると思いますので、申しあげます。これは、家庭をもっておられる一人の婦人教師の、やや風変わりな教組支部に提出された脱退届であります。

『『先生、あす支部へ行くで、届を出しんさるか、形式なんかないで、手紙のような文でいいに』心にしみるような同僚の先生の声に、こぼれいかねばならぬくやしさをしのんで、わたくし事、教員組合を脱退いたします、とここにお届けいたします。ただ、これだけの報告のみに終わることは、わたくしの気持としておさまりません。去る者などのことば、いまさらわずらわしいでしょうが、お目をお通し下さることを念じて一筆。ただただ今の気持は、正しいと思うことを信じつらぬきとおそうとして、昨日までかたく手をとり歩んできたのに、その結びあった手からたった一人無理に脱退ということばを境に、離れなければならぬことの悲しさ。つたない教師であるけれども、ただしいことを教える喜びとプライドを持っていたのに、教育正常化ということばに、もろくも負けたいくじなさが、歯ぎしりをするほどに、くやしくてなりません。（中略）こんな考えかたをするのは、はなはだ僭越であるかも知れませんが、わたしを現在に至らせた大きな原因は、わたしの意志の弱さはもちろんのこと、組合というものを認識させるような家庭づくりができていなかった、ここに至って恥ずべきことと反省します。この村のいまの情勢に対して、すっぽり利用されるような条件をとりそろえた家庭であった。義理と恩情のなかでの家庭であったからともいえると思います。今後、わたしのような事態で追いつめられる方が出るかも知れませんので、その対策の一端になろうかと存じ、以上わたしの気持をくどくど書きつらね、貴重な時間をついやしたことをおわび申し上げます。最後に、組合員からはずれたという言葉のへだたりはありますが、教育の道にいる仲間としてついて行きたいと思います。なにかと足手まといになるでしょうけれども、今後も変わらずご指導してくださることをお願いして、届けさせていただきます。申しおくれましたが、分会の方がわたしのために十分話しあってくださったり、家庭人としてのわたしの立場を考え、家の人たちともよく話しあってくださるというような処置をとってくださったことを書きそえさせていただきます。

（下略）」

これも、伊藤教育長の回答によれば、「教育公務員としての自覚」をした者の数に入っている一人であるということは、まちがいないのでありますけれども、しかし、その内面にたち入ってみますならば、伊藤教育長の期待する自覚とは逆の方向をむいた自覚が、芽生えているということのほうが正確なとらえ方だと思うのであります。

いま申し上げたようなことのほかに、組合全体が「体質改善」だというので、支部ごとに日教組・

岐教組から脱退するという場合には、そこに属しておられる先生がたというのは、自分の判断で脱退をしたのではなくて、自分ののっかっている舞台が移ったのだから、舞台の軸でまわったのであって、おそらく自分の軸ではまわっておらないこともほぼ明らかであります。そういう意味で、伊藤教育長が、自覚した者が大量に出て来たと思っている組織では、実は本当の意味での自覚ではないようなかたちでの脱退者が大量にあるということでもあるわけです。

脱退した者のなかで、本当に日教組や岐教組に対して不満を感じて、この機会をつかんで脱退したという人がないとはいえません。あるかも知れない。ただしかし、本当に自分の考えでもって脱退した先生であれば、あれほど強烈に上から自覚を強制するというような働きかけに同調するということは、ありえない、といえると思います。そのように考えると、伊藤教育長が自覚といいましたその内実が、ほぼどのようなものであるだろうかということについては、ご想像がつくと思うのであります。

要するに、「正常化」の事態は「教育公務員たる自覚」を強要するものであるというふうに考えて参りますと、権力の思想だけが正しいのであって、その正統性ばかりを主張して、それに忠誠を要求する、いわば没我して献身を要求する、というような考えが非常に強く出ているように思えますし（「自覚」とはそういう意味につかわれている）、この点では、わたしは「国体思想」との連続性というものも見落とすわけにはいかないと思います。

大量脱退を得ました権力当局は、はやく脱退をしたある郡支部に対して、何百万円かの特別研修費というものを出しておるのであります。そのような論功行賞とも見られるものが一方で行なわれるということであります。しかしながら、この事態を、わたしたちがいま考えてきたすじ道から申しますならば、魂を権力の「正統性」にゆずり渡すことによって受けとる「慰謝料」であるといえると思うのであります。そういう言い方は、そこにおられた先生たちに対しては残酷であるかも知れませんけれども、人間の価値体系への権力の滲透というものが、いかに非人間的・非教育的なものであるかを、われわれが強調し、また考えていくためには、あえてそういう表現をとっても許されるような気がするのであります。

■「教育正常化」の試練に耐えたもの

そこで、「教育正常化」という試練のなかで、残った者はなになのか。それを考えることのなかから、われわれが将来にそなえる課題といったものにふれてみたいと思うのであります。要するに「教育正常化」は、戦後の民主的な教育運動が、「教育正常化」という試練に、どういう耐え方をしたかという、いわば物差しを当てられたということでもあると思うのであります。そこには、成果の沈澱の純粋なものが、あるいはみられるのではないかというふうにも思えますし、逆に、今までの民主的運動のシンの弱さもわかるのではないか。この辺を総点検をする歴史的場面を、わたしど

1989年11月創立　1990年4月創刊

月刊

機

2017
10
No. 307

発行所　株式会社 藤原書店©
〒一六二-〇〇四一　東京都新宿区早稲田鶴巻町五二三
電話　〇三・五二七二・〇三〇一（代）
FAX　〇三・五二七二・〇四五〇
◎本冊子表示の価格は消費税抜きの価格です。

編集兼発行人
藤原良雄
頒価 100円

〈特別寄稿〉在日を代表する詩人、金時鐘氏が「北朝鮮核問題」について緊急発言！

今、「北朝鮮核問題」に対話の場を

――「休戦協定」を「平和協定」に！――

詩人 金時鐘

七月の弾道ミサイル発射実験につづいて六回目の核実験を強行した北朝鮮の頑なな姿勢に、日・米が色めき世界中がざわついている。哮《たけ》り立つアメリカはその北朝鮮を威圧して、今年二度目の米韓合同軍事演習を予定どおり実施もした。まかり間違えば想像を絶する水爆の焦熱地獄が、極東アジアの一角に現出するかも知れない。それほどの危機が今、朝鮮半島をめぐってうごめいている。

●十月号 目次●

「北朝鮮」といわれている国は私が人一倍負い目を抱えている、朝鮮半島北半分の祖国でもある。六〇年代初頭までもこの随分と長い名称の国「朝鮮民主主義人民共和国」を、私は夢に見るほど信奉していた。朝鮮戦争の戦火が止んで休戦協定が成り立つまでは、私にとって北朝鮮は正しく〝絶対正義の国〟であった。「大韓民国」という反共立国の成立の過程を、身をもって知っている自分だったからである。それが今や、世界中の多くの国、人々たちからひんしゅくを買う国になってしまっている。昨今、日本の安倍首相などは怒号のなかで強行採決した安保法制関連法案に見るように、「北朝鮮のミサイルが飛んでくる」という口実で自衛隊の軍隊化を図りつつある。振り返れば小泉首相も、やはり北朝鮮脅威を口実にして、戦後初めて自衛隊をイラクの戦場へ派遣もした。平和憲法を変えたい日本の保守政権にとって、「北朝鮮」は何かと格好の理由を提示してくれる国でもあるのである。

「休戦協定」を「平和協定」に

これから話すことは、日本の識者と言われる人たちのほとんどはよく知っていて口にはださないことでもある。マスコミ・メディアもそれを知らないわけではないのに、実際表には出さない。ありていに言ってこと核の問題に関する限り、北朝鮮の言い分に一理も二理もある。アメリカを主とした自由主義陣営、そこには当然日本も韓国も入っているが、北朝鮮が核開発を止めたら話し合いに応ずるというスタンスを、ずっと固持してきている。

これは理屈からすると当を得ていると言えなくもないが、実際一貫性を貫いているのは北朝鮮の方であるし、その言い分は理論的にも道理的にも合理的なものを持っている。と言うのは金日成という、亡くなる前から神様になっていたお方で偉大な元帥様、主席様とも呼ばれていた人だけど、生きていたときからアメリカに対して同じ主張をくり返していた。

朝鮮戦争の休戦協定は北朝鮮と中国と、片やアメリカを筆頭とした国連派遣国の間で韓国抜きで締結された。一九五三年七月二七日、休戦協定が成立してからすでに六四年もの長年月が過ぎ去っている。世界の近現代史を紐解いても、戦争当事国の間で休戦協定が結ばれたあと、その状態で半世紀以上が経過する例は、少なくとも古代史の事例以外はない。つまり戦争態勢を解くことなくいつでも戦争をおっぱじめる状態を維持しているのが、朝鮮戦争の「休戦協定」なのである。

　金日成主席が生前のときから、朝鮮半島の非核化問題は懸案となって論議されていたし、世界的な関心事でもあった。北朝鮮の核装備は絶対認めないというアメリカの主張に対して、金主席は一貫して同じことを言い張っていた。主席の跡を継いだ偉大な人も今の若い絶対権力者も、金日成主席の主張をそのまま引き継ぐと重ねて言ってきている。私は若いみぎり、朝鮮総連から無体な仕打ちを受けてきた経緯もあって揶揄まがいな言い方をしてはいるが、金日成主席が提起した内容は今もって有意義だと思っている。

　それは「休戦協定」を国連軍、つまりアメリカとの間の「平和協定」に締結し直そうという提起である。「平和協定」が実現すれば、北朝鮮が核装備をする理由はなくなる、とも金主席は強調していた。だがアメリカは依然としてそれに応じようとしないばかりか、頭から無視してきている。金大中氏が大統領となった九〇年代末の一時期、「太陽政策」を打ち出して南北対話の機運が盛り上がりもしたが、八〇年代終わり頃からの旱魃で多くの農民の餓死が続いた余波が極度の経済停滞をきたしていたので、北朝鮮はもう持たないのではないかという風聞が世界を駆け巡りもした。アメリカは北朝鮮のこの経済的困窮を見越して、北朝鮮との間に平和協定が成立すれば金王家体制の強化につながるとの観点から、ひたすら北朝鮮の崩壊、自滅を待つという姿勢にとって代わった。それ以来、北朝鮮の核保有だけを規制して今日に至っている。

対話の場をどう作り出すか

　なぜ私がそのことに触れるのかというと、周知のとおり一九七〇年から今年へかけて延々と、時には原子力空母までを動員して、アメリカ軍は韓国軍との合同軍事演習を軍事境界線ぎりぎりで、多いときは延べ二〇万、三〇万規模で実施してきている。日本の人たちにとっては対馬海峡を隔てた向こう側での軍事演習なので、緊張することも緊迫感すらも感じない。しかし**年二回もの大軍事演習が二か月余りもあの敏感な軍事境界線をはさんで重火器の砲煙を噴き上げているというのは、対峙している北朝鮮に極度の緊張を強いることともなっている。**

　現在のロシア共和国がまだソビエト連邦であったころ、北朝鮮はソ連との間で軍事同盟、日本でいう安保条約のような条約を結んでいた。軍事条約下のソ連軍と北朝鮮軍がもし、新潟沖公海で二十日間からの大軍事演習を実施したとしよう。日本の皆さんも想像してみよう。原水爆を搭載した戦艦、潜水艦、空母が眼前に迫っているわけだから、日本は完全にパニックに陥るはずである。このような実態を踏まえると、北朝鮮だけを一方的に責めるわけにはいかない。朝鮮半島北半分の小さい国が、それほどの軍事的脅威に曝されると、全身ハリネズミのように身構えざるをえなくなるのも、無理からぬことなのである。国家を総動員するために、求心力となる「百戦錬磨の英将であらせられる金日成将軍」さまの神格化が始まった、といってもいいくらいの事情を北朝鮮はかかえてもいる。日本の人たちはもう忘れてしまったのだろうか？満洲事変から太平洋戦争が終わるまで、天皇という求心力があったからこそ日本は戦えたということを。北朝鮮も日本のその、天皇制を真似ているのかも知れない、と思える節さえある特権体制なのだ。

好き嫌いは別にして、北朝鮮は国連にも加盟している主権国家である。金正恩はその主権国家の若い元首である。昨年につづけて今年も二度にわたって行われた米韓合同軍事演習の作戦名は、「金正恩斬首作戦」というのだそうだ。一国の元首に対してあまりと言えばあまりな言い分であり、あからさまにすぎる挑発である。金正恩将軍さまがいきり立つのも、それは無理からぬ話というものだ。北朝鮮は今に潰れると、大方の人が自滅することを望んでいる。しかし国家とか権力というのは物理的法則も超えているものでもある。北朝鮮は、朝鮮民主主義人民共和国は潰れやしない。北朝鮮の国民が一定量生きている限り、金王家体制は絶対倒れない。私がなぜ好きでもない北朝鮮に肩入れをしているようなことを敢えて言っているかというと、好き嫌いを先立てずに北朝鮮の核装備問題を見つめ直してほしいからである。

冷厳なる事実として、北朝鮮はすでに核、それも水爆を持ってしまっている。いかに制裁圧力が加えられようと、北朝鮮が核・ミサイル開発を中止する可能性は万に一つもない。事は明白である。**北朝鮮との対話の場をどう作りだせるかにかかっている。**休戦協定を平和協定に結び直すことは北朝鮮の切実な提起であったことを想起するとき、戦後補償、拉致問題等々、日本はそのきっかけを作りだし、橋渡しができる有効なカードを持っている。

今、日本は何をなすべきか

三六年に亘って日本は朝鮮を植民地統

治した。「江華島条約」からすると五〇年になんなんとする年月である。日本は戦争に敗れてポツダム宣言を受諾し、植民地を手放してそれまで戦争をしていた国々と関係を修復してきたにも拘わらず、北朝鮮とだけは未だ友好条約のようなものの話し合いすらしたことがない。つまり北朝鮮にすれば、日本は今もって〝敵国〟なのである。対立している国の「五人や十人、拉致して何が悪い」「お前らは二百万人近くも強制徴用、強制連行したではないか」という強弁が働きもする。とは言っても、これは道理のない強弁である。植民地統治下で私たちの同胞が日本に強制連行、強制徴用されたのは、朝鮮民族全体の受難史だ。北朝鮮が日本の国民を何人も拉致したというのは、特定の国家による国家暴力である。民族的受難と特定国家の暴力とが、同等、同質であろうはずがない。

アメリカの旗振り役を演じて声高に制裁強化、圧迫包囲を叫んで回るよりも、日本はまず北朝鮮との関係修復を図るための働きかけをすべきである。北との間で関係が開かれてくれば、小さい風穴となって外の息吹きも吹きこんでいく。ラジオの周波数を規制したり、テレビチャンネルの規制もできなくなる。北朝鮮の国民の最たる不幸は、政治の動向は国民の意向によって定まるという、民主主義の基本を知らないところからもたらされている。北の絶対権力者が一番恐れるのは、特定の神様のような権力者が存在しなくても、国は成り立っていくということを国民が知ってしまうことだ。物理的な対応を持ってしては、北朝鮮の権力機構は絶対揺るがない。日・朝間の交流が開かれてくれば清新の風となって、必ず北の国民の心に届いてゆく。

ところが日本は依然として、北朝鮮の非を鳴らしてばかりいる。**アメリカを軸とした日本、韓国の三国間の安保条約が、北に対するがんじがらめの枷になっているからでもある。一九五三年休戦協定成立直後にアメリカと韓国との間で締結されたのが、韓国を反共の橋頭堡化する「韓米相互防衛条約」**である。同年一〇月一日をもって発効した。軍事独裁を欲しいままにした朴正熙軍事政権は十八年も続いたが、その軍事政権も民衆の広範な民主化要求闘争で国内が揺らぎだすと、その都度「韓米相互防衛条約」による安保大権を振り下ろした。**条約の第三条には「朝鮮半島に於ける唯一合法政府は韓国政府である」と規定されている。**その韓国の政権が危機に陥れば、いつでもこの防衛条約は発動されるようになっているのである。アメリカと日本との安保条約にも、また、日本と韓国との修交条約にもその文言はそのまま入っており、これらの条約の性格からして**北朝鮮は合法性を持たない、対象外の国なのである。**その無視されるはずの北朝鮮の核問題で、日・米・韓の三国はいま頭を痛め、強圧を効かせてでも対話の場に北朝鮮を引きだす必要があると、国際間の協力を声高に求めてもいる。取って付けたような正当論である。

日・米・韓の間ではとっくに、実質的な集団防衛体制はでき上がっていたのだ。したがって昨年九月の安保法制関連法案の成立は、自衛隊の海外出兵が主眼目の法的整備であったものでもある。これで北朝鮮との対話は硬直し、力づくの感情的対決はますます拍車をかけてゆくことであろう。北朝鮮の弾道ミサイルへの執着もまた、一層深まるばかりのものとなる。トランプ大統領がうそぶくように、たとえ北朝鮮が壊滅されようとも北朝鮮は決して自分らだけでは死なない。必ず日本を道づれにする。

日本にある米軍基地、日本海沿岸の原子力発電所は、弾道ミサイルの精度が高度に高くなくても、容易に攻撃できる対象である。特に米原子力空母の基地である横須賀は格好の標的だ。**何かあれば首都は損壊し、何百万の市民が焦熱地獄に見舞われるのは明らかだ。**

何がなんでも対話の場が作りだされねばならない。休戦協定の平和協定化こそ、北朝鮮を協議の場に坐らせる可能性が最も高い、話し合いの手がかりである。煽られてはならない。煽っている者を見届けよう。

（キム・シジョン／詩人）

「遅すぎることはない！」80年代の話題の書『原子力帝国』著者の遺書！

テクノクラシー帝国の崩壊

山口祐弘

本書は、『原子力帝国』の著者として知られるロベルト・ユンクの *»Projekt Ermutigung, Streitschrift wider die Resignation«* (1988) の翻訳である。『原子力帝国』が西ドイツで刊行されたのが一九七七年であったから、原書の刊行までほぼ一〇年が経過していたことになる。その間、アメリカのスリーマイルアイランド（一九七九年）、旧ソ連のチェルノブイリ（一九八六年）における原発事故があり、『原子力帝国』で警告されていた原子力発電の欠陥と危険性とが世界的に露わになるに至った。わが国においては、一九九五年高速増殖炉もんじゅのナトリウム漏れ事故、一九九九年茨城県東海村のＪＣＯにおける核燃料製造工程での臨界事故、二〇一一年の東日本大震災に伴う東京電力福島第一原子力発電所の炉心溶融、水素爆発、放射能汚染事故、さらには二〇一七年日本原子力開発機構における作業員被曝事故と、将来に暗い影を落とす重大な事故が次々と発生した。「原子力帝国」を別世界の架空の物語としてではなく、身近に迫る現実として受け止めざるをえない状況になっているのである。

そうした状況に身を置いて見るならば、著者ロベルト・ユンクは『原子力帝国』の刊行後、何を観察し考えていたのかに関心が持たれる。一九九四年に亡くなった著者の生の声を聞くことはもうできない。だが、それに代えて、いま前にしている著作は、その後の著者の問題関心と思索の方向を知る上で貴重な遺書となることであろう。

原子力帝国とは

原子力帝国とは、核分裂によって生じるエネルギーを主要な電源とする国家のことである。しかし、軍事的な核エネルギーの利用ならばともかく、それを発電に応用することが、どうして「帝国」と呼ばれる国家形態と結びつくのか。帝国とは、絶対的な権力を握る皇帝が統治する国家のことであり、民主主義からかけ離れた形態である。しかし、原子力の導入と原子力産業の超近代的な発展は、市民の権利を抑圧し、民主主義を損なう形で進められ、全体主義的な雰囲気を作りだし、新たな専制政治を出現させるのではないかという危惧が持たれているのである。そこで「皇帝」ないしその廷臣として権力を振るうのが、**原子力政策の推進と産業の発展を担う技術官僚**（テクノクラート）**に他ならない。**

こうした「帝国」の出現は、核エネルギーの開発が軍事利用と平和利用の別なく、大きな危険を伴うということに起因する。一九四五年のアメリカ軍による広島、長崎への原子爆弾の投下によって明らかになったのは、核兵器が威力と破壊の規模において従来型の兵器と比較を絶するだけでなく、人類が経験したことのない放射線障害を引き起こすということであった。この放射能の脅威が平和利用と呼ばれる原子力発電においても決して除去されておらず、ひとたび事故が起きれば原子爆弾に劣らない汚染を引き起こすことは、チェルノブイリ、福島《フクシマ》の経験に照らして、もう疑う余地はない。この点において、核エネルギーの軍事利用と平和利用の間に一線を引くことはできないのである。

それだけでなく、原子炉の中では、安定的なウラニウム２３８が中性子を吸収して自然界には稀な核分裂を起こすプルトニウム２３９に変わる反応が起こっている。これは、再処理して新たな燃料として利用することができるが、同時に原子爆弾の原料にもなりうる。平和利用が軍事利用への道を用意するのであり、その転換はいとも容易になされうるのである。

こうした危険性があるため、核エネルギーの開発はそれだけ慎重になされ、施設と人員は厳重に管理・監督されねばならない。技術的な欠陥はもとより、人為的なミスも些かも許されない。比類なく過酷な作業環境に対応する厳重な管理体制が必要となる。それは、作業員の気紛れな行動は無論のこと、自由な創意や工夫を許さない統制に繋がっていく。こうして、全体主義的な体制が創り出されるのである。

民主主義への暗い影

こうしたことが求められるのは、言うまでもなく安全性の確保のためである。安全性とは、第一義的には、人間にとっての安全性であり、施設の周辺ひいては立地地域の全住民にとっての健康、生命、財産のための安全性である。だが、それは、逆転して、稼働中の施設と企業にとっての安全性という観念に転化する。危険性に目覚めた市民が疑いの眼を持ち抗議に押し寄せることこそが危険であり、市民の行動こそが警戒・監視されるべきだという意識が生まれる。原発再稼働に対して住民が起こした差し止めの仮処分を求める訴訟を担当する裁判官の判断に対して、「司法リスク」という言葉までが口にされるほどである。こうして、**市民の生活権を脅かし、世論を封じようとする風潮が広まっていく。それは、民主主義の根幹を蝕み、市民の管理・統制を強める傾向を生む。こうして、全体主義的な体質を持った「原子力帝国」が出現するに至る**のである。

▲ロベルト・ユンク（1913–94）

　このようなユンクの観察と分析の特徴は、核をめぐる従来の様々な分野（軍事的、技術的、医学的、芸術的、宗教的、心理学的、哲学・倫理学的）での取り組みに加えて、社会科学的・政治学的な考察を加えている点にある。さらには、人間そのものの変貌を指摘している点にある。**原子力帝国には、人間がテクノロジーを用いて自然を支配することが、人間の人間に対する支配に転ずる**という逆説が典型的に現れているのである。開発の推進者たちは、人間や生命よりも原子力への賭けを優先させ、それを非情な計算によって追求しようとする。そして、人間を道具としてしか扱わない非人間的な支配・管理を当然とし甘受する人間類型を作りだしてゆく。それは、核兵器と核技術の開発が、二度の世界大戦と全体主義の台頭という危機の時代に進められたことと無関係ではないと思わせる。それによって、自由と民主主義を標榜する国家にも暗い影が落とされるのである。

（構成・編集部／本書「訳者解説」より）

（やまぐち・まさひろ／東京理科大学名誉教授）

一九世紀随一のトリックスター、写真家ナダールの決定版評伝がついに刊行！　写真約一五〇点

19世紀フランスの肖像を描き出した男、ナダール

石井洋二郎

写真は、暴力＝愛の物語

写真を撮ったことのない人はまれだろう。写真を撮られたことのない人は、もっとまれだろう。とりわけカメラ機能をそなえたスマートフォンが普及した現在では、誰もがすぐに写真家に変身することができる。そして私たちはいつでもどこでも、容易に被写体になりうる。「写真を撮る／撮られる」という行為は今やそれほどにもあたりまえの、手軽で日常的な営みになった。

ところで、**「写真を撮るということは、写真に撮られるものを自分のものにするということである」**と、スーザン・ソンタグは夙に述べていた。確かにカメラによって対象をある視点から切り取り、ある瞬間に画像として固定するという振舞いは、被写体を空間的にも時間的にも限定し凍結させてみずからの支配下に置くことにほかならないから、その意味では「所有」の観念に密接に結びついた行為である。逆にいえば、意識的であるにせよないにせよ、写真を撮られる側の人間は画像として切り取られ固定化されることを受け入れる限りにおいて、多かれ少なかれ撮影者にみずからを譲渡し、その権力に身をゆだねることになる。要するに、「写真を撮る」という行為には絶対的な対象化・所有化という事態が必然的に伴うのであり、そこにはほとんど「暴力」に近い機制が働いているといっていい。

だが、果たしてこの暴力は一方的なものだろうか？　撮影者と被写体の関係は、「所有する者」と「所有される者」という不変的で不可逆的なものだろうか？　そうではなく、撮影者が被写体を「所有」するとき、じつは被写体のほうも撮影者をいくぶんか「所有」し返しているのではないか？　なぜなら一枚の写真に写しこまれているのは、撮影者によって切り取られ固定化された被写体の姿であると同時に、その被写体をそのように切り取ってそのように固定化した撮影者のまなざしそのものでもあるからだ。

カメラをはさんで対峙する撮影者と被写体、両者の交錯するまなざしがこのように「所有」をめぐる双方向的な緊張に支えられているのだとすれば、そのありようは限りなく愛に似る。愛とはとりもなおさず、見る者と見られる者のあいだに成立する切迫した力関係にほかならない。レンズを通して醸成される、この濃密な、ほとんどエロティックといってもいい視線の交渉がなければ、写真はどうしようもなく退屈な、単なる技術的所作にとどまってしまうだろう。その意味で、**写真が紡ぎ出すのは何よりも高度に凝縮された暴力＝愛の物語なのだ。**

見る者が見られ、見られる者が見る

以上の前提を踏まえた上で、三枚の人物写真を見ていただきたい。

フランス文学に多少なりとも関心のある人ならば、すぐにおわかりだろう。①はCh・ボードレール、②はG・サンド、そして③はV・ユゴーである。

これらはいずれも、人物を被写体としたいわゆる「肖像写真」である。だが、一見して感じられるように、彼らはただ一方的に見られる存在としてそこにあるだけではない。ボードレールもサンドもユゴーも、自分にカメラを向けている撮影者に視線を注ぎ、無言のうちにこう問いかけているかのようだ——あなたはどのように私のことを見ているのか。私をどのような角度からレンズに収めようとしているのか。私をどのような瞬間に画像として固定しようとしているのか。そしてけっきょくのところ、私とどのような関係を結びたいと思っているのか。

つまりこれらの写真では、モデルに向けられた撮影者のまなざしがそのままモデルたちのまなざしに転写され、撮影者が被写体を対象化しているのと同時に、被写体のほうも撮影者を対象化していることが強く感じられるのだ。**見る者が見られ、見られる者が見る、そうした視線の交錯**こそが、これらの写真を凡百の人物写真から分かっているのである。

一九世紀フランスの肖像を描き出す

これらの写真の撮影者は誰か？

そう、いずれもナダールである。ナダールは一九世紀フランスを代表する写真家で、一八二〇年にパリで生まれ、九〇年近くに及ぶ生涯を全うして一九一〇年に亡くなった。ここに挙げた三人以外にも、ゴーチエ、ネルヴァル、デュマ・ペールなど、有名作家の肖像写真を数多く手がけているが、作家だけでなく、画家のドラクロワ、作曲家のベルリオーズ、女優のサラ・ベルナール、歴史家のミシュレ、政治家のクレマンソー等々、彼のスタジオで被写体となった有名人は、分野を問わず枚挙にいとまがない。まさにナダールのカメラは、**肖像写真を通して一九世紀フランスの社会・文化の総体を写し出した**といっても過言ではないのである。

このように、ナダールは私たちにとって、常に「見る目」としてあった。彼のまなざしを通して、私たちはボードレールを見、サンドを見、ユゴーを見てきた。しかし先述した通り、そのナダール自身はボードレールやサンドやユゴーによって（そして彼がレンズを通して見てきた多くの同時代人によって）「見られる」存在でもあったはずだ。にもかかわらず、彼を「見られる対象」として語った文献は意外に多くない。確かに彼と交友関係のあった作家たちは回想録や書簡の中でしばしば彼に言及しているが、まとまった形でナダールを対象とした書物はほとんど書かれてこなかった。

けれども少し調べてみればすぐわかるように、ナダールはけっして一筋縄ではいかない人物である。そもそも彼は、はじめから写真家だったわけではない。リヨンの医学校に学びながらも、医学の道をあきらめ、雑文書きで糊口をしのぐようになった彼は、三〇代の半ばまで批評や小説を書きながらジャーナリズムの世界で活躍した後、写真に関心を抱くようになった。しかしナダールの名前が広く世に知られるようになったのは諷刺画家（カリカチュリスト）としてであり、写真家として本格的に活躍するのはその後のことである。しかも彼はそのまま写真家として生涯を終えたわけではなく、四〇代になると気球による空中飛行に情熱を傾けたりもしている。

つまりナダールは、医学生、ジャーナリスト、批評家、作家、カリカチュリスト、写真家、飛行実験家等々、その生涯を通してめまぐるしく「顔」を変えているのであり、およそひとつの定義にはおさまりきらない多面性をもつキャラクターなのだ。文字どおりに複数の顔をもって複数の生を生きた人物であり、人間的にもきわめて興味をそそられる、脇役の地位にとどめておくにはもったいない男なのである。

　ロラン・バルトは『明るい部屋』において、ナダールの妻であったエルネスチーヌの晩年の写真を大きく掲げ、その下に**「世界中でもっとも偉大な写真家は、誰だと思いますか？――ナダールです」**という問答を記している。このようにバルトが賞賛してやまない破格の人物は、いったいどのような人々と交流し、どのような活動を展開し、どのような生涯を送ったのだろうか？

ナダール（1820-1910）
自写像

　本書は、このように並はずれたスケールで時代を駆け抜けたナダールという人物の軌跡を評伝風にたどりながら、その多岐にわたる活動の全貌を明らかにするとともに、**歴史をいろどる数多くの著名人との交流関係を通して、彼が生きた一九世紀フランスという時空の肖像を描きだそうとする試み**である。特に、これまでは「文学史」「思想史」「芸術史」といった個別の文脈に切り離して語られることの多かったこの世紀の文化の多様な担い手たちを、ナダールという固有名詞をいわば蝶番にして相互に結びつけ、彼の覗きこんだレンズを通して新たな相貌のもとに照射することができればと思う。

（構成・編集部／全文は本書所収）

（いしい・ようじろう／東京大学名誉教授）

「生命とその背景にある大自然への私たちの深刻な反省」（大田）

大田教育学の原点

――大田堯自撰集成 補巻「〈新版〉地域の中で教育を問う」刊行に当って――

大田 堯

生命の本質から考える

既刊『自撰集成』全四巻は、私の教育研究の後半期、主として一九九〇年代以降における語り、文章を集成したものです。それらは、いずれも現在の教育・社会情況に対する危機感によるものでした。それは単なる政治的観点というより、人間学的な立場、ないし生命の本質にかかわっての立場からの危機意識によったもの、と私自身は考えております。

それに対して、新たに付加するこの補巻は、**私の研究の初期、中期の、地域の現地に足を踏み込んだ、教育・社会情況での私の学習、調査の報告、実践の記録を集めて、年代順にまとめた文集**といえます。『地域の中で教育を問う』という題の一冊の単行本となっていたものを、そのまま集成の一巻として加えさせていただくことにしました。ある意味では、既刊の全四巻に収めた語り、文章への準備過程の所産ともいうべきものと考えられます。

したがって、もとになったこの単行本の「はしがき」ですでに書いておりますが、初期の調査報告を見ますと、実に稚拙なものも含まれておりますので、私自身がこれを読んで赤面するような調査報告もあり、新版で補巻として集成に加えることに正直ためらいもあります。しかし、やはり当時の私の研究意欲とその痕跡として、そのまま載せさせていただくことにしました。その方が既刊全四巻をお読みいただく、これからの研究者の参考にしていただけると考えたのでした。

朝鮮戦争から復古に向かった日本

それにしましても、そうした初期の報告を書いた時代の教育・社会情況と、今日の教育・社会情況には、実に大きな変化を感じないわけにはおれません。**この補巻の最初の地域報告は一九四九年です。一九五〇年が朝鮮戦争**で、それまでの戦後の数年は、戦前・戦中を体験した私たち世代にとっては、**民主化をめざす**〝あ

▲大田堯氏（1918-）

けぼの〟の時代と考えてきました。
　軍隊はつくらない、戦争はしない、農地改革が実行され、女性の選挙権も獲得され、教育では六・三・三制、すべての子どもに、少なくとも中学校までは教育が保障される、それらがとりあえず次々と実行された時代でもあります。しかし、朝鮮戦争を機として、事態はうちつづく保守政権のもとでほとんど一途に、むしろ復古へと向かい、今に至っています。

　もっとも、私の危機意識は、単に現在の教育・社会情況、当面の政治状況、政権云々を超えて、実は世界全体の動向の中に、真の危機がひそんでいると考えています。それは、世界全体をつつんで、モノ・カネに傾いた経済中心の風潮の支配下での人間の状態、具体的には生命でつながる人間関係の著しい孤独化と格差化にあると思っています。これに対して、生命とその背景にある大自然への私たちの深刻な反省にたった、草の根からの対応の在り方こそが、個人にとっても、社会にとっても、今緊急な課題だと思っています。
　私の『自撰集成』の補巻はその課題への挑戦であり、ささやかな「かすかな光」として、読者のみなさんに訴えるものであることを願っております。

（おおた・たかし／教育研究者）

大田堯自撰集成 補巻（全4巻・補巻）

〈新版〉地域の中で教育を問う
四六変上製　三八四頁　二八〇〇円

1 生きることは学ぶこと——教育はアート
［月報］今泉吉晴／中内敏夫／堀尾輝久／上野浩道／田嶋一／中川明／氏岡真弓　二二〇〇円

2 ちがう／かかわる／かわる——基本的人権と教育
［月報］奥地圭子／鈴木正博／石田甚太郎／村山士郎／田中孝彦／藤岡貞彦／小国喜弘　二八〇〇円

3 生きて——思索と行動の軌跡
［月報］曽貧／星寛治／桐山京子／吉田達也／北田耕也／安藤聡彦／狩野浩二
略年譜／著作目録　二八〇〇円

4 ひとなる——教育を通しての人間研究
［月報］岩田好宏／中森孜郎／横須賀薫／碓井岑夫／福井雅英／畑潤／久保健太　二八〇〇円
［附］学習権宣言

「自己と非自己」を問うた免疫学者にとって、「能」とは何だったのか?

「多田先生」と呼ぶ私

――『多田富雄コレクション 4 死者との対話』(全五巻)刊行に当って――

いとうせいこう

「先生」としての多田富雄さん

学生時代から多田富雄さんの著作はよく読んでいたが、ある時を境に私は心の中で「多田先生」と呼ぶようになった。他人を「先生」と言うことがほとんどない自分の、これは意識的な行為である。

かつて松岡正剛氏と二人でさる企業の泊まり込みでの役員研修に携わった折、そこにゲストの一人として多田先生が現れたのだった。免疫学界の大家として「自己と非自己」のお話をされるのが大筋であったが、多田先生は他のゲストの話を前日から後ろの方で聞き、ノートさえ取っておられたと思う。

多田先生のことはなぜ強烈に記憶しているかと言えば、事務局によって研修生の後ろに並べられた「教師」側の著作のうちの私の戯曲集、それも『ゴドーは待たれながら』というベケットへの返歌を手にとられているのを見たからだった。

ちょうどそばを通りがかった私は、そもそも尊敬している人が自分の本の中身を読んでいることに緊張し、立ち止まってしまった。するとそれに気づいた多田先生はこうおっしゃるのだ。

「この戯曲は上演されましたか?」

「はい。以前、シティボーイズというコントグループのきたろうさんで一度」

多田先生はため息を少しつき、

「ああ、それは見たかった」

と言われた。私は驚いた。私の戯曲から学ぶ点などないと思ったからであり、それでも「どんな機会も逃さず学ぼう」とする多田先生の、上下を作らない公正な態度、そして飽くなき好奇心に度肝を抜かれたからである。

そしてもちろん、私はそれ以前に増して多田富雄を尊敬するようになった。今度は人間としての大きな敬意も加わっていたから、当然「先生」と呼ぶことに疑いはない。

飽くなき好奇心

もうひとつ、その後こんなこともあっ

た。多田先生が倒れられたあと、シアタートラムだったかシアターX《カイ》だったかに現代劇を観に行った時ではないかと思う。ほとんどの観客が席についた頃、背後の扉が開く音がし、少し荒い息がした。どういうわけかわからないが、私は多田先生が来たとわかった。

そっと後ろを向いて確かめると、本当にそうだった。車椅子の上に先生がおられ、奥様がその介護をしておられたと

▲多田富雄（1934–2010）
撮影・宮田均

思う。舞台は確か多少の前衛性を漂わせた若い劇団のものだったような気がする。なぜなら、私は多田先生が「また学んで」おられると思ってびっくりしたから。頭が下がると同時に、その貪欲さに恐ろしささえ感じたものだった。

さて、そんな多田先生の新作能と能論を収めた本著にこうして文章を書けるのは僥倖であり、やはり同時に恐ろしい。すでに亡くなってしまった多田富雄はそのように私の中で超自我に組み込まれてこの世を見張っているのだと気づくと、もはやそれが能としての機能のひとつであることは言うまでもなく、多田先生はいまや舞台の裏、そもそも世阿弥が「後ろ戸の神」がいるといったあたりに、ノートを持ってじっとしているような気もしてくる。（構成・編集部。全文は本書所収）

（作家、クリエーター）

リレー連載　近代日本を作った100人　43

新渡戸稲造——近代日本を牽引した「真の国際人」

草原克豪

「インターナショナル・ナショナリスト」としての生き方

新渡戸稲造は近代日本の稀にみる発信者であり、真の国際人であった。若い頃に「我、太平洋の橋とならん」と志して、生涯にわたって西洋の思想・文化を国内に紹介するかたわら、むしろそれ以上に、日本の思想・文化を世界に発信したのである。この点において彼の右に出る者はいない。

新渡戸の『武士道』は、今なお国内外で広く読まれている名著だが、この本で著者は、西洋人に対して「日本はキリスト教国ではないがそれに劣らない倫理道徳がある」ということを主張した。国際連盟事務次長に就任すると、西洋中心の近代社会の中で東洋的知性の代表として存在感を発揮し、「東洋と西洋が互いに学び合う」必要があることを身をもって示すとともに、日本の国際的地位を高める上でも重要な役割を果たした。

またアメリカの日系移民排斥や、満州事変後の反日感情の高まりに際しては、アメリカ各地をまわって日本の歴史・文化を始めとする諸事情を幅広く紹介しながら、日米相互理解と友好の促進に努めた。

こうした発信活動を支えていたのは、祖国日本と世界平和のために尽くすという、「公に奉じる精神」である。それは愛国心と国際心を持ち合わせた新渡戸が目指した「インターナショナル・ナショナリスト」としての生き方でもあった。

人格主義の教育者

新渡戸は日露戦争の後、第一高等学校（旧制一高）の校長に就任し、新時代の要請に応えられる指導者の育成に取り組んだ。当時の一高は俗世間を一段低く見て排他的な世界に閉じこもる籠城主義や、剛健主義の校風で知られていたが、折から国家主義的思想が強まる一方で、西洋の社会主義思想などの影響を受けて価値観が混乱する中、迷い煩悶する青年が増えていた。彼はそこに「社交性（ソシアリティ）」を持ち込んで校風を一新したのである。

彼は、東洋には西洋におけるような人

格あるいは個性（Personality）の観念（あるいは自己意識）が発達しなかったことを問題視していた。人格の観念がなければ個人としての道徳的責任の観念もなくなり、責任感がなくなれば民主主義も成り立たなくなる。それでは日本の近代化は望めない。したがって教育の最大の目的は人格形成でなければならない。そう考えて、自ら週一回の倫理講義を担当し、そのほかに課外講義も行って生徒の訓育に当たった。

　彼が目指したのは、専門分野のことにしか関心がない人間や、世間のことは何も知らないといった人間をつくるのではなく、知的にも道徳的にもすべての点において円満な人間をつくることだった。そのため生徒たちには、自分の内面を見つめて修養に努めるだけでなく、教師や友人との交際を盛んにし、外の社会に対しても積極的に関わっていける人間になることを期待したのである。

教え子たちの活躍

　時代は下って一九四五年、日本は戦争に敗れ、戦後の困難な時代に日本の舵取りを任されたのは、かつて一高で新渡戸の薫陶を受けた教え子たちであった。

　その中には文部大臣を務めた前田多門、田中耕太郎、森戸辰男、天野貞祐、東大総長を務めた南原繁、矢内原忠雄らがいた。彼らは、この国家存亡の危機に、恩師新渡戸稲造の精神を受け継いで人格の完成を教育の目的に掲げ、祖国の復興に全身全霊を傾けた。

　戦後制定された教育基本法の第一条には、教育は「真理の探究と人格の完成」を目的とすることが謳われた。「人格の完成」という文言にこだわったのは、当時の文部大臣、田中耕太郎であった。

（くさはら・かつひで／拓殖大学名誉教授）

▲新渡戸稲造（1862-1933）

盛岡藩（現在の岩手県盛岡市）出身。東京英語学校から札幌農学校に進学してキリスト教に入信するとともに、米国人教師から幅広い一般教育を受け、さらに米独に留学して最先端の歴史学・経済学・農政学などの学問を身に付け、米国人のメリー夫人を伴って帰国。札幌農学校で教鞭をとったあと、米国で病気療養中に英文の名著『武士道』を著した。その後、台湾総督府に招かれて糖業の近代化を図り、さらに京都帝国大学教授を経て、第一高等学校で人格主義の教育者として多くの有為な人材を育成し、東京帝国大学では植民政策の第一人者として活躍し、ジュネーブに国際連盟が創設されるとその初代事務次長として国際平和と相互理解のために尽力した。

連載　今、世界は（第Ⅳ期）6

和辻日本倫理思想史

平川祐弘

ロビンソン・クルーソーのような独立個人をゴッドとの関係で想定する罪の倫理学も西洋にはあり得たが、そんな孤立的な原始人を想定できぬとしたところから和辻哲郎の「人間の学」である日本倫理学史は始まる。その方法論的考察は再読に値する。

　和辻は、西洋はキリスト教もギリシャ・ローマも文化上の祖先と考えるから、西洋では西洋倫理学の歴史をたどればそれが倫理思想史となる。近代においても汎ヨーロッパ的で、独仏英等の諸国民が生活の中から生み出した倫理思想なるものは問題となる余地がない、とした。大まかな断案で、竹山道雄は「ニーベルンゲンからナチの土俗倫理は生まれた」と疑問を蔵書に書きこんだ。だが和辻が強調したかった日本の特色とは、シナの儒教倫理学を歴史的にたどっても、日本倫理思想史とはならず、日本では日本列島の自分たちの生活の歴史の中に倫理思想の展開をさかのぼって求めようとする要求が強かったことである。

　西洋人がキリスト教やギリシャ・ラテン文化を「外来文化」としないのに対し、日本人はインド起源の仏教や中国起源の儒教を「外来文化」と感じた。和辻はそれを鎖国時代の現象で国学者の影響と観察した。そして日本文化はこれら先進文化を血肉化したからこそ華ひらいたのだとも注意した。ただし現代日本の倫理学の学的伝統をたどる際は、西洋倫理学史と呼んでよかろうが、日本における倫理思想の歴史は日本民族の歴史的な生そのものの中から掘り出さねばならないとした。きわめて妥当な見方である。

　和辻は大学で哲学Philosophieを学んだがあまり得るところはなく、言葉Philologieから多くを学んだ、と回想する（『ホメーロス批判』）。『古事記』を英訳したチェンバレンは記紀歌謡の価値を認めないが、和辻は古代歌謡に感じいり、清明心の道徳を認めた。そんな古代から伝わる神道文化は今も日本人の心の奥に息づいているように私は感じる。

（ひらかわ・すけひろ／東京大学名誉教授）

■〈連載〉沖縄からの声　［第Ⅲ期］7

宮古　八重山の文化

作家　大城立裕《おおしろたつひろ》

宮古や八重山諸島にはミャーカ墓とよばれる墓がある。亀甲墓などの生まれる前の、掘り下げて蓋をかぶせた形であり、島全体の文化が古式を残していることの象徴であろう。

歴史を読むと、いかにも神話的な超能力をもった人物が登場するなど、それが十六世紀の尚真王の全国統一前後のこととしてあらわれる。歴史の進展が遅れたことの証かと思われるが、それが文化の古式を温存している所以でもあろうか。

おなじく古式を温存しているとはいえ、宮古と八重山の文化の形はかなり異なる。宮古では、三線の普及がかなり晩かったが、それは歌唱の水準が高かったからだとも言われ、たしかに宮古民謡の歌唱は力づよい。それに、踊りも古典的個人芸でなく、集団の歌と囃子につれて踊る形式で、祭の集団舞踊の迫力はすごい。

一方で八重山のそれには、個人舞踊が多い。かつ、そのスタイルは沖縄本島のそれに似せている。ただ、それを乗せる音楽はまったく地元の独自のスタイルであり、その作品もきわめて多い。

八重山にトゥバラーマと呼ばれる唱歌がある。万葉時代の歌垣に類するもので、毎年の秋にそのコンテストがあるが、歌詞はすべて方言による創作である。

八重山では、家庭のしつけも古式の沖縄の士族のそれに準じて、きびしい。ある人に言わせると、沖縄芝居の伴奏音楽の六割は八重山民謡だという。沖縄と八重山との近縁性と関係があろうか。

言ってみれば、宮古の気質は漁業を主とした海洋的な肌合いのものであり、八重山のそれは、農業のほか首里士族の流れを汲むものであると言えようか。沖縄文化にくわしい鎌倉芳太郎先生が、宮古をスパルタに擬し、八重山をアテネに擬した。けだし適評かと思われる。

言葉が、沖縄本島のわれわれにとっては、宮古、八重山のいずれも聞き取りがたいが、比較的に八重山が沖縄本島に近いといえる。なぜ、地理的に近い宮古の方言より八重山の方言が首里方言に近いか、言語学者でも説明が難しいという。

与那国は石垣島の西方にあり、その方言は石垣の人にも聞きとれないという。

Le Monde

■連載・『ル・モンド』から世界を読む[第Ⅱ期] 14

「日本を裁く」

加藤晴久

第二次世界大戦は、ヨーロッパでは一九四五年五月、ナチスドイツの崩壊で終結したが、アジアでは八月、日本の降伏（＝アジア諸国の解放）で終わった。そのため、この月にはフランスのメディアでも日本が話題になることがある（ただし、空襲や原爆による被害者の話ではない）。八月八日、仏独共同経営の文化テレビ局「アルテ」が（『フルシチョフ、アメリカを行く』で知られる）ロシア系カナダ人の実力派ドキュメンタリー作家ティム・トイゼ監督の「日本を裁く」（五五分）を放送した。八日付『ル・モンド』（また二日付『カナール・アンシェネ』）が紹介していた。

この作品、フランス語タイトルは《De Nuremberg à Tokyo》「ニュルンベルクからトウキョウへ」だったが、原題は《Judging Japan》「日本を裁く」。

米日のアーカイヴを使って東京裁判の経過をたどり、これがニュルンベルク裁判とは同列に論じられないパロディであった、なぜなら、被告席に座るべき主要人物が不在だったからであることを立証している。たとえば、一回目の尋問で東条英機被告は「天皇に逆らうことができる者はひとりもいなかった」と証言したが、二回目の尋問でアメリカのキーナン主席検事は「天皇は一貫して平和の人であった」と修正させた。オーストラリアのウェッブ裁判長は天皇を出廷させようと試みたが、裁判の組織者であるマッカーサー将軍に阻止された。

日本占領連合国軍最高司令官であったマッカーサーは、天皇を裁けば、日本は内乱状態になり共産化すると危惧して、アジア諸国で「彼の軍隊が犯した残虐行為についての彼の道徳的責任をいっさい問わない」ことにしたのである。

このドキュメンタリー、ＮＨＫが放送する可能性はまずないだろう。

でも思う。昭和天皇の後継者は、自分の生涯を、父親の犯した罪を償うための歩みと意味づけておられるのではないだろうか。国の内外で重ねておられる象徴的行為のおかげで、わたしも、かつての「皇国」の一員であることを恥じる意識が多少は和らぐような気がする。万謝。

（かとう・はるひさ／東京大学名誉教授）

■連載・花満径 19

水づく屍

中西 進

海戦で生命をおとした死者を「水《み》づくかばね」というのは、実は解りにくい。死者の身体を「屍」（死んだ体）と書く中国人の文字は、解りやすいが、日本語の「かばね」は家柄をも意味するからである。

いまわたしたちが、姓名を名乗る、その姓を当時は「かばね」と訓《よ》んだ。だから死者は家柄まで水づかせることになってしまう。

別に日本語には、肉体をあらわす「むくろ」ということばがある。水没した死体をいうのはこの方が適切であろう。

なぜなら、「むくろ」とは「身《み》・幹《から》」の訛りで、こちらの方が単純に肉体を指すからである。たとえば「身体《むくろ》長大、容姿端正」（景行四〇年紀）と見える。

そこで、にもかかわらず「かばね」と表現したことには、「海ゆかば」作詞者の特別な意図があったと思える。

意図とは何か。「かばね」とは骨（秀《ほ》根《ね》）に対して根を庇う「庇根《かばね》」らしい。

一方韓半島では家柄を「骨」と認定して、身分制を骨品制とした。

たしかに植物は地中の根によって生命を授受しつづけ、幹（美木《みき》）を伸ばして生命活動をするが、地中の根には必要な庇土《ひど》がある。人間にあっても幹は秀根と庇根とから成り、骨髄液の中に遺伝子を保って生命を授受する真の根と、それを包み庇う部分の根とから成り立っていると考えたのだろう。

そこで継承される家柄を中国では姓と書き韓半島では骨だといい、日本では「かばね」と称することになった。

そこで本題に戻ると、兵は一族のすべてを背負って戦い、海戦の死者は家門の名誉をもって水上を浮遊すると、この詞は訴えたことがわかる。

美しいばかりにみごとだが、さて誇るべき家門をもたない兵どもは、どのように「かばね」を思い出せば、死を甘受できたのだろう。

戦闘はいかなる時も、兵が一個の人間になることを、許しはしない。

（なかにし・すすむ／国際日本文化研究センター名誉教授）

〈連載〉生きているを見つめ、生きるを考える ㉛

個としての細胞と全体の一部としての細胞

中村桂子

前回、真核細胞は寿命をもつことになったと語った。これがひいては個体の死につながるわけだが、その途中に細胞が集まってできた個々の臓器の寿命という課題がある。心臓は約二〇億回の心拍を打つと力尽き、心拍数の速い動物は寿命が短い。人間の心拍数は一分間に五〇～八〇回ぐらいだが、ネズミは三〇〇回ほどと速い。

心臓は直接個体の寿命につながるが、それ以外のいずれの臓器も時間と共に機能が衰え、寿命を迎える。ここで、それぞれの機能を支える血液を大量に消費する臓器ほど老けやすいという事実が見えてきている。

血液消費の一位は腸（三〇％）、二位が腎臓（二〇％）である。二つで五〇％とはかなりの比率である。因みに三位は脳と骨格筋で一五％である。脳は重量の割に血液消費量が多いので、坐って本を読んでいるから、エネルギーを使っていないと思うのは間違いだ。血液が運ぶのは赤血球のヘモグロビンと結合した酸素、免疫反応をする白血球、止血用の血小板である。血漿には、腸からの栄養素、腎臓からの老廃物、その他ホルモンなどさまざまな物質がある。

まず、血液が運んだ酸素を利用して細胞内のミトコンドリア（元は寿命のない原核生物）がエネルギーを生産するのだが、腸と腎臓の細胞にはミトコンドリアが多い。この二つの臓器は栄養分と老廃物の吸収に関わっており、吸収という作業はエネルギーを多く必要とするからである。そしてこの作業の衰え、つまりミトコンドリアの機能低下が、細胞を弱らせ臓器を衰えさせていくことになる。

つまり、これらの臓器が老いやすいのは、ミトコンドリアの機能の衰えによると言える。本来死のなかった原核生物由来のミトコンドリアが、真核細胞に入ったことによってある種の寿命をもち、それが臓器、更には個体の寿命につながるのだから興味深い。一個の細胞としての生き方と、全体の一部になった時の生き方との違いが、生きるという言葉の中身をまた少し深めてくれたように思う。

（なかむら・けいこ／JT生命誌研究館館長）

連載 国宝『医心方』からみる 7

蕎麦――実も葉も、そして茎まで

槇 佐知子

今年も新蕎麦の季節となった。

蕎麦といえば信州の戸隠《とがくし》で、特産の戸隠大根の大根おろしで食べた味は忘れられない。

戸隠大根は上野大根、ねずみ大根ともいい、二百グラム前後で、形がネズミに似て小型である。水分が少く、辛味が強い。それを円を描くようにしておろすのだと、元祖・岩戸屋の主人は教えてくれた。

蕎麦を盛った笊《ざる》を見たときはとても食べきれないと思ったのに、一筋も余さずに食べおえたときは我ながら驚いた。

タデ科一年草のソバはバイカル湖畔やアムール河畔、中国東北部に原種が自生し、ヒマラヤ山脈中のブータンの奥地でも栽培されている。ソバの実が三稜形《りょうけい》をしているので、日本ではソバ（稜）と名付けられたという。

中国では花喬《かきょう》ともいい、『千金方《せんきんほう》』に登場している。実《み》は粉末にして食用にした。日本でも昔は粉末を水でこね、鶏卵や長芋を加えて蕎麦切り、蕎麦がきとして食べた。

そのほか蕎麦まんじゅうにして、きな粉をまぶす。これはできたてでないと皹《ひび》割《わ》れて、おいしくない。

『医心方』では効能について、

◦五臓の穢《けが》れや滓《かす》をやわらかにして体外へ排出させる。

◦五臓の機能を正常にコントロールし、充実させ、旺盛にする。

◦不老長寿薬として中世まで用いられた石薬（鉱物や玉石を原料とする薬）の薬害を非常によくおさえる。

◦葉は煮て食べると耳や目に良く効き、咳きこみや嘔吐をしずめる。

◦茎を焼いて灰にし、その灰汁《あく》で家畜のできものや馬の蹄《ひづめ》を洗うと、驚くほど効きめがある。

などを挙げているが、消化が悪く風《ふう》邪《じゃ》と熱が結合するとして多食を禁じている。

石薬は草木と異なり枯れないため、不老不死薬の原料として道教の仙人たちが深山で製薬した。砒素や水銀も使われたので薬害が続出した。馬王堆《まおうたい》出土の利《り》蒼《そう》夫人も服石者であった。

（まき・さちこ／古典医学研究家）

九月新刊

“生命知”の探究者の全貌

いのち愛づる生命誌《バイオヒストリー》

38億年から学ぶ新しい知の探究

中村桂子

カラー口絵8頁

DNA研究が進展した七〇年代、人間を含む生命を総合的に問う「生命科学」出発に関わった中村桂子は、DNAの総体「ゲノム」から、歴史の中で生きものを捉える「生命誌」を創出。「科学」を美しく表現する思想を「生命誌研究館」として実現。

四六判　三〇四頁　二六〇〇円

人生の指針としての書

名著探訪108

知の先達29人が選ぶ

藤原書店編集部編

各界の碩学29人が豊かな読書体験を披瀝！

市村真一／一海知義／猪木武徳／上田敏／上田正昭／大沢文夫／岡田英弘／粕谷一希／川満信一／河野信子／小林登／佐佐木幸綱／塩川正十郎／住谷一彦／高橋英夫／辻井喬／角山榮／永田和宏／中村桂子／芳賀徹／速水融／原田正純／針生一郎／平川祐弘／星寛治／村上陽一郎／家島彦一／安丸良夫／渡辺京二　（五十音順・敬称略）

四六変上製　四四〇頁　三二〇〇円

ベケットがアップデートし続けた『ゴドー』の神髄とは？

改訂を重ねる『ゴドーを待ちながら』

演出家としてのベケット

堀　真理子

一九五三年に初演され、現代演劇に決定的な影響を与えた『ゴドー』。ベケット自身が最晩年まで取り組んだ数百か所の台本改訂と詳細な「演出ノート」によって、ベケットが作品に託した意図を詳細に読み解き、常にアップデートされながら、生き続ける作品『ゴドー』の真価を問う。

四六上製　二八八頁　三八〇〇円

真に普遍的な「人権」概念をいかに構築するか？

世界人権論序説

多文化社会における人権の根拠について

森田明彦

「人権」概念が世界的に普及しつつある今、「西洋近代」という出自を超えより普遍化する論理が求められている。非西洋地域の文化と伝統のなかにも「人権」の正統化の根拠を探る。

四六上製　二四八頁　三〇〇〇円

市場経済の思想の不在・問われなさを越える

社会思想史研究41号

〈特集〉市場経済の思想

市場と資本主義を考える

社会思想史学会編

〈特集〉佐藤方宣／重田園江／山田鋭夫／崎山政毅／平子友長

〈公募論文〉馬路智仁／野末和夢／大井赤亥／小野寺研太／成田大起／坪光生雄

〈書評〉奥田太郎／太田仁樹／三島憲一／宮本真也／山崎望／武藤秀太郎／井上彰／宇城輝人／高草木光一／黒川伊織／岡田拓也／渡名喜庸哲／三宅芳夫／崎山政毅／山下範久

A5判　二八八頁　二六〇〇円

読者の声

声なき人々の戦後史 上下■

▼①原発をゼロにすべきである。一刻も早く。国の総力をあげて、自然エネルギーを増強すべきである。

②三井三池争議や国鉄ストのことは、時日の経過で忘れかけていたが、思いを新たにした。

（愛知　**稲垣克巳**　88歳）

叢書『アナール 1929–2010』他■

▼『叢書『アナール 1929-2010』』の完結を祝おうと思います。死を意識する今、読みたい本は多く、困っています。後藤新平シンポジウムは、他の予定があり行けません。元田永孚についてては、もっと調べてよい人物です。私の父方祖父の茂樹は、二代目元田永孚を襲名し、枢密顧問官となり、女子を横井小楠の孫にとつがせました。

（東京　**木村修**）

『医心方』事始■

▼『医心方』は何巻もあるが少しずつ発刊してほしい。

（山口　農業　**村野昭夫**　67歳）

「生きものらしさ」をもとめて■

▼私ははずかしながら、「生物物理」というコトバも、従って？大沢文夫の名すら知らなかった。

当著をよみすすむうちに、いわゆる「生きものらしさ」とは何かを改めて首肯・理解できた。とてもさわやかで気持ちのよい、いってみれば人間として生きてきたことの、そしてこれから先の生きざまの大切な、多くのことを教えられた。わかりやすく、やさしい言い草にこめられた深い内容には、てらいのない著者と読者（つまり私）との自発性、関係性を志向・共有できたことが強い印象として心にのこった。

（香川　**西東一夫**　81歳）

存在者　金子兜太■

▼手元にあるだけで未読。これから読みます。その前に『機』を読み、『米軍医が見た占領下京都の六〇〇日』『動物たちのおしゃべり』『沖縄健児隊の最後』を注文します。難しい本は読めませんが、真面目な本は読んでみたいです。

貴社出版の本は初めてだと思います。

（静岡　自営専従者　**高月逸子**　75歳）

▼我々昭和を生き抜いた人間にとって貴重な歴史でもあり、俳句の世間のいろいろなことがわかり、人物も多く書かれている貴重な書と思います。

（大分　耳鼻咽喉科医師　**辛島惟子**　84歳）

米軍医が見た占領下京都の六〇〇日■

▼二冊目です。姪の娘が見つけ（祖父が丁度当時医学部教室に在籍中）、どうしてもと言い持ち帰りましたので再度の注文です。夫、義兄二名他皆鬼籍に入りました。

（兵庫　**戸田曉美**　80歳）

苦海浄土　全三部■

▼天草の海を舞台に、逃げられない水俣病の様子が書いてありましたが、とにかく分厚い本で、わかりづらかったです。天草で生まれ育った彼女の強い生命力が、全編に溢れており、著者の魂が何億年と続くようなそんな感じがしました。まだ全部はよんでません。拾いよみしてます。彼女は化物です。熊本からこんな作家が生まれたことを光栄に思います。

（熊本　**永村幸義**　70歳）

古代史研究七十年の背景■

▼京都の山椒の如く、小粒でピリッと刺激の有る高麗美術館で「上田正昭と高麗美術館」を観て来ました。『広開土王碑拓本』は圧巻でした。

昨年は上田先生、今年は法隆寺高田長老が黄泉路へと旅たたれ、さみしい限りです。

小生の『民際』は、今年「21世紀朝鮮通信使友情ウォーク」で大阪市役所～枚方市二八キロを伴歩しました（時たま聞こえるハングルは楽しかったです）。来年は五日間大阪市役所～彦根一三六キロを伴歩したいと思っています。

（大阪　自営業　**越川定**　66歳）

機 no. 298 ■

▼近頃巷に流行るモノ――時間泥棒（スマホ）、そのせいで東大すら一冊の本を読まなくても入学、そして卒業してしまう世の中だ。こんな時代に読書など必要なのか。

古文・漢文などの古典は、一体何の役に立つのかと、良く聞かれる。

ならば、社会人をしくじった私が申し上げる「人間社会というものは古典の積み重ねである」と。学校を出てからウン十年過ってやっと気付いた。私は学生時代はずっといじめられていたが、取り敢えず命は助かったので、全て捨てて時間を取った。読書をした。そして御社との縁もできた。だからこそ言えるのだ、「読書なくして人生なし」と。

（神奈川　**斎藤真実**　39歳）

※みなさまのご感想・お便りをお待ちしています。お気軽に小社「読者の声」係まで、お送り下さい。掲載の方には粗品を進呈いたします。

書評日誌（七・三〇～九・一五）

㊫ 書評　㊩ 紹介　㊑ 関連記事
㋢ テレビ　㋑ インタビュー

七・三〇　㊫静岡新聞『医心方』事始」（「知の宝庫の概要伝える」／九十九旦）

八・四　㊑読売新聞「正伝　後藤新平」（「拝啓　安倍晋三様」／「信無くんば立たず」／橋本五郎）

八・六　㊫毎日新聞「核を葬れ！」（浩）

八・一三　㊩日本農業新聞「声なき人々の戦後史」

八・一六　㊩週刊朝日「サマルカンドへ・二六　ロングマルシュ　長く歩くⅡ」（星野博美）

八・二〇　㊫東京新聞・中日新聞・西日本新聞「声なき人々の戦後史」（「権力に抗する精神の記録」／米田綱路）

㊫朝日新聞「核を葬れ！」（依田彰）

八・二六　㊫公明新聞「多田富雄コレクションⅠ　自己とは何か」（「科学者から漏れ出る諦念」／森岡正博）

八・三〇　㊫ＴＨＥ　ＳＨＡＫＡＩ　ＳＨＩＭＰＯ「声なき人々の戦後史」（「もうひとつの日本の歴史」／田沢竜次）

八月号　㊩労働情報「声なき人々の戦後史」（「民衆史を運動で見据え」）

九・二　㊫中日新聞「月の別れ」（「多彩な素顔　生き生きと」／「本人の随筆、絶筆コラムも」／三品信）

九・三　㊑毎日新聞「水俣の海辺に「いのちの森」を」（「死と生の循環違う世界観で」／「石牟礼道子さん新作狂言『なごりが原』　9日熊本で初演」／「萬斎『被災者が希望抱く儀式に』」／渡辺亮一）

㊩熊本日日新聞「無常の使い」（「胸に入り込む優しい言葉」／田中節子）

九・一五　㊫日中友好新聞「ことばの万華鏡」（青山由紀子）

九月号　㊩サライ『医心方』事始」（「難解で有名な医学古典の概要をわかりやすく解説」／鹿熊勤）

九月号　㊫日経サイエンス「生きものらしさ」をもとめて」（「生物物理学の開拓者が説く現代社会への提言」／中西真人）

二〇〇六年に亡くなった国際的社会学者・鶴見和子さんを偲ぶ集い

山百合忌の集い

二〇一七年七月三十一日(月)　於・山の上ホテル

今年は鶴見和子さんが再発見した世界的博物学者、南方熊楠の生誕一五〇年。まず主催者の藤原書店藤原良雄社主からの恒例のあいさつ。その中で、熊楠と和子さんの関係に触れ、晩年和子さんとも交流があった参加者の松居竜五氏(龍谷大学教授)をご紹介した。

献杯の発声は上田敏氏(東京大学元教授・医学者)。父・祐輔氏、和子氏と親子二代のリハビリに携わった経験から。

歓談ののち、講話の時間となった。まず松本侑壬子氏(映画評論家)は、共同通信記者時代に鶴見さんに取材し、その美しい暮らしにふれた経験を話し、映画評論家として映画を通して見た〝女性〟を追い続けてきたが、鶴見さんには一九五一年に既に先駆的な論文「日本母性愛映画の分析――「母もの」は何故泣くのか」があることを指摘した。

続いて芳賀徹氏(東大名誉教授)は、優れた学者でありながらごりごりでなく、本当にチャーミングだったありし日の姿を偲び、また鶴見さんの名著『好奇心と日本人』の内容にふれ、その魅力を紹介した。

そして歌、おどり、きものといった〝芸〟に親しんだ鶴見和子の世界を表現する「語りと舞」のコーナーは、「鶴見和子 臨終の記――『遺言』より」と題し、笠井賢一氏が構成・演出。節付・謡・舞は野村四郎師(観世流能楽師)、語りは金子あい氏(女優)、作曲・三味線は佐藤岳晶氏、尺八は設楽瞬山氏。鶴見さんの妹・内山章子氏が、その看取りの一部始終を書かれた「病床日誌」を語りつつ、金子氏が鶴見さんの着物を着て舞った。

今年も、生前より縁の深かった皇后様もご臨席戴き、三時間が瞬く間に過ぎていった。司会は、俳人・黒田杏子氏。

(記・編集部)

十一月新刊予定

＊タイトルは仮題

幻の詩集『日本風土記II』収録！

金時鐘コレクション（全12巻）

② 幻の詩集、復元に向けて

『日本風土記』／『日本風土記II』

発刊！

金時鐘

編集協力＝細見和之・宇野田尚哉・浅見洋子

初の詩集『地平線』（一九五五）から、『猪飼野詩集』等を経て最新の『失くした季節』等の詩、また随筆、評論、講演、金時鐘論を集成した待望のコレクション。第一回配本は、刊行取り止めとなった『日本風土記II』他。〈解説〉宇野田尚哉／浅見洋子

フロイトとケインズから読む「資本主義」

資本主義と死の欲動

ジル・ドスタレール
ベルナール・マリス

斉藤日出治

貨幣への病的欲望を指摘したフロイトに応答し、世界恐慌のなかで、経済成長は「死の欲動」の先送りだと看破したケインズ。二人の天才のメッセージを通じて、ケインズ研究の大家と気鋭のエコノミストが、現代のグローバリゼーションがはらむ自己破壊に警鐘を鳴らす。

書簡に体現された「昭和の精神」

竹山道雄の手紙の世界

平川祐弘＝編著

戦前の軍部・ナチズム批判から、戦後の全体主義批判まで、リベラリズムの筆鋒を貫いた文学者、竹山道雄（1903-84）。欧州への留学時に、現地に溶け込む中で得た知人・友人や、三谷隆正、安倍能成、片山敏彦、長与善郎、今道友信ら日本の知識人と交わされた貴重な書簡を通じて、昭和という時代に新しい光を当てる。

ギターひき語り半世紀の青春讃歌

男のララバイ

心ふれあう友へ

原 荘介

今、心の引き出しを開けると、心ふれあう数々の思い出が甦る。〝銀幕の天才〟森繁久彌さん、「月光仮面」の川内康範さん、「七人の侍」の土屋嘉男さん、「上を向いて歩こう」の中村八大さん……大好きだった先輩たちとの出会いと別れ。男、荘介の壮大な……抒情歌。

世界がすべて海になってしまえば……

海 マーレ mare

武田秀一

運命的に出会った「ぼく」とヨーコはイタリアの地中海沿岸の小さな町ラパッロで共同生活を送る。地中海の光と空気の中で、海に焦がれ、海と同化したいと願う現代の海の神話。

10月の新刊

タイトルは仮題、定価は予価。

「地政心理」で語る半島と列島
ロー・ダニエル
四六上製 三九二頁 三六〇〇円

テクノクラシー帝国の崩壊 ＊
「未来工房」の闘い
R・ユンク 山口祐弘訳
四六変上製 二〇八頁 二八〇〇円

時代を「写した」男 ナダール *1820-1910* ＊
石井洋二郎
A5上製 四八八頁 八〇〇〇円 口絵76頁

多田富雄コレクション（全5巻）
4 死者との対話 能の現代性 ＊
解説＝赤坂真理・いとうせいこう
四六上製 三二〇頁 三六〇〇円 口絵2頁

大田堯自撰集成（全4巻・補巻）補巻 ＊
地域の中で教育を問う〈新版〉
大田堯
四六変上製 三八四頁 二八〇〇円

金時鐘コレクション（全12巻） 発刊
2 幻の詩集、復元に向けて ＊
『日本風土記』／『日本風土記Ⅱ』
金時鐘
推薦＝鵜飼哲 金石範 高銀 佐伯一麦 辻井喬 鶴見俊輔 吉増剛造 四方田犬彦
編集協力＝細見和之・宇野田尚哉・浅見洋子
〈解説〉宇野田尚哉（Ⅰ）・浅見洋子（Ⅱ）

竹山道雄の手紙の世界 ＊
平川祐弘編著

男のララバイ ＊
心ふれあう友へ
原荘介

海 マーレ mare ＊
武田秀一

教師と学生のコミュニケーション〈増補新版〉
P・ブルデュー
安田尚訳 新版解説＝苅谷剛彦

11月の予定書

資本主義と死の欲動 ＊
G・ドスタレール＋B・マリス
斉藤日出治訳

好評既刊書

いのち愛づる生命誌《バイオヒストリー》 ＊
38億年から学ぶ新しい知の探究
中村桂子
四六判 三〇四頁 二六〇〇円 口絵カラー8頁

名著探訪108 知の先達29人が選ぶ ＊
四六変上製 四四〇頁 三二〇〇円

改訂を重ねる『ゴドーを待ちながら』 ＊
演出家としてのベケット
堀真理子
四六上製 二八八頁 三八〇〇円

世界人権論序説 ＊
多文化社会における人権の根拠について
森田明彦
四六上製 二四八頁 三〇〇〇円

社会思想史研究 41号 社会思想史学会編
〈特集〉**市場経済の思想** ＊
市場と資本主義を考える
A5判 二八八頁 二六〇〇円

日本の科学 近代への道しるべ
山田慶兒
A5上製 三二二頁 四六〇〇円

男らしさの歴史（全3巻） 完結
A・コルバン＋J-J・クルティーヌ＋G・ヴィガレロ監修
Ⅲ 男らしさの危機？
20―21世紀
J-J・クルティーヌ編 岑村傑監訳
A5上製 七五二頁 八八〇〇円 口絵カラー16頁

多田富雄コレクション（全5巻）
3 人間の復権 リハビリと医療
解説＝立岩真也・六車由実
四六上製 三二〇頁 二八〇〇円 口絵2頁

＊の商品は今号に紹介記事を掲載しております。併せてご覧戴ければ幸いです。

書店様へ

▼『ゴドーを待ちながら』にベケット自身による改訂版があったなんてご存知でしたか?! 9／1（金）～5（火）シアターχ《カイ》にて、そして9／9（土）、10（日）には京都造形芸術大学春秋座で、ベケット自身の「演出ノート」によるラジカルな改訂版が上演され連日超満員で大反響!! 9／20（水）配本の**堀真理子『改訂を重ねる「ゴドーを待ちながら」』**も、演劇のみならず、文芸の棚でも大きくご展開ください！ 続々パブリシティ乞うご期待。▼9／24（日）熊本日日新聞書評欄での池澤夏樹さん絶賛書評に続き、共同通信社配信での絶賛紹介記事が各紙で順次掲載され反響のなか、10／1（日）『毎日』「今週の本棚」欄には**石牟礼道子『完本 春の城』**が持田叙子（近代文学研究者）さんに絶賛大書評でさらに大反響！▼9／29（金）『日経』一面コラム「春秋」欄で、安倍首相の「国難」発言を受け、後藤新平が大きく紹介！「後藤は、『（国難に）最も責任を負うべきものは何といっても政党』と指摘した。90年以上前の戒めが、胸に響くバンザイの光景である」。**（営業部）**

『竹山道雄セレクション』完結記念

シンポジウム 今なぜ、竹山道雄か

昭和戦前から戦後にかけて、軍国主義や全体主義がはらむファナティズムと一線を画し、一貫してリベラルな視点を貫いた竹山道雄(1903-84)から、今、何を学ぶか?

■基調講演　**芳賀徹**
■ディスカッション
牛村圭　芳賀徹　秦郁彦
平川祐弘　稲賀繁美(司会)
【日時】11月28日(火)18時～20時半(予定)
【会場】アルカディア市ケ谷(私学会館)
【参加費】一般二〇〇〇円　学生一五〇〇円
*お申込み・お問合せは藤原書店「係」まで

『男のララバイ』刊行記念

原荘介リサイタル

ギター&歌　Guest：加藤登紀子

【日時】11月30日(木)18時45分(開場18時)
【会場】武蔵野公会堂
【参加費】前売四五〇〇円
*問合せは、ララバイカルチャーセンターまで

出版随想

▼十月の声をきくと流石に秋の気配が深まりはじめた。しかしどうもあまり気が晴れない日が続いている。北朝鮮の核開発をめぐる問題、この時期に、どう考えてもありえない〝解散〟、総選挙。国民が現政権に愚弄されているとしかとれないが、対抗馬がないのでは戦いようがない。今改めて、後藤新平が大正十三(一九二四)年腐敗した政治を建て直すため、『政治の倫理化』という小冊子を作り、全国を遊説して世直し運動を為したことに思いを馳せる。

▼七〇年代末から八〇年代にかけて、環境問題の先駆的な書とも云うべき問題作、ロベルト・ユンクの『原子力帝国』(原書一九七七年)がわが国でも話題を博した。そのユンクが亡くなる六年前に遺著ともいえる最後の書を出版した。われわれは、テクノロジーの不断の開発によって、技術立国、技術帝国を作り上げてきた。その技術帝国が今や終りを告げようとしている、というユンクならではの鋭い警鐘を鳴らしている。その後世界は、ユンクの遺言の通りに進んでいるのではなかろうか。

▼先日、某人に誘われて新宿の道楽亭を覗いた。三〇人位で一杯になる小さな小屋。そこで、後藤新平の講談があった。講談師は、田辺一鶴師の直弟子田辺鶴遊。齢四十前後のようだが、幼少の頃よりこの世界に入ってきた奇才のようで、わずか四十分位の時間だが、なかなか後藤の真髄を摑む語りは恐れいった。かつては、庶民の娯楽として、講談、浪曲、浄瑠璃、都々逸……と、庶民の日常生活の中にこういう〝芸〟が入っていた。勿論今も、わずかにその片鱗を窺い知ることはできるが、殆んど消えてしまったといっても過言ではない。やはり、昭和三十年代のテレビの普及が大きいのではないか。

▼〝芸〟といえば、今月の多田富雄コレクションの「4　死者との対話」は圧巻だ。国際的免疫学者にして、能作家、詩人の多田富雄は、「学芸」に長けた人だった。しかも最晩年倒れてから、「自然科学とリベラルアーツを統合する会(INSLA)」を起ち上げ、自らその先頭を切って活動したのである。これからは、わが国から世界に誇れる「学芸」を少しずつでも海外に発信していきたいものだ。　(亮)

もに、教育正常化という事態は与えています。

そこで、正常化問題で、本当に耐えた勢力はどのようなものであるかということであります。これは多少奇妙なことなのですが、教育正常化に耐えた組織は、日教組という大きな組織のなかで、日教組の行きかたに対してこれを支持することもおしみませんでしたけれども、また、きびしく批判することもおしまなかった、という支部が残っておるということであります。もっとはっきりいえば、組織内部にあって、批判してきた勢力が、逆に日教組のにない手として最後まで残ったということであります。それは、たんに郡市としての組織だけについていえるのではなく、一つの分会についてまでその原則が通じているというふうに思うのであります。これは日教組全体の問題としてわたしたちが大いに考えなければならないことですが、日本の進歩陣営全体についてもいえることと思いますけれども、価値攻撃というものが来た場合——教師の一人一人の自主性というところまで攻撃が来たとき——弱点を暴露せざるを得なかった、ということがいえる。ですから、いままでの日教組の強大さが、皮肉なことですけれども、一人一人の組合員の弱さの上に立っていた、という面が反省されなければならないということを、正常化問題はふくんでいるということを、ここでは申し上げておきたい。

しかし、それはたんに批判的だったからとかなんとかということだけの問題ではないわけです。つまり、なかみにどういうものを持っていたかという事柄こそ、われわれがしっかり学びとらなければならないものだと思うのです。

組合に残った勢力の持っている性格をよく表現していると思いますのは、岐教組恵那支部であります。ここでは約八割にちかい組合員が残りまして、激しい攻撃に耐えたのであります。なぜ、そういうことが出来たのか、を考えてみるのでありますが、これも実はいろいろなことを申し上げなければならないのですけれども、時間がないので一つだけ申し上げておきます。

恵那支部は、一九五七（昭和三二）年勤評闘争のさなかに、運動方針の大転換というものをやったのであります。その転換のなかみがなんであるかということを吟味するのは、試練に耐えた力がなんであるかを吟味するために非常に主要な材料の一つを提供してくれるわけであります。大転換の第一の眼目というのは、組合員の内発性、自発性、真の要求を徹底的にほり起こすということであります。言い替えると、組合民主主義の徹底ということであります。そのときの合ことばとなりましたことの一つに、「なんにもしゃべらないで決めるよりも、みんなで話し合って決まらないほうがよい」というのがあります。これがいかに大切であるかは、いま正常化問題がまさに一人一人の教師の価値体系を攻撃する、自発性そのものを問う、という局面において、大きな力を持っている、その辺をみとおしていたと思うのです。転換時の方針書をみてみますと、勤評というものが議会で新しい法律を定めてからというような手続きなしに、直接の行政指導でもって、われわれ教師一人一人にせまっている、直接にわれわれのからだにせまっている、という判断を下して、自主性で勝負するというところまで問題をしぼっている。

第二には、教育を、教師の利害を超克して、父母国民とともにあくまでも守っていかなければならない。これは、それまでにも父母との提携ということでしばしばいわれてきたことであります。しかし、その場合にも、教師たちが父母を利用するという傾向があって、父母国民のなかに積極的にとび込んでいくなかで、教師のエゴイズムを徹底的にふるい落としながら共に教育を守るという姿勢にまでは徹していなかったように思う。ところが、この「転換」では、教師の利害から勤評をみるのではなく、父母、国民のわが子への教育についての危機意識に立って勤評をとらえなおそうというのである。極端にいうと、教師をやめるというような決意にならん限りは、本当の教育というものへの目が開けない、教師になっている限り、教育の目はみえない、教師をやめるくらいの決意になってはじめて、教育が国民の立場から公平にみえるようになる――それほどに、日本の教師というものは、ほぼ一世紀に及ぶ歴史のなかで、いろんなアカがしみついているということも関係すると思うのです。このアカからの脱皮を一人ひとりの教師が、父母の中にはいって、勤評を説得するたたかいの中でなしとげようという立場で、たたかってきたのであります。

しかし、こうした恵那のような組合民主主義に徹しようとした強い組織だけが残ったというのではありません。弱い組織のなかでなお残った先生たちのことも申し上げなければなりません。弱い組織のなかで、ほとんどの者が出て行ってしまった。つまり自分ののっかっていた舞台が全体としてまわってしまった。気づいたときには日教組・岐教組の組合のなかにいなかった。そういう先生は二重の届を出さなければならなかったわけです。第一に、日教組・岐教組を離れた別の組織にいることは、自分の良心が許さないのですから、その組織に対して脱退届を出さなければならない。そして、あらためて、岐教組と日教組に単独に入る届を出すというかたちで、自分の立場を維持したのであります。これは届は二枚ですみますけれども、その先生たちの自我のしぶとさ、自分と子どもたちへの誠実さなしには、到底出来ることではありません。そういう先生たちは決して「闘士」といった人柄ではありません。むしろ気の弱そうな、しかし真面目な先生たちという印象が一般に強いのであります。このことは、さきに指摘した組織としての強さということとともに、教師の人間性という問題とかかわって、わたくしたちの民主教育をあくまで支える有力な要素として忘れられないのであります。

■わたくしたちの課題

時間がないので、これで、おしまいにしなくてはならないわけですが、正常化というものを、われわれ教科研という立場で考えたばあいにどうなるか。権力がその思想の「正統性」をおしつけるなかで、わたしどもが最後までゆずることのできないものは、真理と真実をめぐっての自由な討議のなかで、ますます真理と真実にせまっていくという活動の自由を、あくまでも守り続けていかなければならないということだろうと思います。これは妥協の余地のないところであり、研究者と教育実践者が、絶対にしりぞくことのできない一線だと思うのであります。わたしたちは、いろんな異質な要素をふくむでしょうけれども、そのなかで、理性にもとづく議論と検討とを続けながら、その質を高める努力をあくまでも続ける集団として生きつづけなければならない。この教育実践とその研究の自由とを最後まで貫きとおすことに教科研の存在理由を見いだしていきたい。そういう意味で、「教育正常化」に耐えた人たちのなかには、そのよりどころとして、教科研がとらえられはじめているように思うのであります。わたしは、ここへまいりますまえに、岐阜県の中濃ブロックという数郡市から、残った先生たちが集まった合宿研究会に参加してまいりました。不利益な現実的条件にもかかわらず、困難な事情の中で組合にふみとどまった先生たちは、いま改めて、自分たちが踏みとどまっている理由は何なのか、しかも教師としてふみとどまっている存在理由は何なのかを明らかにするために、実に明るく冷静な空気の中で、質の高い熱心な討議が行なわれました。聞くところによりますと、今まではかつて集まったことのない地域から泊りがけで集会に参加されて、実に質量ともに集会はかつてない成功をしたのであります。そこで集中的な問題となりましたのは、いま教師も子どもも、上からの管理体制の中にとじこめられており、とりわけ子どもたちは、学校の中でも、また社会や家庭の中でも、きわめて不健全な環境の中におかれているということ、そういうゆがんだ子どもたちの実態から改めてわたしたちのやっている教育の質を総点検してみようということでありました。このような自己の存在理由全体の重みをかけて子どもたちをとらえなおす、ことばをかえていえば子どもの権利の総点検をやる中で、自分の教師としての権利を自覚し、行使していこうではないか。また子どものこのつかみなおしをもって父母たちと一層深く、新しいつながりを回復していこうではないか、こうして父母、子ども、教師をつらぬく権利の総点検の中で、教育実践を創造的に展開していくことに、最終的に自分たちの存在理由を見いだしたいということでありました。これは一見抽象的なことのようでありますが、苦難をのりこえた教師たちの胸には、かつてない実感をともなった確信が生まれてきているのだということを、わたくしは印象深く読みとることが出来たのであります。こうしてみると、当局のいう「教育正常化」は、わたくしたちの側にとってはある種の「浄化作用」をともなったということさえいえるのでありまして、かえって明るい希望さえわきおこるのをおぼえました。そうして、こうして最後まで組織を支える先生たちが、すべて教科研やその歴史について何がしかを知っており、あるいは知っておられないにかかわらず、教科研が過去、現在、未来を通じて一貫して守ろうとしている国民のための教育科学確立の前提ないし志向と、非常に深くつながっておられるように思われます。

「教育正常化」の試練を経て、教科研がどのような教師たち、どのような国民教育創造のにない手たちの基盤の上にうちたてられていかねばならないかは、かなり鮮明なものとして浮かび上がってきているように思われます。また、この点を一層今後とも明らかにしていかなければなりません。

だが、この点とかかわって、権力の側としても、何が「教育正常化」をさまたげる力なのかが明らかになったともいえると思います。そのことは、教科研を含む民間教育研究運動のきびしさをいっそう増大させることは間違いないでしょう。現に、日教組教研をはじめ、民間諸団体の教育研究活動に対抗して、当局による教育研究の体制が着々と進められてきていることは周知のとおりです。わたくしたちの教科研が、真に一人ひとりの自主的な教育研究意欲の上に立った教育科学の研究運動として、もっとも手堅い自我との結びつきの中で、いわば地を這うような着実さでもって、しっかりした土台の上にその発展の基礎を見いだしていかねばならないでしょう。とりあえず量よりも質ということに着眼をおきつつ、かの〝子どものつかみなおし〟にみられるぎりぎりの線からの、つまり子ども、父母、それに教師自らの教育をめぐる権利の総点検の中で、創造的な教育実践とその理論化のための運動を展開していかねばならないことを「教育正常化」は教えているのではないでしょうか。

（一九六四年）

第7章　地域社会の教育原理を探求する

解説

教育科学研究会編『教育科学入門』に書いたものです。このときまでの「地域と教育」をめぐるさまざまな問題を整理してみるという形をとっています。この文章にもあるとおり、私が属している教育科学研究会は一九六五年以来夏の全国大会で「地域と教育」という分科会を設けました。その分科会の研究視点を整理したものが、この文章です。

一九六五年といえば、急速な経済成長期に突入し、日本地域社会は全面的に都市化の波にさらわれていったのでして、古き地域共同体の急速な崩壊がはじまるのです。教育もいままでの地域の観念では、その対応に苦しむという状況だったと思います。

そういう事態の中での問題の整理は、少なくとも私には無理だったのではないかと思います。けれども、地域において教育を問う視点としてここにあげたものは、地域の急激な変化を視野におきながら、(1)生存権を基礎とする人権と教育という視点、(2)文化創造の根拠地としての地域への視点、

(3)「種の持続」のための地域での子育ての習俗の遺産をふまえて、(4)総じて「地方」などと呼ばれてきた「地域」についての既成観念の克服、地域の主体性の復権、自治をあげています。とくに、習俗への注目は、開発経済によってくずれていく部落、地域共同体の中に持続してきた価値の再認識によって、新しい状況の展開の中でも、単に経済開発の原理の支配に地域をゆだねないで、新しい展望を拓こうとする意図があります。それはたしかにむずかしいことにちがいありませんが、永く農耕共同体の中に含まれてきた人間的な価値を見直して、開発の歯どめとなる地域社会の教育原理を模索することをめざしています。

私たちは、ただ経済成長を追うことだけに急で、渚の生命や、波のささやきに耳を貸さずにいた。……これからの漁村は、まず青い海を取り戻すことから再出発しなければならないだろう。港をつくりあげたエネルギーを、こんどは海をよみがえらせるために使うべきだ。そこから新しい渚の歴史が始まる。

（加藤周一編『私の昭和史』より）

一　分科会の発足

教育科学研究会は、過去三カ年にわたって、地域と教育という一つの独立した分科会を、年一回の夏の大会の機会にもってきた。もちろん、それは大会でもたれる分科会のうち、もっとも新しいそれである。だが、この分科会が、主として関西の会員たちの提唱によって、比叡山でおこなわれた大会で初めて設けられたものであり、地域のなかに同和教育問題のような日本の教育のいわば癌巣、したがってまた日本の国民教育の発想点の一つとして、私たちが、ちゅうちょなく確認してよいほどの問題をかかえた切迫感にささえられていたという事実は、私たちが忘れてはならないことである。

この事実をもって考えても、地域と教育の分科会が問題にすることが、単に学校と地域のおとなたちとの調和的提携といったきれいごとや、およそ地域社会のなかにおこるあれこれのできごとを、ただきまざまに論議してみるというようなことでは、とてもすまないものであることはいうまでもない。しかし、実際には、地域のなかでおこる切実で緊急なあれこれの問題が次つぎにおこってきていて、その応接にいとまなしというのが、地域地域の教育現場の実情であることからして、それぞれの問題のもつ複雑で多様な姿と、それぞれがもつ固有な重要性の故に、とかく部会としての原理的追求の一貫性、したがってその成果の継続的蓄積という点で、なお多くの工夫を必要とするようにに考えられる。このような現状を考慮しながら、ここ三年間の部会の研究討議を思いおこしながら、将来への展望を探索してみたいと思う。

二　子どもの生存の権利と教育

さきに、この分科会の発足にかかわって、同和教育の問題にふれた。この深刻な私たちの教育問題は、せんじつめていくと、国民の生存の権利と、それを保障し、拡大していくための一環としての教育の役割とでもいうべき根本問題にかかわっているように思われる。それは、見かけの上での教育らしきものをぎりぎりまでおいつめて、それがはたして教育であるのかないのかをふるいにかける。いわば教育の剣が峯ともいうべき点にかかわっている。そうしてこのような教育の成否を、国民の生存権の問題の根底から吟味しなおすような問題の発生は、何もいまにはじまったものではなく、また同和問題に限定されるものでもない。

たとえば、私たちは、戦前において同じ教育科学研究会の内部で、このことが切実に論争された事例をもっている。この論争は、生活教育論争として、民間教育史のなかでも、こんにちでは漸く一般に知られようとしている。この論争は教育科学研究会の指導的人物の一人であった留岡清男が、生活綴方を批判して、そこに余りに過大な生活教育の課題をおっかぶせすぎるとして、はなはだ刺戟的な表現（「結局綴方は鑑賞に始まり感傷に終わる」）を用いたのに対する綴方人、とりわけ北方教師たちとの間でかわされたものであった。ここでそのいきさつを、あらためて紹介する余裕はない。

この論争は、両者とも同じく国家の教育施策に対して批判的であったとはいえ、中央にある研究者、評論家と、現場の教師とのいきちがい、教育研究における理論と実践との、この歴史の段階でのギャップといったようなくいちがいに問題性がふくまれていると同時に、それ以上に重要なことは、そこには、注目すべきある一致点が、暗黙のうちにというか、論争の過程で、自明のこととされていたということである。

それは、留岡清男の表現のなかの、「今日の教育は」「最小限度を保障されざる生活の事実から遊離して、最大限の観念に満足する一般論を教えている」という公の学校教育への一般的な認識であった。この留岡の認識は、昭和農業恐慌の脅威にさらされていた北海道農民の生活についての留岡自身の切実な実感に裏づけられており、「息を引き取る直前に病人を担ぎこんで、その結果は死亡診断書を医師に書かせるに等しい」ような生活状況にある農民との彼自身の接触にもとづいていた。そこでは、生存権の在り方を標準とする地域認識が、教育という仕事の内実を吟味する根本的に重要な尺度であるという考え方に、ほぼ達していた。

この点については、いわゆる「はみ出た教育」——つまり地域と家庭での子ども自身の生活問題が、学校教育以前の問題としてあること——の必然性を主張し、生活綴方をとおして、これらの問題にもとりくむことを教師の本質的な仕事の一部としていた北方教師たちの実践や考え方と、異なるものではなかったのである。

問題の相違点は、このような地域の状況をめぐる認識・問題意識を欠落している学校教育の一般的状況を克服することとかかわっての生活綴方の評価をめぐって生じていたのであった。そうして、この評価の仕方自体には、権力についての両者の認識の相違、教育観などをめぐるかなり重要なくいちがいが存在していた。それにもかかわらず、教育という働きかけが、何はどうなっても、子どもの生存の権利を保障し、発展させるものであって、はじめて教育の名に値するものであること、実はこのことが、従来の国の教育においては保障されておらないということ、つまり教育の名に値しないのだという考え方が、研究者と現場との先覚的人物との間で、暗黙裡にも確認されたという事実は、わが国の教育史のなかでも、もっとも注目すべき出来ごとの一つではなかったであろうか。

これに先立って、人間の生存の権利につながる観点からの教育認識の思想がないわけではむろんない。福沢や啄木や有島や、下中弥三郎の「万人労働の教育」など、とりわけ、新興教育運動のなかで、労働者の立場からの教育認識が明白に主張されていた。しかし、度重なる昭和恐慌のなかで、現実の教育実践と、子どもの生存の権利の問題が、のっぴきならぬものとして、一つの組織的な教育研究運動のなかで、実践家と研究者の共同の認識対象となったことの意味は大きい。

戦後になって、同和教育や在日朝鮮人問題が、まさしく生存権にかかわっての教育問題として登場して来る。しかもそれが、「特殊」な教育問題としてではなく、国民教育の一般的原則的あり方として登場して来たことは、この「地域と教育」の分科会設定の事情について既述してきたこととかかわるわけであるが、それに先立って、とりわけ、戦前の教科研運動のなかにあっての、一つの伝統として、私たちは、右の先例を想いおこすことが出来る。そうして、「地域と教育」をめぐる問題への接近視点としてのもっとも基本的なものの一つは、この国民一人ひとりの生存権の保障と教育という関係を吟味する視点から、地域々々での教育実践と運動とが吟味されるべきものと考えられるのである。

人間の生存の権利といっても、それは、いわゆる「天賦人権」として、こういうものだと、固定したものとしてとらえうるようなものでは本来ないであろう。留岡氏のばあいの最小限度を保障されざる生活の事実云々にしたところで、このばあいはほとんど生命の維持というようなところに一線が引かれているほどきびしいものであるが、これとても、厳密には社会の進歩、文明の発展の度合とみあって、相対的に考えられているようなものであるにちがいない。もちろん、憲法や教育基本法に示されている人間としての諸権利の如きは、ある一定の時代と社会を通じての一定の水準の表示として成立しており、私たちの権利点検のこんにちにおけるもっとも重要なよりどころとなるものであることはまちがいない。

しかし、これらもまた、単なる法規上の規定をこえて個々の事情のなかで生きて働く原理である以上、そういうものであればあるほど、固定した条項による規定でもって十分に表示できるようなものではない。むしろ、私たちの理性的判断に従って、創造的に生活を統制し、支配していくための原理だからである。まして、教育という、日々の個々の子どもたちとのとりくみのなかでの、子どもの最小限度の生存権をふくめた権利点検となると、いっそう科学的、創造的な判断を必要とする。こうした、地域での教育の実践運動の日々の吟味ということが、「地域と教育」の研究をめぐっての、何よりも基本的な前提となるべきもののように思われる。

事実、過去三カ年間の「地域と教育」の分科会を通じて、このことは、もっとも重要な私たちの研究観点になってきたのであった。和歌山県を中心とする同和教育の実践や、在日朝鮮人民族教育をめぐる問題の検討、さらに、岐阜県を中心に一九六三年から六四年にかけて、県当局によっておこなわれてきた「教育正常化」問題を通じての地域の教育問題の検討など、その代表的なものである。

とくに、「教育正常化」問題をめぐっての権力の教育支配の企ては、人権としての教育に対する権力の不当な干渉をめぐる地域の問題として考えられるのであるが、その中には「正常化」の名のもとで権力の価値とするものを強制されて、組織からの離脱をせまられた教師の思想の問題、さらに、そういうなかでの子どもと教育とのとらえ方の問題についての根本的吟味を含んでいた。そうした吟味が進められるなかで、地域地域まで深々と滲透した「経済成長」の影響と相まって、「農村のカギッ子」などにみられるように、子どもたちの生活そのものが異常な事情のもとにおかれているという事実のなかで、ほんとうの教育とは何なのかを子どものおかれている実態に即して、とらえなおしていくきっかけとして事件の全体が自覚され、実践と運動に発展させられる過程が検討されたのであった。

つまり、新しく歴史と社会の発展の状態に即しての地域における教育の権利点検がおこなわれる必要を、もっとも鋭い形で私たちの前に提示した事件であったように思われる。また、過去二か年の分科会を通じて、貴重な討議の柱となった、和歌山県御坊町の教育実践、およびその調査資料は未解放部落や朝鮮人、それに現在の経済事情のもとで生活に希望を見失った家庭のなかで不幸な成長をみせる子どもたちの問題を、一つ一つの日常的なとりくみのなかで、教育内容をふくむ既存の学校教育そのものの体質の総点検をおこなうような観点において、再吟味をおこなって来たのであって、ここでも私たちは、教育を、一人ひとりの地域の人間、子どもの権利の充実、拡大の見地から追究してきたのであった。

三 「地方文化」と教育

「地域と教育」の問題は、それが教育の問題である以上、単に政治的ないし法律的な問題としての、さらに経済条件とのかかわりでの権利の問題につきるものではない。こうした基底的な問題とかかわりながらも、なお広く文化の問題として吟味することが、教育という観点からすると、いっそう緊切であるといえるのである。そうして、「政治と教育」の分科会が別に存在している以上、この観点からの研究の発展が、私たちのこの分科会にとっていっそう適切なものと思われる。このばあいにおいても、すでに第一のところで述べた人権拡大と教育という観点が前提としてあるのであり、それが一層徹底して貫徹されるはずのものであることはいうまでもない。

この文化という観点にしぼっての「地域と教育」分科会での研究、吟味は、むしろこれからの課題に属するといってよい。それは、こんにちまでのところ、あまりに緊迫した政治的経済的条件とのかかわりのなかで、教育の問題が考えられざるを得なかったからであろう。しかしながら、この問題は、いわゆる「地方文化」と教育という問題をとりあげることだけでも、ひじょうに重要な検討すべき問題にただちに直面する。

「地方文化」ということば自体からして、「中央文化」がまず自明の前提とされ、中央の文化から比較的「遠い」、つまり文化の恵沢のめぐまれざる地域の文化というような観念が人びとにつきまとい、地域の文化のいびつなあらわれを表現しているようなことばである。これは日本の近代国家の発展のいびつさを反映する文化面でのあらわれとみられる。「国民の祝日」一つをとり上げても、戦前には格別にそうであったように、民衆の古くから持続した伝承をふまえるよりも、むしろ近代国家としての結合を上から強化するための、いわば「つくられた」祝日である傾向が強く、そういうものとは別個に、人びとは、村々など、地域の祝祭を持続して来たのであった。この点キリスト教などの長い伝統に立ち、それをこそむしろ全国的な規模での祝祭日として国家にみとめさせてきたヨーロッパの国々とくらべて、私たちのばあいには、その二元性に大きな特徴がある。

これらのことからもすでにいったように、いびつなものにされてきた「地方文化」の克服の上にたった、国民文化創出の根拠地として、地域が考えられねばならず、そのことの一環として、教育内容を中心とする教育のあり方の全体が追究されるべきであろう。このことは「地域と教育」の分科会の今後の研究視点として、ますます明白にしていかなくてはならない点であるように考えられる。

「地方文化」を尊重するというばあいですら、中央の「高度な」文化の存在を前提としながら、いわゆる異国情緒とでもいうべき「地方の文化」の特殊性を重宝がる傾向が、私たちの国では強い。しかし、そのことは、こんにちのマスコミがそうであるように、一方で何のためらいもなく画一的な「中央文化」を圧倒的におしつけておきながら、他方で地方の物珍しい風習をさも重宝がるそれによくあらわれているように、決して「地方文化」の主体性回復につながっているようなものではないのである。このことが、いわゆる「中央文化」なるもの自体をいびつなものとし、発展力をかいた消費的なものに、ないし、本質的に日本の国民文化の成立を阻止している当のものにほかならない。そうしてこれらは、「明治百年」、日本の「近代化」がしとげられた過程で、強いられた代償の一つであり、しかもかけがえなく高価な代償の一つであると思われる。

1950年代の農漁村調査にて

私たち教科研の運動も、真の国民教育の創立をめざすなかで、この「日本の近代化」の負債の遺産ととりくんでいるといってもよいほどであろう。「地域と教育」の分科会は、以上述べた政治的、とりわけ文化的な「地方」の克服をめざし、地域々々の国民の主体性の回復をめざしての、そこでの教育実践、運動の吟味、さらに教育創造の原理、原則をたしかめ、探求することになるだろう。

四　地域の習俗と教育

それでは、右に述べたような国民文化創出の根拠地としての地域のなかで、その一環としての教育実践、運動の原則的探求は、たとえばどのような接近の仕方が、当面のものとして考えられるであろうか。

まず第一に考えられることは、教育は、地域々々の国民大衆が「種の持続」を願って、自らの子どもたちを「おしえ、そだて」てきた長い重い歴史があり、地域はそういういとなみの根拠地なのである。けれども、わが国における国民公教育の成り立ちからして、こうした庶民の「おしえ、そだてる」教育の伝統とは断絶したところで、学校教育制度が考えられ、義務として国民に対して上から課せられた傾向が強い。もちろん、わが国の庶民の「おしえ、そだてる」教育の習俗を単純に、肯定したり、また否定したりするような問題ではない。だが、すくなくとも、それぞれの地域において成立してきた教育の習俗の目的、価値というものを考慮の外において、制度として成立している教育の、未来にかかわる創造的な展開ができるであろうか。

たとえば、すでに述べた、私たちの分科会の接近視点としての生存権の問題とかかわっていえば、子どもの出産、成育にかかわって成立してきた村々の共同体的な習俗行事のなかに、その子の生存を共同体によって承認させ、さらにその子がいろいろな危機をのりこえて、生命の発達を全うするための重要な屈折点に、人びとは共同体のなかでその意味を確認していく配慮を示して来たのであった。七五三といった全国的にみられる行事のなかにも、それぞれの地域において、特色ある親たちのその子の生存を全うさせ、成長発達をとげさせることへの配慮が示されているのであった。すなわち、子どもの生存の権利を、共同体的に保障するなかで、子どもをまちうけるなみなみでない自然的、社会的危機の克服が、社会全体の力でおこなわれてきたのであった。生産力段階が格別に低かった時代ほど、子どもが生きていること、いや生かすことの承認をもふくむ、「種の持続」への手厚い真剣な親たちの配慮が見られるのである。

このように「種の持続」への切実な願いのこもった民の習俗が、着実な土台となって、つまり、その願いの発展としてこんにち成立してきている公教育が存在しているのであろうか。かならずしもそういえないはずである。一方において、国家の恩恵としての教育が強制されたのだが、それは、支配者の支配秩序に子どもたちの成長を屈服させることでもあったのである。

地域の父母たちがいまも持ちつづけている一つ一つの習俗をあくまで保存すべきだとか、逆に迷信として排除せよとかいうのではない。教育の専門家としての教師の考えを父母たちの前に大胆に提示しながら、かつて、またいまも父母たちの習俗のなかにかくまわれている子どもの成長発達への願いを、今日的条件のなかで発掘しつづけることが、私たちの地域における教育実践と運動の原則探求にとって不可欠であると考える。そういう意味あいからして、地域のなかに父母たちの願いとして結晶している産育をめぐる習俗に対しても、その意味するものの探求に私たちは無関心ではあり得ないのである。それは本来の「種の持続」、生存の権利保障としての教育という本質的な観点から、巨大に制度化し、専門化した教育機構とその機能を、吟味するばあいの一つのてがかりとなるからである。

私たちの地域における教育実践、運動の原則の探求が、右のような問題を無視してかかるとき、ハイカラな「教育理論」として、父母の願いからはるかに遠い「中央」のいびつな教育文化のメッセンジャーとしての教師、および研究者が存在することになる。

これらの観点は、今後、教科書の分析をふくむ教育内容の吟味のなかに滲透させられていかねばならず、このような視点にたった研究報告も期待されるのである。

五　地域の教育実践、運動の歴史研究

国民文化創造の一環としての地域の教育実践、運動の研究として、今後展開しなくてはならないと考えられる第二の点は、地域の教育実践、教育運動の歴史の積極的な発掘、探求である。一九六六年、長野県上林で開かれた教科研大会のこの部会で発表された「信濃教育会」についての歴史的な研究は、この種のものの数少ないものの一つであった。しかし、今後は、いろいろな地域でこの種の研究が、この部会の研究内容を継続的蓄積的なものとし、かつ科学的なものとするにちがいない。そこでは、まず地域の教育実践、運動の主体者としての探求姿勢があくまで貫徹されなくてはならない。つまり「ひとごと」のような事実の平板な記録、羅列ではなくて、教育実践ないし運動による地域の国民一人ひとりの内面からの人権の結実をめざして、歴史的課題ととりくむものの、その問題関心からの地域地域の事実の把握とその吟味ということである。このような研究の主体的態度は、日々の実践運動のなかで、同じ着眼にもとづいて積極的に子どもたちと、地域の現実とにとりくむなかで、いよいよ鋭いものとなるであろう。

このように歴史的課題とかかわっての問題関心は、深ければ深いほど、それだけ切実に事実そのものに勇気をもってとりくんだ歴史的探求がこれによって展開されるはずである。私たちが自戒し

なくてはならないことは、私たちの研究が、私たちの現実の実践、運動を合理化するためのいわゆる「反体制」の歴史記述にとどまったり、また私たちと状況を全く異にする過去から安易にこんにちの困難打開のための方法、手段の「教訓」を受けとるための主観的な研究態度におわるということである。むしろ、過去において展開されて、私たち自身のそれを含む運動ないし実践を、あくまで客観的に、その矛盾において、その発展過程の全体をかしゃくなくとらえていくということである。およそ勝った勝ったの一面的記録や、単純な敗北の記録ほど、歴史記述にとって不毛なものはない。私たちは、あくまで、さきに述べてきた課題意識を一方で自覚的に鮮明にしながら、他方において、この関心自身の吟味をも要求してくる厳粛な事実に忠実に、つまり「都合のわるい」事実をおおうことなく探求を進めねばならない。関心と事実、現実の時点にたっての未来への課題意識と、過去における現実とのきびしい対話が私たちの研究を前進させる。お互いめいめいに妥協のないきびしい歴史的課題意識をもち、しかも事実に対して謙虚であるような人びとによる、いわゆる「なれあい」でない共同研究は、こうした研究成果の達成のために一層有効性を発揮するだろう。

　私たちのこうした研究は、既成の地方教育史、教育委員会など当局側の歴史叙述と全く別個のものとしてあるようなものではなく、そういうものを積極的にとりこんで、それらの含んでいる事実やそこでなされている意味づけが位置づけされることができるほどに包括的なもの、より高次なものでありたいと思う。すなわち、従来書かれた地方教育史（学校沿革史、委員会の教育史などを含む）が、事実とその解釈とにかたよりやあやまりがあるとしても、そのようなものが少なくとも存在することの理由を、私たち自身も、また私たちの新しい記述を読んだり聞いたりする人たちにも、納得できる程の高いレベルの記述でありたいと思う。こうして、各地域の民間的な教育史研究の成果を結集、蓄積するなかで、私たちの国民教育運動のエネルギーが、歴史的社会的な知性にささえられて流出していくことになるだろう。

六　世界認識と地域認識

最後に、「地域と教育」の分科会の研究視点として、確認しておきたい点は、私たちの世界認識とのかかわりにおいて、この分科会の問題展望をとげていくことへの格別の配慮についてである。すでにくり返し述べてきたこととかかわるのであるが、われわれが「地方」と呼び、また「地域」と呼ぶところのものは、単なる無色透明な或る一定の空間についての呼称ではない。それは実際、私たちの形成してきた世界史認識の構造の一環として、私たちの意識のなかに深く歴史的に定着しているようなものである。

私自身の考えによると、私たちがいま地域とか地域社会とか呼んでいるものは、いわゆる「中央」に対する「地方」という意味の場合と、地縁ないしほとんど血縁的な古くからの住民の社会生活単位としての「部落」を意味するものとが、二重構造となって成り立っている一定の社会生活であるように思われる。「地方」ないし「地域」は特に戦前においては、家父長的な天皇制国家の基礎単位として、むしろ「部落」の血縁性、地縁性をまるごと利用されてきた傾向が強い。しかしこのばあいでも、行政上の単位とかかわりある「地方」（つまり中央の出張所としての地方）と、地縁ないし血縁的共同体としての「部落」との間には異和感はまぬがれなかった。事実、中央に従属した行政単位としての「村」のほかに、部落というより濃密で有力な組織が存在してきたのである。戦後は、「部落」秩序はかなり大きな変革をうけてきたことは事実であろう。

しかし、それにかわって、中央に対する「地方」、つまりいよいよ地域の特色を画一化し、平均化する傾向が政治的、経済的に強化されてきている。この点は、三節のところでも若干ふれてきたところである。すなわち、「部落」の解体は、決して「地域社会」の主体性回復ということにつながっているのではないということである。むしろ地域社会は、政治的、経済的な理論のなかで、中央への依存をますます強化しているということができるのである。

このようないびつな地域観の上にのっかった、きわめて自己中心的な世界（史）観が私たちを歴史的にとらえてきたのであった。すなわち、世界を異質で、かつ創造的個性的なものとしてみる多元的な考え方と対立して、常に自分の地位を中心として、世界の諸民族を序列においてとらえる傾向が成立してきた。大国主義もそのあらわれである。そうして、自らのものより強力かつ先進的なものには卑屈で、劣れるものに優越を誇示するあの世界認識が、逆に国内の「中央」優越の意識を強化しているような関係となり、中央からの距離において、もののねうちが評価されるという傾向が日常的な思惟となっているように思われる。これらの思惟様式は、あらゆる人間関係のなかに滲透していて、一つの固定されたものさしでもって、序列をつけた価値づけをおこなうことが、子どもをはじめ、あらゆる人間、ないし人間群（集団）評価の絶対的基準とされているほどである。

このような世界認識のあり方は、だれが歴史をつくりゆくものかのみとおしについても、かたよった認識をふくまずにはおかない。地域社会と、そこに住む人びとに対する、また、自分自身の評価基準も、以上のべたような歴史的に形成されてきた強固な思惟様式のなかから生み出されることを思うと、まずこのような私たちの社会認識の構造を克服することとかかわりなしに、地域社会を根拠地とする国民文化の創造、その一環としての教育実践、運動の原則を探求することはできない。つまり、最初に述べた国民一人ひとりの生存の権利の保障と拡大の一環としての地域の教育実践、運動の展開と、その原則の探求とは、私たち自身を、その深部において強くとらえているもの、その克服とかかわっている。「地域と教育」の分科会は、他の諸部会ないし分科会の研究成果をゆたかにふまえながら、地域における教育実践、運動の主体者としての立場から、以上述べた諸視点をいっそう深化しながら「教育とはなにか」を探求しつづける任務をもっていると思われる。

（一九六七年）

第8章　民衆のいのちの感性から学ぶ
——中津川市「教育文化展」のこと——

解説

この文章は、中津川市教育研究所編『目で見る地域の教育百年史』の序文として書かれたものです。この本は文中に書きましたように、岐阜県中津川市の「教育文化展」を、写真集として編集して一冊の本に再現したものです。私はそのときの展覧会の印象をふまえてこの文章を書きました。第6章の解説で述べましたように、私とこの地域一帯の先生たちとの付き合いは、戦後三〇年に及んでいます。そういう背景もあって、私はこの文章を親しみをこめて執筆しました。楽しく書いたといってもよいのです。ですが、より直接的には、この地域での教師たちの並々ならぬ辛苦の結晶でもあるこの展覧会への感動が、そうさせたにちがいありません。

いまから考えると、この展覧会は、学校流儀の画一的な教材を、みんなに教えこもうという雰囲気とは趣きを全く異にしていました。古くからの習俗にまつわる品の数々、過去の暗い戦時下の生活を、戦争の傷痕生々しい証拠品等々を前にして、年齢も経験も異なるもの同士の間に、それぞれに新鮮な出合いが創り出されるのでした。それは、こうした事実を眼のあたりにするまでの自分とは異なった自分というものを発見する契機にもなったのではないかと思います。

教育は、教えるというより、真理のまえに新鮮に驚きを分ち合う中で、互に自分をかえることで実りをえたということになるのだと思います。この真実のまえでの共通の驚きの中での一人ひとりの発見と成長とがあり、かつ新しい人間関係の創造がみられると云ってよいかも知れません。

多くの場合、教える者の権威が学ぼうとする者の邪魔をする。（モンテーニュ『エセー』）

一

一九七二年一〇月一四日は中津川教育文化展の最後の日である。わたしはこの日、この展覧会場である中津川市文化会館のこけらおとしに招かれていた。新装なったこの会館の二階ロビーにかざられた神馬と、会場案内の大燈籠の間をよこぎって、「目でみる教育百年史展」の会場から観覧者の列に加わり、「教科書コーナー」「地域文化」さらに「恵那地域展」の会場へとわたり歩いた。それは、わたくしの描いてきた「展覧会」についての観念をうち砕いてしまった。ケース越しに、孤独に眺める東京での展覧会とはおよそ趣きを異にしていて、実に騒然とした人びとの〝ざわめき〟の流れであって、しかもそれは活気に満ちたものであった。

手にとって資料をみることのできる気安さも、訪れる人びとにこの展覧会をぐんと近いものにするのを助けていた。会場の要所には説明役を兼ねて、顔見知りの校長先生やベテランの教師たちが控えていて、人びとの動きをじっと見守っていたが、その眼と耳とは、観覧者たちの〝ざわめき〟から、どんなささやかな反応でも学びとろうとする意欲がみえた。この人たちと、その後にひかえた多くの裏方たちは主としてこの地域の教師たちである。

教師たちは去年の三月頃から、学校の授業がおわると、街や村の家々に出向いていった。そうして、ここ中津川を中心とする地域一帯に根をおろして生きてきた人びとの住居の戸棚から、屋根裏や物置きや土蔵から、ほこりにまみれて眠っていたもの、だがかつて自分たちをつくってきたもの、祖父母や親たちのくらしと心の一部であったものを、一つ一つていねいに掘り出してきたのであった。それらはまた、彼らの毎日の〝なりわい〟の核心であり、あの可能性にとんだ子どもたち自身をつくっているもの、そうした子どもたちの未来の選択の糧に深いところからつながっているものでもあった。

こうして集められた資料は膨大なものにのぼったという。そのうち一七〇〇点ばかりがこの会場に並べられていたのである。調査発掘から資料の運搬、考証、整理、そうして配列、それらを管理すること、さらに展覧会の宣伝から会場整理まで、終ったあとのあとしまつから今後の文化運動としての展望と、それにもとづく新企画をすすめるまでの一切、およそありとあらゆることが一〇〇人におよぶ実行委員たち、何百名の教師たち自身の頭と足と手にかかるものであった。これこそまさしく教師たちによる手づくり、そうして地域ぐるみの教育文化展覧会であったのである。

展示された一つ一つが、ここ百年をこえるこの地域の人びとの、いわば〝衆心の発達〟を物語る証拠品であり、手垢によごれたその一つ一つが語りかけるものに対応して、ここを訪れる一人ひとりの身体にきざまれてきた自らの過去のいろいろな事実と出来事とが、改めて一つの歴史意識として、その人なりに揺りおこされるのであった。会場に入ったとたんにわたくしをつつみ込んでしまったあの〝ざわめき〟は、展示物の一つ一つへの人びとのこうした反応のあらわれだったのである。

「教育百年史展」の中で、もっとも大きく人びとの〝ざわめき〟をさそったのは、「皇国民錬成の教育」のコーナーではなかったかと思う。そこでは人びとは忘れかけていた戦争の傷痕をほじくられた。緊張のあまり固くなった幼い手指に筆をにぎりしめて書いた「カミカゼ」が目の前にあった。「決戦ニスグ立ツ諸増産」(ママ)の文字にも、万感のこもる思い出がつぎつぎにたぐり出されてくる。いま考えるとだまされていたのだろうし、馬鹿々しく不合理でもあろう。だが、そこには、そういってはすまないような、必然とでもいうほかはない勢いのなかで、懸命に生きてきたいじらしい自分というものがよみがえってくるのである。

歴史というのはこういうものなのであって、そういう非合理のなかで必然を、いいなおすと、非合理とも見えるものの肯定的な理解のなかで、それが否定されなくてはならないという必然をつかみとることが、自由な人間の歴史意識というべきものなのであろう。すでに戦争を知らない若ものたち、子どもたちもこの同じ展示物から学びとったにちがいない。〝ざわめき〟の中に、お父ちゃんが赤紙一枚で戦争に出かけていったその気持ちがわかったという、叫びにも似た感嘆があったという。だからといって、この若もの、子どもたちが、戦争を肯定したのではけっしてない。父の行動にうなずきながら、共感しながら、前よりいっそう大きく否定しなくてはならないものは何であるかを知ったのである。つかの間の快適さや、善意や誠実さすらも、大きな歴史の必然のなかでは、全く反対のものに転化する可能性、つまりやがて奈落の底へと運ばれる可能性と背中合わせなのだという人間の選択のきびしさのなかで歴史というものを自覚したとも理解できる。

それはわたくしたちの回顧・追憶をそそるものが、たまたまそこにただあったからということからだけではない。この展覧会を組み立てた教師たちを中心とする集団の意志が、展示物の整理、分類、配列の仕方から、その他この企てのあらゆる構成や運営のすみずみに働いていることと切り離して考えることはできない。たとえば、先にのべた決戦体制のもとでの教育経験にしたところで、明治の十年代の半ば以後、国家主義の教育が一方で強固なものになっていく反面、国民大衆や教師の側の抵抗やヒューマニズムの自覚が進むという対応が、展示物そのものの配列の仕方に方法論として自覚化されていて、人びとの歴史認識を一枚岩に追い込まない慎重な配慮があった。だが、それは当然すぎるほど当然であって、そうでないことの方が異常だといってよい。

ところが、同じ頃、東京三越で開かれた文部省主催の「学制百年記念教育のあゆみ展」の方は、どうもそうなっていない。これはただ耳に入った裏話だが、文部省がこの展覧会の準備にかかったのは六月頃からだそうで、それだと、中津川での準備状況から比較すると、一年以上おそらく二年ほども着手がおくれている。さしせまっての着手ということで、会場の獲得さえも大変な辛苦があって、やっとこさ都合をつけてもらったのだという。集めた資料も、名の知れた特定の人物や、文庫や図書館からいわば〝既製品〟の借り出しで間に合わせてある。新たな発掘の意欲、いいなおすと新しい未来を創造する意気込みがあったとは思いにくい。各部局ごとの分担、わりふりによるいかにもやっつけ仕事の感はまぬがれないとは、教育史専攻のわたくしの知人たちの口にしたいつわりのない感想であった。

その資料の配列、構成は、まず統計、図版などによる教育制度百年の概説にはじまって、「教科書の変遷」「健康と体力の増進」「特殊教育の変遷」「服装の変遷」「産業教育の変遷」「幼児教育の変遷」「大学教育の変遷」「学問研究の進展」、そのほか「国際交流」「社会教育」「文化」および「文化財」、最後に「新構想都市と教育施設」というので、筑波大学などを紹介したセクションでしめくくるという〝おち〟もついている。

そこには中教審答申の「目玉商品」のようなものが目立つほか、それぞれの領域での「変遷」がやたらに多く、「進展」と「増進」がそれにはさまる。先に中津川についてのべた戦争とその教育への傷痕などは、ほとんど観覧者の印象に何も残ってもいない。危機もなければ破綻もない、のっぺらぼうなのである。これを「権力の持続」を願うものの教育百年の歴史叙述だときめつけることはいささか極端であるとしても、少なくとも歴史に参与した何億かの民衆の苦悩はもちろん、それにみあう為政者たちの苦悩までも、充分に掘りおこされずにおわっているのではないか。ちなみに、この展覧会を見に集まった人たちは、一日ほぼ四千人、一週間でしめて二万八千人ということになる。中津川の方は、十日間の開催期間に二万人というが、市の人口四万と周辺の町村からこれだけ多くの人びとを集めえたのは予想外であったという。数を競う必要は毛頭ないが、人口一千万人の東京都の中心街での開催と対比しても、格段の盛況であったということはできよう。

二

文部省のそれと対比したものの、中津川教育文化展覧会は、体制と反体制といった観念の闘いにもとづく、やせたここ百年の教育文化史の叙述とはけっしてなっていない。むしろわたくしを強く引きつけたのは、中津川の「地域文化展」と中津川をつつんでいる恵那地域の〝教育と文化をたずねる〟教育文化展、とりわけこの地域の人びとが長く伝えてきた習俗を示す展示物だった。そのなかでの逸品は美事な陰陽のご神体であった。この種のものの中には松の樹に落ちた雷様の造形になるものもあるということだ。これについてはこの文化展によせて行なわれた座談会の記録にも出てくるようなひと悶着もあったというが、わたくしはやはりこの展覧会の民衆生活におろしている根の深さを直観したのであった。「なる程やりおるわい」というところで、大いにわが意を得て、仔細に眺めるのであった。

文部省などの教育と名のつく展覧会などでは、とうていお目にかかることのないこの種の逸品は、それ自身が、淡白、率直な民衆の人間性そのもののたくまざる表白というべきもので、教育を地域住民の子育ての根源からとらえなおそうとする展示意図の率直なあらわれでもあろう。その他、左義長〔小正月に行われる火祭り〕や虫おくり〔春から夏にかけて夜間にたいまつをたいて、農作物の害虫を追いやり豊作を祈願する行事〕、村々に残る祭りの行事などをしのばせる食と性、生産生活と社会生活の全体にどっしりと腰をすえ、そこでの人びとのさまざまの願望のきざみこまれた石仏など、興味のつきぬものであった。

いくつかの石仏の写真のなかに、男女和合を示す道祖神の写真もあった。それはおそらく村境におかれて悪疫の侵入をふせぎ、虫害をもしりぞける塞《さい》の神（村境を守る神）の役目を果たしてきたのに相違なかった。男女和合の場は悪神も近寄らぬという民衆たちの判断であり、それが彼等の間での普遍的なエチケットでもあったからである。どんな権力もまた、容易に立ち入りがたい聖域の象徴をして村境を守らせたのであろう。

もっとも、わたくしたちの国の歴代の統治者たちは、被治者であるこの国の民衆の心のなかにまで深々とその手をのばしてきた点で、世界でもあまり例のないようなものではないかと思う。遠くは、弥生農耕文化のとじられた島国での定着が、血の持続を重んじ、親子関係を枢軸とする和の社会を長く形成してきたこととかかわりがあるのかもしれない。明治政府も、西欧近代文明の強いインパクトのもとにあって、おどろくほどたくみにこの古代からの伝統を、近代国家の体裁の内実に織り込むことに成功したといってよかろう。民衆の魂まるがかえの「近代国家」をつくりあげてきたのである。それは慈父母のように、民衆の心を心とする仁政をたてまえとするが、同時に一転して、魂そのものの収奪をあえてする苛政となる可能性をいつもともなっていたのであって、現実には、つねに統治者の利害が貫徹されつづけてきたのであった。

こうした社会文化的環境のもとでは、統治の受け皿としての民衆の組織と、自衛のための民衆自身による組織とは、全く紙一重という形態をとらざるを得ず、同じ組織が統治手段となる反面、それがまた一揆のための抵抗組織でもありえたのである。であるから、一般に一揆の組織は通常村を単位とし、老若男女、地域ぐるみだったのであり、村人公認の神社とか権現さまとかに集結し、講やお日待ちの集まりが同時に一揆の計画、その伝達の場でもあった。指導者たちの世なおしのめあても、きわめて直截に「ふつきはんじゃう、子孫長久」「和合と長命」の家族主義的な性格が強いものであったといわれている。

明治に入っても、こうした家と村は、国の権力によってやはり利用され、他方、進歩的知識人や革命的活動家からは封建制ときめつけられて否定されながらも、その仕組自身が同時に民衆の自衛組織であるほかはなかったし、事実、飢餓を免れ、家族が和合し、子育てによる種の持続のために欠くことのできない仕組として機能してきたのである。そうしてあれほどに民衆のなかに滲み通った権力支配であったけれども、しかもなお治者と被治者との矛盾は到底おおいきれるものでないことはいうまでもない。

こんな話がここ恵那郡加子母の古老の「聞き書き」のなかに伝えられている。この古老のまだ小学生だった日清戦争の頃の思い出だという。その頃お腹に子を妊んだ村の婦人が亡くなったりすると、その戒名を布に書いて、村の辻あたりに垂したという。通りあわせたものは誰かれとなくそこを流れる筧の水を、杓で汲んでは戒名にそそいで、母と子の死を悼むという習俗があったそうである。学校の行きかえりの子どもたちも、そこを通る度に、そのならいに従っていたとみえる。ところが、この古老の話では、そんなことをして学校に行くと、先生が「お前たち、そりゃ信心かしらんが、いまは日清戦争といって、支那と戦争しとるときやで、そんなことをせずに軍歌を歌え」といい、学校に来るのに、むしろそこを通らないで、ほかの道を通えといわれたのだという。そうして教えられた軍歌というのが、「撃てや殺せや支那兵を、清は御国の仇なるぞ」というのであったと語っている。

石川啄木は『大硯君足下』という書簡のなかで、これと同じものと見える軍歌「膺てや懲せや清国を」が当時国中を風靡していたことにふれ、国を挙げてそういう気になっていたと回顧し、当時の国民が、自分らの国家の境遇、立場さえ知らず、反省の力も批評の力もなかったといっている。実はこの頃、啄木は渋民小学校尋常科の上級生であったから、おそらくこの古老とほとんど同年齢なのであろう。ところが啄木のそういう「反省」にもかかわらず、この加子母の山のなかのこの古老の身体のなかには、治者と被治者の立場の異和感が、鮮やかにきざみつけられていたことを、この淡々たる「聞き書き」は伝えているのである。

啄木少年は大へんな優等生であったから、おそらく勇んでこの軍歌を歌ったのであろう。周知のように彼は後年、日本人のなかでもっとも早く、明治の国家体制と国民との関係、国家権力との対決を自覚した若き知識人の一人となるのだが、その彼が、この国の山奥の名もなき民の身体のなかに、その後何十年も生きつづけたこの〝権力者の示すもの〟と、〝民衆自身のいとおしみ合うもの〟との異和感の自覚にどれだけ気付くことができたかは疑問である。

国家権力はたしかに村の境界線、男女和合の塞の神のまえを、おかまいなしに村内に侵入していった。啄木がいうように日本中が「無智な状態」にあって、一見したところそのなすがままであったかもしれぬ。藁ぶき屋根の村の家々のなかで、その頃すでに少なくとも三つの瓦屋根ができ上っていた。学校と役場と駐在所であった。ところがその一つの学校が、権力の旨を受けて伝えようとしたものと、村の辻に残る生命を悼む村人の習俗との間にあるもの、統治の手段としての村と、自衛組織としての村とのあざやかな境界線が、この古老の精神のなかにきざみこまれていたということは、まことにおそろしいほどのことに思われる。いや無智といわれる民衆の感受性の不屈さがそこには浮き彫りにされている。権力は少なくとも、地域の民衆の感性まで収奪することはできなかったのである。

それでもなお、権力は民衆の心の一部をつかみ、本来民衆相互の連帯に裏づけられて成立するはずのナショナリズムを先取りして、しっかりと自らの手中にしていたのである。だからこそ、啄木に限ったわけではない、日本のその後の社会改革運動、民主化運動の全体は、ナショナリズムを口にすることをむしろタブーとして、長くこの民衆の不屈な感性、それを支えてきた民衆自身の自衛組織としての地域、そこに成立してきた自衛的な習俗などに、眼を向けることが少なかったのである。このことは、戦前の日本の先進的教師たちによる民間教育運動もまた例外ではなかった。したがってその改革の構想と運動とは、とかく民衆から遠く隔てられた孤高な闘いにおわり、地域の民衆の連帯に裏づけられた真のナショナリズムと結びつくことがなかったのである。むしろ、かえって啄木こそが、晩年彼の死がそこまで近づいてきたとき、そのことを深く憂慮することを知った先駆的な革命的知識人であったのである。「杖につかまって休み休み、岸町から森川町まで歩いて」友人に告げにきたという「社会主義的帝国主義」という奇妙な表現のなかに、社会の改革と、ほんとうの民衆と民衆をつなぐナショナリズムとの結合を期待する啄木の最後に到達した問題意識、苦悶がみられるのだといわれている。わたくしたちは、なおいまだに、この苦悶を解きえないままに今日に及んでいるのではなかろうか。

三

中津川教育文化展覧会は、今様の表現を借りれば、教師を世話役とする一つの新しいタイプの住民運動であるといえるように思う。中津川を中心とするこの恵那山麓の地域一帯も、日本の経済成長の波をかぶることは免れ得なかった。山を砕き、川を汚し、緑を奪ったここ十数年来の国の施策は、人と人との間を無情に引き裂くことで、その極点に達したといってもよい。

GNP世界第二位の日本は、老人と青年の自殺において世界の最高位にあるといわれるが、後でもふれる母子心中の悲劇が示す子育ての困難もまたそれをしのぐとも、おとるものではない。子育ては、生産とともに、人間と人間とが協力することを必要とするもっとも基本的ないとなみなのである。老人、青年、幼児をつらぬく人間が人間として育ち、かつ生きぬくいとなみが、日々の新聞が示しているとおりに、いわば非常の事態におかれているということは、そこでの社会関係が、ほとんど致命的な障害をうけていることの表現と解される。簡単にいえば、人びとは孤独であり、バラバラにされてしまっているのである。地域や隣人との関係がバラバラにされているということにつきるのではない。親と子、兄弟、姉妹、さらに夫婦の間さえも相互の信頼感が失われようとしている。長い長い歴史をもつ民衆の自衛組織そのものまでも解体されようとしている。これが、食と性、人間の生命の全体をも営利の対象とするいまの社会の終着点ともいえるだろう。中津川教育文化展覧会の意図は何よりも、こうした現実への対決であり、挑戦なのだとわたくしは受けとめた。

これに先立って、経済成長そのものの矛盾の直截なあらわれ方としての基地公害や、企業のもたらしたあの惨憺たる自然と人間の肉体の破壊に対して、当面の各地の住民たちから、それを告発する運動が展開してきた。これはたしかに民衆が立ち上らぬわけにはいかない、追いつめられた地点からの反撃である。

このような新しい民衆運動のなかで、教師たちもまた少なからぬ役割を果してきたことはたしかである。水俣の古くからの運動の指導者をはじめ、各地の公害反対運動の指導者たちのなかに教師ないしその出身者もたしかに見受けられる。沼津、三島のコンビナートの反対闘争、富士市での公害闘争での教師集団の果した役割、それに宮崎県高千穂町土呂久鉱山の亜砒酸公害を、地域住民の先頭に立って告発して闘ってきた教師たちの活動は世間から注目を浴びた。反対に、そうした地域住民の生存権にかかわる事態に対して、沈黙を守り、住民運動に冷淡であるという教師への批判も少なからず耳にするようになっている。

しかし、いまでこそかなりの世論の支持を得ている公害をめぐる住民運動も、その発足の当初は、孤独な闘いのなかで、その道がからくも拓かれてきた。そのなかでの教師たちの努力は尊い。いまからほんの数年もさかのぼれば、あの「膺てや懲せや清国を」のかわりに、「港のほとりならび立つ、科学の誇る工場は、平和を護る日本の、希望の希望の光です」を校歌とする学校が、惨憺たる日本の公害都市には立派に存在したのである。その壁は実に厚かったし、それに立ち向う住民とこれに協力した教師たちの果している仕事の意味は実に大きい。

中津川を中心とした恵那の教師たちも、公害に対して、敏感な反応力を示してきたことはいうまでもない。もちろんここにはコンビナートはないし、大規模な工場が有害物質をまきちらすというほどでもない。けれども、中津川教育文化展覧会という教師の運動、民衆ぐるみのこの地域住民運動は、公害をも含むいまの日本の社会の体質そのものに奥深く内在し、しかも眼に見える公害以上に普遍的でもある問題に、正面からとりくんでいるというように、わたくしには思われる。

さきにちょっとふれたとおり、現代に普遍的な問題は、ある意味で現象としての公害にもまさって、眼にはさだかに見えぬものの、やはり何といっても人間関係そのものの破壊である。「天明、天保の大飢饉で数十万の人間が餓死し、死体まで食ったという記録はあるが、世をはかなんで自殺した百姓があったという記録は皆無であるのに、なにゆえこの現在この国に十代の自殺者が続出するのか？」という疑問を、むの・たけじ氏が最近の文章で投げかけている。青年や老人は、この孤独な世を厭って自ら死を選ぶほかはなかったのである。しかも、幼い子どもたちの場合も、人間の連帯のなかでしか到底人間として育ち得ないのに、それが破壊され、しかも自ら死を選ぶことすらも知らない。母が子を道づれにするほかは解決のしようがないのである。母子心中の年を追っての増加はそれを示しているし、それどころか幼い子どもが飢饉ならぬ豊富のなかで、かってなく殺され、棄てられ、虐待されている。

かつて子育ては実父母のほかに、まさしく地域ぐるみだったのである。それほど人間の子が人間になり、人間でありつづけるためには、おどろくばかりに時間と手間とを必要としたのである。そのために生みの親のほか、多くの仮親をたて、そのうえ生れる以前から、さらに生後子どもが成長していくふしぶしで、社会的承認をとりつけとりつけしながら、子育ての難渋をしのいだのである。天明の飢饉以後は、生み、かつ育てることにいっそう慎重にならざるをえなかったといわれる。

病院で子を産むようになり、育児書も巷にあふれ、子どものための育児用品も豊かになってきたというのに、子育ての人間関係はズタズタにたち切られてしまった。それは、青年や老人の背後にある人間関係についても全く同じことがいえるのである。孤独に子育てをゆだねられた母親は、子育ての困難に辛抱しかねて短絡的になり、「にらむような顔をしたのでかっとなった」「泣き声が近所迷惑、育児書どおりにいかない」というので殺したり、電車に飛び込んだりするという、とても信じられないような事態が頻発しているのである。

このような現実を背景におきながら、中津川教育文化展でのあの〝ざわめき〟をもう一度わたくしは思い起してみる。それらの〝ざわめき〟はけっして独白ではなかった。それはあるときは父母とその子たちであり、あるばあいは教師とその大きくなった教え子であり、また老人と若ものとの対話であったりした。実に様々の年齢や性や職業や立場をこえて交流が生み出したものであった。つまり、そこでは、民衆の〝ほんね〟、自衛と抵抗の組織としての地域の〝地肌〟に立ちかえって、そこから自分自身をつくっている過去をめいめいに問い質すことから、ばらばらにされている人びとが、老人や青年、子どもたちとその母親たちとをつつみ込む新しい連帯を再びここに生み出そうとしているのである。現にこの会場では老人が生きいきとよみがえり、青年たちは否定すべき過去と創り出すべき未来を思い、母親たちは激励されたのである。自分と「他者」という孤独なバラバラの関係におかれがちな人間が歴史認識（科学）を仲だちとして、新たな「われわれ」のなかにつつみ込まれるということである。〝ざわめき〟からうける活気は、そういう新しい人間関係を創出する人びとのエネルギーの表現であろう。

バラバラに引き裂かれた人間関係の只中で、この中津川の教師集団がもくろんだ地域住民の内面からの新しい人間連帯創造のいとなみは、教師のイニシアチブならではの住民運動であるとわたくししは考える。それはけっして安易な仲だち役ではない。軒先で、蔵や物置小屋の中で、地域の民衆との交渉、それを通じての探求、それは教師が地域の過去についての事物とそれについての新しい情報を獲得したということにつきるものではなかった。教師自身が、民衆の蓄積された感性そのものから多くを教えられ、自らを変えられ、成長させられた。いのちを守り、惜しみ合う民衆の感性と、「撃てや殺せよ」の権力の意志との異和感が、ここでは明らかに今度は教師の内面においても克服がめざされ、民衆の長い長い自衛と抵抗のなかでつちかわれた感性からの文化と教育とのとらえなおし、歴史と社会と人間そのものへの深い探求欲が刺戟された。そうしてこうしたものすべて、身体全体でかせいだこの学習の成果は、彼らがあずかる子どもたちへのかけがえのない糧の一部となるのである。

四

「教育の自主編成」「教育課程の自主編成」という教師仲間での合言葉がある。ときの政治権力の下請け仕事としての「教育」を返上して、国民大衆のうしろだてを得て、その願望にこたえての教師たちの自主的な教育の組みかえ運動を、そういってきた。それがいいはじめられてすでに久しい。ここ十数年来、日本の心ある教師たちの間では、とりあえずこの「教育熱心」な国が、聖域を侵して拘束力をもっておしつけてくる教材に対して、科学の本質、その体系に即して教材を精選していくことをめざした学習と運動とがねばり強く続けられてきた。いまでは、文部省すらも通達を発して、指導要領の弾力的運用を指示している。教師たちの努力は、たしかに、それぞれの教科について、多くの実を結んできている。その成果は高く評価されるべきだと思う。けれども、研究室と教室の授業の範囲での自主編成だけでは、長く国の支配のもとにおかれていた教育を国民大衆の手にとりもどしていくのにはなお不充分なのではあるまいか。

もちろん、教育の正念場は、教室での子どもとの対決なのだが、子どもを啓発するための科学といい学問というもの自体が、その内容を問われていることはまちがいない。口でいうほどたやすいことではないのであるが、日本の学問、科学はなお充分に国民大衆の感性からの吟味をうけていない。自然科学の領域についてもそのことはいえるのだと思うけれども、とりわけ、人間や社会の科学については、まだまだ日本の大衆が生きてきた社会生活の知恵や、人間認識の蓄積から、これを学びとるところは不充分である。牧野富太郎とこれに協力した人びとによって、この国土から集められた五〇万の植物標本はなお多くのものが未整理だというし、柳田国男と、それに協力した実に多くの「常民」が掘り出した日本人の生きるための智恵も、いろいろな学問分野の中に、きわめて不完全にしか生かされていない。そのうえ、わたくしたちの学問探求の質を方向づけるのは、この国土から発掘される標本や過去の習俗にかぎったものではむろんなく、民衆の、現実との刻々の対決の中での決断、生きて働いている集団的意志というようなものの中に生きつづける思想や感性のようなものなのである。それだから、教育の自主編成、教育課程の自主編成を裏づける力となるものとして、やはり学問や文化を民衆に根づかせ、逆に新しい質の学問や文化をそこから創造する運動、民衆ぐるみの文化・科学運動が必要なのである。ほんとうの意味の民衆のナショナリズムの創出と、それに裏づけられた世なおしの達成のためにこれがどんなに重要で、しかもわたくしたちの社会でどんなに欠落してきたものであるか、それについてはさきにふれておいたつもりである。

もう一つの教育の自主編成の重要な観点は、民衆の子育ての伝統のうえに立ち、それを発展させたレベルでの教育創造である。民衆がたくわえてきた子育ての感性に立った教育事業の再組織ということである。中津川教育文化展がこのことをめざして進められてきたことにはほとんど疑う余地はない。展示物との対面を通じて、民衆一人ひとりの身体の中にきざみこまれてきた教育経験の発掘があり、それらが民衆相互の対話をも通して、歴史意識へと止揚されていくというすじみちの中に、その意図が表明されているといえよう。

そうして、こうした民衆の子育てを中心とする教育再編は、必然的にその観点から社会の再組織、新しい人間関係の創出をめざす世なおしの運動につながっていると考えてよい。それは人間の発達と福祉とが、つねに国の政治や経済の手段としてしか重宝がられることのなかったようなここ百年ほどの社会の仕組から、むしろ人間の発達と福祉とを保障するに足る意味での、新しい政治や経済の仕組を要求していくことになる。

　このように考えていくと、中津川教育文化展覧会の意図ははなはだ大きくてふかい。子どもと切り結ぶ授業というおのれの〝なりわい〟を中心におきながら、それを切実に支えるものとして、学問・文化そうして教育という、人びとをもっとも深いところで結びつけていく独自の価値領域を、民衆総ぐるみで豊かなものにしながら、根底から世なおしに何ほどかの寄与をしたいということなのであろう。この意図がどの程度の成果を生み出すにいたったかをここで早計に論ずることはできないだろう。どんなに周到な計画と努力とのもとで行なわれた展覧会であっても、それによって眼にみえるような結果をすぐ期待できるような性質のものではない。この仕事をすすめた教師たちは、この仕事を通じてたくわえたエネルギーと、それをてことした、これからの子どもの教育、地域での教育文化運動のすすめ方に新たな意欲を燃やしている。

　念のためつけ加えておきたいことは、この地域文化展覧会のまえに、実に長年月にわたるここの教師たちの辛苦にみちた実践と運動の蓄積があるということを忘れることはできない。ここまでにいたる道もまた、実にけわしいものだったのである。そのこともまた、この展覧会の展示物が、地域の戦前・戦後の教育史の一部として示していた。戦後についてだけみても、戦争直後の混迷と、そこにふくまれていたいくつかの可能性への期待が、朝鮮戦争を境として、一転、教育委員会法の改正、勤務評定、学力テストなどを通じての国の教育統制と、やがてきた「教育正常化」を名とする教師一人ひとりへの激しい抑圧にかわっていく。それらの動きに耐えながらの地域の教育組合の体質転換や、それにつづく恵那教育会議、さらに子どもの〝つかみなおし〟と教育のとらえなおし、つまりことの第一歩からの出なおしによる「正常化」攻勢からの不死身の立ち直りなど、一言に語りつくせない苦難の道が延々と続いてきた。だが、教師たちはけっして沈痛な気分に陥ることはなかった。ユーモアを忘れず、むしろ底抜けに明るかったとわたしは思う。未来を信じていたからであろう。

そうして最後に、すべてに先んずるもっとも重要なことがある。それもこの展覧会の展示そのものが示している。教師たちがこの苦闘の中で、ていねいに一人ひとりの子どもとともとりくんできたことを示す痕跡――実におびただしい量に及ぶ文集や多くの作品類――が何よりもたしかに物語るものであった。そういえば、ここは戦後生活綴方のいわば「ふるさと」ともいってよいところでもあった。この子どもとの手厚いじかのとり組みの、長く重い苦楽の蓄積がなかったら、教師たちによるおそらくどんな雄大な運動の意図、目標も、ここに集まってきた人たちをこれほどまでに動かすことはなかったであろう。

すべてが結構づくめというのではない。展覧会の内容にしても、まだまだ多くの工夫と勉強が必要であろう。しかしそんなことは、この展覧会を生み出した教師たちが一番切実に感じていることだし、父母や地域住民にとっても、その教師の探求欲にこそ、子どもの将来を、そして彼ら自身の未来をもかけているのであろう。

（一九七三年）

第9章　地域共同体の崩壊のなかで

——教育研究において地域をどう考えるか——

解説

日本教育学会の機関紙『教育学研究』の特集号に書いた編集委員長としての「はしがき」の文章で、無署名ですが、私の書いたものです。それに先立つ一九七〇年、雑誌『教育』一月号に、私は「選びながら発達することの権利について」という文章を書きました。そこでは、六〇年代の経済成長のもとでの繁栄の中で、「わたくしたちが『あたえられた』ものに依存して、深く自分の内面に原因をもった選択能力を失いつつあるのではないか」という疑問から出発して、六〇年代の教育政策の下で失われた教育の中での人間回復を訴えています。教育における習俗研究もその一かんで、教育を人間ないし人間性の持続というところから再検討しようという提案でした。

この提案では、一方で人間という動物の特質を、人間諸科学に学びながら「不安定の中での安定」、常に選んで生きる動物として捉えながら、他方、そのことを長く農耕社会の中での、ときの政策とはかけ離れた民衆の子育ての習俗に、そのあかしを求めようとしたのでした。それが、いろいろな地域にふみ込んでの子育てを中心とする習俗調査ともなったのです。文章の冒頭で、人間の形成、発達にとっての地域社会の意味、役割を問うという呼びかけの背後には、上述のような私の関心がありました。だが問題提起の方が先行して、私自身をふくめて教育学研究の現実がともなっていないという反省があります。

私自身はそのような関心から一九六〇年代にかけて、柳田民俗学の成果に学びながら、同時に岐阜県、新潟県などの山村を訪ねて、村々に残されている子育ての習俗について調査研究を行ないました。大学院のゼミとして、また、私の研究室で定期的に行った「民間教育研究会」の活動の一部としてでありました。

生まれてから死ぬまで、人間ってものは、醒めてるかぎり、たえず何らかの教育を受けてるわけだよ。そして教育者の中での第一番は、いわゆる人間関係って奴だな。

（マーク・トウェイン『人間とは何か』）

人間の形成、発達にとって、地域社会がもつその意味と役割との吟味の必要が、いま切実に問われるようになっている。これまで、郷土なり、地域社会なりが、教育実践と教育研究の課題としてとりあげられたことは幾度かあった。古くは今世紀に入って、郷土教育の名で、教育理論や教育実践が教育界の潮流の一つとなったことがあり、太平洋戦争の直後にも、アメリカの地域社会学校の紹介やそれにもとづく実践も行なわれてきた。それらの中には国家主義的ないわゆる「官製」郷土教育もあったが、学校を中心とする教育活動を、子どもの生活現実と結びつける進歩的な教育運動として、また教育の地方分権化ともつながる民主的な教育組織活動としての真剣な努力も含まれていた。

今日改めて、地域が問われるようになっている理由として、上にあげた先輩たちの残した課題や遺産がうけつがれていることはもちろんだが、それ以上に切迫した問題としては、一九六〇年代を中心とするわが国の経済成長の中で、きわめてラジカルに進行した共同体の崩壊があるように考えられる。もちろん地域共同体の崩壊も、この時期に急に生じたものではなく、すでに今世紀のはじめ以来のことであって、かっての郷土教育の主張も、多かれ少かれ、そうした事態と関連をもっていたことは間違いない。実際のところ、大きくとらえると、日本の近代史は地域共同体の崩壊、収奪の歴史であるともいえるからである。それにもかかわらず、一九六〇年代を中心にみられる崩壊ほど急激で、かつ決定的な時期はその例をみなかったのではあるまいか。人口の過疎、過密はその過程と結果とを示す一つの現象にほかならない。

共同体を剥ぎとられた人びとは、需要供給の商品交換社会の冷却した人間関係の中に放り出され、孤独な境位をさ迷っているといっても、それほど誇張ではない。そうして、教育研究にとっても重大な問題は、共同体の運命とともに子どもを育てる人間関係の崩壊がひきおこしている深刻な事態である。育児、教育についての情報量が不足しているわけでもなく、また充分であるとはいえなくとも、その施設が欠乏しているのでもない。むしろそれらは急激に増加しているにもかかわらず、子育てをめぐる悲劇が、とくに都市を中心に増加している。農村でさえも、子どもたちは集団を失い、自然を失い、子どもの自治と遊びを失っている。人間の子どもが一人前の人間になるために必要な地域を中心とする人間連帯はずたずたに断たれている。おそらく有史以来もっとも激しい子どもの生活の変動が進行中であると云えるかも知れない。

弱く、未熟に生まれる人間の子どもたちは、大人の手のこんだ世話によって、やっと人間になれる。「手塩にかける」というコトバはその手間と時間のかかる労作を表現している。「弱く」「未熟」であるのは、他の動物の子のように、生得的に環境に適応できる複雑な本能的行動様式をあたえられていない。むしろそういう種に画一的に賦与されている武装から解除された不安定な存在、それ故に可能性に富むとともに、自らの選択によって人間性を獲得していくほかはない存在である。人間はじめから人間であるよりも、人間になるというところに、つまり生まれたあとで種の特性を獲得し、獲得しつづける中で人間であるような存在である。

この不安定な人間の子どもを、人間にするために、人類は実にめんみつな子育てのための人間関係を長く発達させてきた。実際、生みの親だけの力では、人間の子は育たないと云ってもよい。昔は生みの親のほかにいく種類かの仮親を地域の人びとから選んだほか、妊娠、出産、そうしてその後の成長の折目々々で、地域がそれを激励し、祝福し、そうして達成を承認する連帯の行事を次々にもったのであった。人間の子どもの発達にとって、地域はそういう重要な役割を果してきたのであった。

従来の教育学研究は、こうした地域共同体の発達させてきた教育力に対して、その構造、機能を解明することに充分な力を発揮したとはいえない。かつての郷土教育理論における「郷土」の解明も、思弁的抽象的な「原理」としてとりあげられる傾向にとどまっており、右にのべた地域の教育力の解明はせいぜい計画教育に対する「無意図的教育」といったコトバで意識されるにすぎないという不充分さがあった。わずかに民俗研究に関心をもつ人びとの間で、その民俗研究の一部として、たとえば「産育」の習俗としての資料の蒐集がおこなわれてきたのであった。

私たちは、一方ではわずかではあっても、こうした民俗学の発掘した業績に学びながら、他方、今日の急速に変貌する子どもの発達環境としての地域の現実を分析、検討しながら、あらためて地域を教育研究の対象として、とらえなおしていくことの必要にせまられている。『教育学研究』編集部が、この度、「教育研究において地域をどう考えるか」の特集を企てたのも、いままでのべてきたような問題意識によっている。

一言断わっておきたいことは、私たちは、失われた地域共同体をもう一度とりもどすということを意図しているのではない。それはおそらく幻想におわるであろう。またそうした幻想や感傷が、かえっていまおかれている人びとの孤独を、強力な権力にゆだねてしまう危険な結果さえさし招いた記憶も、私たちから消え去ってはいない。無秩序から秩序、文明の破壊から、古きよき共同体への復帰の感傷といった単純な選択は、かえってそのような過去の危険をさしまねきかねない。そうであればあるほど、わたくしたちはますます厳密な科学的な観察力、探求力をもって、この現実を直視して、歴史と文明の発展の相にみあった新しい人間関係の創造に、何ほどかの役割を果すことを要求されていることになるであろう。とりわけ、子どもを育て、教育するための新しい人間関係が再建され、創造される必要と課題に対する教育研究者の判断、現代の教育学の力量が問われているとも云えそうである。

子どもを育て、教育するという仕事は、それがなければ人間の子が人間になれないというほどのものであり、カントのコトバをくりかえすまでもなく、子どもにとっては、教育、学習は生存権の一部である。また人間という種のレベルでいえば、その種の持続と発展がそれにかかっていると云うことができる。だから、既述したような共同体の崩壊と、そこでの子どもを育て教育する仕組と機能とがうけている打撃とは、まさしく、人間という種の持続の危機をあらわしていると云うことが出来よう。

人間にかぎらず、他の動物にあっても、種の持続の危機は、もっとも基本的な危機である。種の持続のために、個体が犠牲となるということも決して少なくない。多数の産卵とともに、母体はたちまち死に至る生物は、魚類などの中にもみられる現象である。これは生物のもつ基本的矛盾の一つと云っていいほどのものである。人間にあっては、出産とともに母体が死にいたるというラジカルな矛盾の直接的表現は、回避され、よわめられた反面、社会をあげて種の持続のための念入りな仕組をつくりあげたのであろう。家族の形成、共同体の形成も、単に生産の必要、分配の便宜というだけでなく、子どもを育て種を持続するための仕組の有機的一部と考えるべきであろう。

このことを逆に表現すれば、人間は種の持続の困難をのりこえることを一つの機縁として、人間の文明を発達させてきたとも云えるのであって、生物生態学者の中にも、他の生物の進化も、その生物が子育ての困難に遭遇したばあい、それをのりこえるために生活万般、つまり適応のあり方を群としても改めていく必要とかかわって行なわれたのだという人たちがみられるのである。だから、このことを、私たちが、いま直面している事態に即して考えると、既述した目下の種の持続の危機を克服するための、人びとの内面からの自主的な連帯関係の創造が、私たちの文明と社会の改造発展に深いかかわりを持っているにちがいないとも考えられる。そうしてこのような切迫した問題と課題の中で、教育研究は過去および現在の地域の人間関係と、そこでの教育力、子どもを育て、教育する地域の教育機能と構造とに吟味を加えることの必要が痛感されるのである。

『教育学研究』編集委員会の今回の特集をめぐっての課題意識は大体以上のようなものである。この問題と課題とは大きく、広くかつ深い。それだけに、これへの接近は多様であり、地域とそこでの人間関係をとらえる視座のちがいによって、教育研究のあらゆる面への接近法に大きな影響をもつようなものでさえあろう。

（一九七四年）

第10章　民衆から教育をとらえ直す
——教育の習俗研究によせて——

解説

村や町を歩いて、研究対象としての教育実践、教育問題を、その地域の社会構造などに注目しながら、住民や教師のような関係者から、直接にデーターを聞きとりながら研究をすすめるというやり方は、戦後ずっと続けてきました。一九六〇年代の半ば頃からは、柳田国男らの日本民俗学が発掘してきた日本の「常民」の子育ての行事、慣行、用いられている言葉などを介して、そこにみられる子育てをめぐる観念などにとくに注目するようになりました。何故、いままでのやり方に加えて、教育の習俗の研究に向うようになったかを説明し、現代の教育学研究の課題について、学生諸君にゼミの冒頭に語ったものが次の文章です。散漫な雑談のようなことになりましたが、その頃の心境をとにかく正直に話していますので、ここに収録することにいたしました。この文章の付録のようなものとして、教育の習俗の研究について、私たちの研究室の中で行なってきた民間教育史料研究会の研究誌に書いた二つの習俗研究のレポートの抄録ものせておきました。

郷土研究の第一義は、手短かに云うならば平民の過去を知ることである。……平民の今まで通って来た路を知るということは、我々平民から云えば自ら知ることであり、即ち反省である。

書いた歴史の一つもないということは、何もしなかった証拠ではないことを、最も明らかに示しているのは日本の平民たちであろう

（柳田国男『郷土生活の研究法』）

一　はじめに

教育学研究において教育の習俗をとりあげようとするとき、私の大筋での関心は、民衆の主体形成のエネルギーというようなものをたずねて、といった気持ちがあって、そこから現在の行政上の制度としての教育の問題をとらえ直し、考え直していこうということです。民衆の主体形成のエネルギーなどというものは、現行の行政制度そのものに密着してものを考えているだけではとらえられない。つまり既存の法制・制度からはみ出したものの中で、そういうエネルギーを探究してみるということが、いたってだいじではないかと思うのです。しかし、制度からはみ出したといっても、

アウト・サイダーとしての一匹狼というようなもの――これもだいじなのですが――ではなく、教育の習俗として問題にするのは、むしろ、そういう制度があるにもかかわらず、綿々と続き、脈々として流れている、非常に多くの人々がかかわりをもっている生活――そうした人たちの日々の現実との格闘――の流れ、というようなものの中で存在し生きている出来事、あるいは習慣、慣行や行事に内在するエネルギーといったものです。そのような、制度の枠からはみ出し、制度自体の中ではなかなかくみとり難いものでありながらも、その制度がのっかっている生活基盤を連綿と支えているようなものを、一般に習俗といわれているものの中に探究していくことができると思うのです。

ところでこの問題関心は、現在の社会制度の中での我々の生きぶり、生き方に対する私の判断からも生じたものです。そこで、そのような問題関心をもたせる現実状況を、どういう事態として受けとめているかということですが、結論的に言いますと、今の社会制度のもとでの日々のくらしの中で、自分の所在というものがたいへん確かめにくくなっている、ということです。おそらくこれは、自分だけのせいではない、あるいは自分だけに起っていることではないという気がします。我々教育を研究する者、教育というものに関心をもつ者の仕事に近よせていいますと、人間的な教育とでもいうべきもののあり方が行方不明になっている、と言い直すことができると思います。自分の所存をたしかめにくいということは、教育というもの、本来の意味の人間の発達、人間性の開花ということが、非常に大きくはばまれている。なかなか目に見えにくくもあり、実現しにくくもある、そういう問題にほかなりません。私の所存を見失うということに対応して、教育という現実の中では、人間が人間になる、あるいは人間の子が人間になっていくという、人間にとって最も根源的な方向というようなものが、なかなかイメージとして描けないし、それを実現することはなおむずかしいという状況が、今我々のまわりにあるということです。

その徴候はいろいろなところに現われています。母が子を捨てる、虐待する、あるいは母が生きがいを失い子をみちづれに命を絶つという出来事が、毎月のように新聞に載り、昨今の論議の対象ともなっています。これなどは、人間が人間を育てる、あるいは、人間の種の持続ということと直接に矛盾するたいへん重い出来事として、我々は受けとっていかなければならない。母親の心がけが悪くなったとか、安易に子どもをつくるとかいうことでかたづけるにはあまりに重大な問題です。つまり、そういう事件の起こる背景には、人間が自分の所存を失い、孤独で人間関係がバラバラになっているという事態があり、しかも、子どもを育てる――というのは人間の子を人間にするということですが――ために必要な周到で手の込んだ人間関係がズタズタになっている――という問題と密接に関連しているわけです。これはもう、文明の危機、人間が自分の所存を見失おうとしている非常に重大な危機状況であるというふうに受けとめざるを得ません。そして、子育てという根本的ないとなみ、人間が人間になっていくという根本的な働きをたすけることにかかわって、数多くの病院その他の育児施設、教育制度があるにもかかわらず、多くの悲劇的な事実が次次に起っている。人間喪失という問題、目的と手段の倒錯やあるいは専門、分業を媒介にした横の連帯の喪失というような人間関係の状況が、子育てという根源的ないとなみをも揺さぶっているのだ、と私は観測しているわけです。

二　学問と習俗研究

さて、制度のレベル、すなわち教育制度の中にも、今述べた問題がさまざまな形でもちこまれていることを、やはり私は強く感じています。

一九七一年の九月、私はハンブルグでのユネスコ主催の教育専門家会議に出席しました。中等教育のあり方を青年の教育というやや広い観点から考え、今日世界が行きづまっている問題を討議するという、たいへん重要なテーマをその会議は扱いました。つまり、テクノロジーの高度な発達と、それを裏づけるないし関連のある社会制度の急速な発達とに伴い、その社会や文明を育てるための非常に多様化された人間が必要となってきた。この要請をもろに中等教育へもってくる必要が、非常な切迫感をもって一方には存在する。ところが教育がそういうものに傾斜すると、青年たちの生活がバラバラにされてしまい、青年教育が望ましい様相を呈さなくなるという大きな矛盾が、いわゆる「先進国」に生じた。日本でも教育の多様化問題は大きな問題になってきましたが、そういう問題が議論されたのです。現行世代の社会の文明状況の必要・要求に応えることと、人間らしい豊かなパーソナリティを創っていくことが、にっちもさっちもいかないような矛盾にぶつかっている姿が、その会議のありさまに現われているのだと私は察知しました。

私の出ました分科会はやや原理的性格をもち、青年の自己実現、"self-realization"をめぐって、現実の教育状況の分析、検討をするものでした。私は自らそれを選んだのですが、ユネスコからの注文も、青年のセルフ・リアリゼイションという視点から、日本を含む世界の教育のあり方について問題提起をしてほしいということでした。この分科会には、いまの社会の必要をうけて中等教育のカリキュラム作りに関心を示すというタイプより、現在の文明状況に対して問題意識を強くいだき、文明の現状に対してクリティカルな姿勢をもった人たちが比較的たくさん集まり、社会主義圏の諸国から参加があったせいもあり、いい気持ちになって現代教育と文明とを批判するという状況でした。このグループはある意味でおおいに意気投合したのですが、総会においてはむしろ、多様化を要求するグループにたいへん強く反発をうけ、総会に多少の混乱をもたらしたのは、我々の分科会の提案によるとも受けとれるくらいでした。それはともあれ、現代のいわゆる「先進諸国」と呼ばれる国々における、制度化された教育の中で自己矛盾に陥った、苦悶の様相を呈する教育状況を私はまざまざと見せつけられる思いで日本へ帰ってきました。

ところで、私自身に課せられた報告のほかに、その会議の一番最後の日に、私は一つの提案をしました。それは、次のようなことでした。この会議に集まっている研究者たちは教育制度の整ったいわゆる「先進国」の代表ばかりで、有色の人間は私ひとりであるという状況だけれど、その我々の教育というものが大きな矛盾点にぶつかっていることがわかった。そこで今後の研究課題として一つの提案をしたい。この会場に現われていない黒い人、黄色い人等、いろいろ世界中には存在している。それらの人々も、ととのった中等教育という制度を仮に持たないとしても——今日かなり普及してきているが——青年の教育はやっている。つまり、我が子を一人前にするための青年教育は、実になみなみならぬ関心をもって親も社会も共同体も考えているはずである。

そして、「先進国」の有する制度からはみ出した、だがばあいによってはそうした制度以上に切実に、ひとりの少年を青年にし、おとなにしていくというしごとが厳然としてある。そこには一人前に民衆がやっている一人前の人間を創っていくといういとなみ、つまり世界中のすべての民族・なっていくためのコモン・ピープル——「常民」——の知恵が非常に多く蓄積されている。そういうレベルの知恵をもう少しインターナショナルな規模で集めあって、現代の西欧の文明のもつ教育制度をもう一度、もっと根本的なところから吟味するという段階に来ているのではないか。ぜひこの次の機会には、そういう人々の参加を得て、青年教育について考え合ってみたいという意味の提案をしたわけです。

これは分科会のチェアマンが総会で追加の提案として取り上げてくれました。こうしたなりゆきからみてもやはり、制度としての教育の陥っている矛盾、その矛盾を対象化していくことによる発想点の転換が求められている。教育ということをもう一度、もっと原始的というか、もっと根源的なところから、つまり人間が育つというのはどういうことなのかという問題から、それぞれの民族のもつ知恵を結集して考えていくことが、教育の科学の名において必要になってきていると言えるのではないか。私の経験したこのようなことの中にも、遠まわりの言い方でありましたが、教育の習俗にアプローチすることの必要が関連して理解される部分があろうかと思います。

ヨーロッパから帰ってきたあと、私は飛騨路と木曽路を南北につなぐ典型的な山村にはいりこんで、習俗、とくに子育ての習俗というようなものを少し調べる仕事を始めました。このときの調査研究は別のところで発表しています。この三月にも同じ地方にもう一度行きました。そこでは習俗と関係する大きな問題が起っていました。

岐阜県と長野県の境、中津川市と長野県の境に、御存知の『夜明け前』の馬籠があります。もとは岐阜県に属していました。そこが藤村の遺跡をめぐって政治的な闘争の場になっているのです。長野県はどうしても藤村を我が物にしたい、特に有力な政治家たちにそういう意向が強く、神坂《みさか》村の馬籠の部落を含んだその村の世論に反して、長野県に強引に合併しようとした。住民の生活は大部分、隣の岐阜県の中津川市に直結しておりまして、住民の大半は反対したのですが、割に賛成派の多い峠と、馬籠と、もう一つ藤村にゆかりの三部落だけを引き離して長野県と合併させるという強引なことをやり、いちおうそれは成功しました。ところが、あまりにも強引だったため反対のしこりが残って、一部の父母は子どもを中津川の学校へやるという。そこで長野県側は、そういう父母をも自分の方へ引き入れようと思って、鉄筋コンクリート造りのすばらしい建物の小学校をこの三つの山ぞいの部落に作った。それは住民から「反対学校」と名づけられるはめになりましたが、その一部の父母はどうしても県境いを越えて中津川の学校へやるというのです。中津川市の策動だとか、中津川教育委員会が子どもを岐阜県側におしとどめているのだとか、いざこざが絶えないわけです。

そのたいへんなトラブルの最中に私はぶつかりました。住民のもっている執念深いまでの子どもの教育への固執にぶつかったのです。共同体のもっている子どもを育てるという働き、つまり子どもまで渡したらもう全部渡したことになるという、たまたま教育という機能を中心にしたたいへん執念深い闘争が行われている、そこには子育ての問題を含んだ共同体の問題が非常に深くかかわりをもって存在していると私は感じとりました。

それは法律以上の、共同体とか、そこでの子育ての機能とかの認識とからんだ深刻な問題であるのです。親の教育権のもつ極めて根源的な問題が、現代の教育制度と村共同体とのギャップの所へ成立してきているわけです。これは裁判になりますと、非常に根本的なところから親の教育権の問題が論議されることになるのではないか。そのへんはまだ理論的にわからないことが多く、すっきりした形で説明できませんが、逆に言えば、教育権というようなものがわかっているようでいて、なかなか底の知れないほど深い人間欲求、それにかかわる人間関係との関連で追求する余地がまだまだあるということになりましょう。

教育権とはこのような権利だということを、実定法のところだけで考えていることでは相済まないような、もっとどろどろした問題が伏在するというふうに私は思っています。そこまでさかのぼっていくのでないと、やはり現代の教育制度のもとでの子育ての問題にはなかなかアプローチできないという問題領域を多分にかかえているのではないか、と考えるわけです。

人間喪失というような或は自分のありかが行方不明であるというような処から出発し、そういう社会状況を教育の問題にひきよせてみると、今言ったようなかなり根源的な問題が存在しており、それらが問題の解き口或は出発点となって、長く持続されてきた子どもを育てるというような習俗のいとなみというものがやはり改めて光りを当てられなくてはならないのではないかというような筋でお話してきました。

人間が人間を育てることの根本的な方向というようなちょっとあいまいな言い方をしましたが、たとえば戦争というような事態の中では、実は教育という制度が戦争の目的の為に動員される形になり、なかなか本当の意味の人間の子を人間にするという教育というものの姿が非常に見えなくなる、今もいわばそういう時代だということが出来る訳です。

けれども戦争教育万能の暗黒の時代の中でも、子どもを育てるということの意味は民衆にもわかっていたし、心ある教師にも垣間見られることが有り得た訳です。現在の制度とその運営のもとで、人間の子を人間にするという筋道が仮に複雑に被われているとしても、依然として本筋にかかわりをもつ実践とか営みとかはやはり価値をもって掘り出せるし、又それが今度は新しい未来を創っていく場合の展望点として見出せるのではないかと思うので、そういうふうなものを掘り出す鉱脈のようなものとして習俗というようなものに注目するわけです。

ちょうど今、これも大変飛び入りな仕事がはいりまして、「戦前の教育は私にとってどういう意義を持っているか」とか「私にとって戦前の教育とは何であるか」とかいう課題で、朝日新聞の協力で、広島にある平和教育研究所が体験記録を募集しました。二二〇篇位集まった中から二〇篇位を集めて出すのですが、そこで先程の暗黒な教育受難の時代がいっぱい出てくるわけですが、その中にキラッキラッと光るようなものがやはりあります。本当に人間を人間として育てるという営みが、星のように光っていて、美であるとか真理であるとかいうものはああいうものではないかと思うのですが、それが非常に大事だと私は思うので、現在の制度上の行きづまり、社会の行きづまりの中でそういうふうなものを習俗というような対象物の中にも探って行くという心組みが私にあることをお伝えしたいと思った訳です。

私の研究を今習俗の研究にかかわる限りで申し上げますと、民間教育研究に二〇年以上関心を持ってきました。私の言う民間教育とは、「民間の意味について」という短い文章を『民間教育史料研究』という我々のサークルのパンフレットの中に書いたことがありますが、体制さえもそれなしには済まされぬ様な大きな力とでもいう、そしてその体制とか組織の行きづまりの場合に復元力として働くような力、という期待がそこにあります。

ですから、民間研究とか民間教育とかは体制に対して反体制の教育制度を作るとか、体制に対するということだけに強調点を置くのではありません。それは、体制そのものの中にも実は間違いなくその底の方を流れているようなものであり、体制にはまりきれないでやはりそれにもかかわらずずぶとく並行して流れているような、体制さえも包み込むような非常に長い歴史の波長、ものさしで計ったエネルギーというふうなものを含んで、又それとつながった実践に興味をもって研究していくということを私は試みてきたつもりです。

例えば、ゼミナールで福沢諭吉の研究をやりましたのも、その民間ということに非常に私は関心をもってやったつもりなのです。福沢における民間というものもかなり幅の広いものでして、官に対立する民間というよりももっと広い意味の民間であると私などは理解しています。福沢の文明の定義は、〝精神の発達を活発ならしめること〟と『文明論之概略』には表現されているはずです。文明とは精神の発達史、大衆とか民衆とかいう国民の精神の発達（衆心の発達）を活発ならしめるものという言い方を福沢はしていると思うのです。つまり民衆の体験とか願望とか或はそこから出て来る認識や行動とかが活発に展開されることの中に本来の文明がある、実現すべき文明があるというふうに考えたと思われます。幕藩期のあとを受けて日本の短い「啓蒙」の中で垣間見られる民間の精神への関心からの福沢研究も、そういうこととかかわりを持っていたわけです。

　福沢のあとで柳田をとりあげましたのも、柳田が民衆・常民の精神発達、常民の体験とか願望とか認識とか行動とかを具体的事実の中でとらえようとしている。それもできるだけ民衆自身の自己認識を経たものとして、まるごととらえようという意図によっていることに私は魅力を感じたのです。ゼミとしてここ数年間柳田民俗学などが発掘した民衆の子育ての習俗を対象に取り上げてきました。同時に私共の学問研究の一つのエネルギーをそこから獲得できないかという願望をもちつづけていました。

　では、目下の教育科学研究にとって習俗の研究は何を意味するかということをきちんと考えなくてはならないだろうと思っています。

　この題目に添ってまず第一に考えたいことは、現在の行きづまった文明を人間の発達の相からとらえ直していくことによって、次の発展への復元力を獲得したい。教育という仕事は種の持続という生物である人間に非常に根源的ないとなみに関係をもっていると思うのです。そういう根本的な見地から教育というものを真正面から問題にしたり、そこを出発点にすることによって現代の文明をそういう相から見ていくことが、現代教育科学というものが持っているやはり一つの大きな任務ではないかと考えています。

大変大げさな言い方のようですが、これはやむを得ずそうなるのです。教育というような種の持続に直接かかわるようなことを考えたり、実践したりしている人間にとっては、現代の文明が種の持続にとって非常に都合の悪い面がやたらと姿をあらわしてきている。そこで、やむを得ず現代文明とは何かを問いつめざるをえないような、我々にはとても手に負えないけれどそういう問題があると思います。ですから現代教育科学の文明論的課題とでもいうようなものがあります。もっとも人間発達とか種の持続とかから現代文明を気負いたって告発をする気持だと、とかく今度は被害者意識の方が先に立って、どうも物全体がよく見えなくなるという可能性もあると思うのです。もっと素直に人間が人間として育っていくためには何が必要であったか、どういうこまごましたことが考えられなくてはならなかったか、そうでなければ今の文明すらも成り立たなかったのか、そういうふうな極く基本的、従ってまた日常的に繰り返されてきた退屈な事柄の中に意味を見い出していくということから、結果的にはより深いところから告発することにもなるけれど、それ以上に種の持続を一層発展させる願いの中で今迄の知恵を対象化して考えていくつもりです。ですからそういう意味では大げさなことを言いましたが決して大げさなことをやるわけではなく退屈なことをやる外はなかろうと思います。

第二番目に、我々の現在の教育学は、このゼミで何度か申し上げてきたことでもありますが、欧米の近代文明の中で造られた教育学の伝統をひいているわけです。従って輸入科学、輸入の学問といわれても仕様のないところが今でも沢山あると思います。そういうことから考えて、輸入された教育学を、否定も肯定も含んで、われわれのものとするということを一つ考えていかなくてはならないだろうと思います。

日本の国語の字引をひいてみますと、教育という言葉に対して、〝おしえそだてる〟という日本の習俗のニュアンスを留めているコトバでのおきかえがされていると同時に、〈学術語〉を示す別項で、「成熟者が未熟者に、心身の諸性能を発育させる目的で、……」といった欧米の教育学の定義が使われています。外国語の辞書をいくつかひいてみましたけれど、どうも〈学術語〉として別に定義をかかげているようなのは余り見られないようで、やはり日本文化の持っている一種の断層を奇しくも表現しているのではないかと思うのです。勿論学術用語の概念と一般通念とは違いますから、辞典の中にそういうものがあっても結構なんですが、それでも、日本の学問の生い立ちと考えあわせて、学術用語という改まった欄の設け方が私にはどうも少し気になります。

それはともかくとして、学問用語が、通念とかその国の習俗との格闘の中で概念に洗練されて、ひきあげられていない。習俗と格闘して、そういうものを科学の概念として整理していく、抽象化していくという手続きをちゃんと経たうえで、なおほかほかとその国の習俗、重い民衆の知恵というようなものの温度がある程度保たれているような概念、生きた概念というものがなかなか日本の学問の中では充分に働いていないのではなかろうかという感じがするのです。

特に教育学というようなものの使っている言葉が非常によそゆきの言葉になっていて、一体どこの現実を語っているのかわからないこともあるのではないかと思います。私は概念を否定するとか学術語を否定するようなつもりは毛頭ないわけですが、通念や習俗との格闘の温みをなお伴っているという、或はそれとの緊張を絶えず伴っているということが生きた学問を組み立てる概念として非常に重要なのではないかと思います。

私は概念は広い意味で運動の中から生まれるのだ、運動の必要にべったり従属して生まれるのではないけれども、運動との緊張の中で生まれるのだというふうに今でも思っています。現代の教育科学にそういう緊張を与えていくことがやはり非常に重要なのではないかと思います。これは、一ぺん正しい概念構成をやればそれで済むようなもので無く、常に現実との緊張のなかで、概念は試し続けられなくてはならないと、私は思うわけで、学問を根づかせる、科学を根づかせる、或いはわがものとするということと、教育学における習俗研究とをつなげて考えたいということです。

第三番目に、これもいままで話したことと密接に関係することなので改めて言う必要もないことかもしれませんが、方法上の問題でもあると思いますので、敢て別に柱をたててこれからも考えていきたいと思います。科学的な研究、我々の場合で言いますと教育の科学的な研究は、ドイツ語の

er-kennen つまり教育対象を“er-kennen”するということであります。〝エアケンネン〟という言葉は、三枝博音氏によると、「知り取る」という意味だとどこかで解説していました。つまり観念とか公式という形で暗記しておくものではまるでなく、現実から〝エアケンネン〟する、現実から生に知り取っていく、わけ取っていくというふうなものがやはり科学の方法の重要な姿勢だと私は思うわけです。そういう意味では我々はできるだけ現実そのものからエアケンネンする、知り取っていくという実証的な姿勢を人文科学であっても見失ってはならないと思います。

特に教育思想、教育哲学というようなものは思弁的なものに陥りがちですから、やはり〝エアケンネン〟するという、現実との格闘、実証的な掌握、そういうふうなものを一つの学風として持続させ発展させていくことが必要だと思います。実際上はこのゼミナールででかけていって〝エアケンネン〟するというか、獲得する具合にはいかないことがはなはだ残念なことですが、それぞれに皆さん自身がそういうふうな姿勢の中でもって、それこそ現実の中から掘りおこされた生の諸事実というようなもの、習俗研究の中にでてくる生の現実から教育の概念構成というようなものを仕上げていくことが必要ではないかと思います。

わが国におけるヨーロッパの教育思想の研究は相当程度進んでいることは御承知の通りですが、例えばルソーというような人物がその社会における現実、その社会における習慣や風俗・通念とどういう風に格闘したかという、必ず格闘したにも拘らずその格闘過程を抜きにしてまとまった思想としてこれはルソーであり、これがロックであるというふうな限度における西洋教育思想の研究に留まりがちになっているのではないかと私は思うのですが、それを一歩進めて、ルソーなりロックがどう習俗と格闘を演じたのかというような次元のところ迄降りていって、もう一ぺん思想を試してみることをするのが、われわれがヨーロッパの思想研究を行なうのに重要であると思います。そういう意味ではこのゼミではやりおおせませんけれど、ヨーロッパにおける習俗研究の成果を思想史研究、哲学研究の中にも存分に吸収していくことをしないと、それらを日本の科学の中に根づかせることも難しいのではないかと私は思います。

三　教育研究と習俗

それでは、習俗の研究によって具体的にはどういうふうなことが教育研究にとって有効であるのか、それによって教育研究はどういうふうな問題や問題の解明の方向づけを与えられたか、ということを少しばかりお話ししてみようと思います。しかし、別にそれほど成果があがっているわけではないので、どちらかといえばこれからの課題をあげるということで終わるかと思います。

まず最初に申しあげたいと思うのは、日本で言えば主として明治以後、ヨーロッパで言えば近代以降、意図的で計画的な教育制度というものが成立する。この成立をめぐって、何が重要なモチーフとなって実現したのかとか、いろいろな問題があるわけです。これはそれなりに非常に重要な研究問題です。

ところで、その意図的で計画的な教育に対して、無意図的な教育というような言葉が教育学で戦前から使われています。無意図的な教育というふうなものの中に、いまから考えると教育の習俗というようなものが考えられてよいはずなのですが、しかし、実はその無意図的というものの内容自体はあまり具体的には明らかにされなかった。ただ言葉として、計画的教育に対する言わばその裏側にある概念として、無意図的教育というようなことがやや抽象的、観念的に理解されていたというふうに思うわけです。せいぜい家庭教育だとか社会教育だとかいうものも、そういうカテゴリーの中に含めるというようなことになっていたように思います。ドイツのエルンスト・クリークの『教育哲学』の中で同じような用語がたしか用いられていた記憶があります。

これはある意味で重宝な言葉であるわけなのです。実は、無意図的教育と行っていることのなかに諸民俗の独自な生活及び生活欲求というようなものが含まれているはずで、まだ制度化されないもののもっている可能性というようなもの、(現実にはやはりどろどろしたものかも知れませんが)をもっている。それはだから、かえって具体的なものであるはずです。意図的な教育計画というものは、いかにもきちんとしてそれとして目に見えるものでありながら、実はアーティフィシャルなもの、作為的につくられたもの、ある一面的な目的というようなものが強調されるようなそういう傾向がある。

それに対して、無意図的教育と言われる、いわばどろどろしているもの、制度化されていないもののもっている可能性の中にこそ、非常にいろいろなものが含まれているということが言えるわけです。もっともそのへんの内容については、事実に即した検討が行なわれたわけではなく、戦前に無意図的教育ということを学んだ当時は民衆の習俗ということも私の頭の中にはありませんでした。

この無意図的な教育という言い方で言われているものの実体はなんであるかというと、近代的な教育制度によっては無視され、いわば採用されなかった共同体の営み（教育はもともとは親と地域の管理に属していました。）、日本民俗学でいう群《グン》教育（群《ムレ》の教育）という、いわば近代教育制度の中で位置づけをみい出しかねた亡霊みたいなものがそこにふくまれているわけです。そういう意味では次のものを生み出していくエネルギーがそこでうずまいていることも予想されるわけです。ただ、こういう無意図的教育というようなものを、エルンスト・クリークが後でやってしまったように、民族共同体主義、全体主義の教育の理論的根拠として利用する、すりかえてしまうと、非常に危険なことが起こるという苦い経験を我々はもっているわけです。

私自身の習俗研究の問題意識としましては、民衆の自衛組織、あるいは民衆のコミューン、つまり被治者、治められてきたもの、長く統治と搾取との対象となった、額に汗して働く民衆のコミューン、現代の社会状況からつけ加えると専門家《くろうと》に対するしろうと、というかたちでもって把えていくという観点をも、ちゃんともっておくことが必要なのではないかというふうに思うのです。民衆の共同体というものは、それが歴史の中で未来への豊かな可能性をもっていればいるほど、ちょうど、子どもたちのもつ可能性とおなじように、一方で危険にみちみちたものであろうと思います。可能性をたたえているものとは、つねにそのようなものではないでしょうか。だからこそ、そういうふうなものとして、非常にこわい面をもっているということは自覚しておくことが必要だろうと思うのです。人間の歴史は一般に危機との背中合わせというようなものの中での entscheiden、決断をともなうもの、決まりきってこれはいい可能性をもっている芽だというものが、固定してあるというふうには私は考えないわけです。

ともあれ、こうして、制度化された教育以前の、人間が人間になっていくプロセス、あるいは子どもが育っていくプロセスというものを、種の持続を願う民衆の自衛組織の中にはぐくまれてきたものとして把えてみた場合に、習俗というものが新しい意味あいをもって浮かびあがってくるというわけです。ですから、意図的計画的教育に対する無意図的教育という、いままで観念的にしか理解できなかったものを、もっと具体的に、即物的にとらえられるのではないか。そのことによって、借りものの「概念」ではない、事実と実感との裏づけをもった概念構成ができるのではないか、また我々の長い間の生きる営みの蓄積としての習俗への注目、それを対象化してみることによって、借りものの「概念」ではない、事実と実感との裏づけをもった概念構成ができるのではないか、また実際それが可能であろうというふうに私は思うのです。そこで、ではそういう種の持続のための、実に綿密な民衆の自衛組織の中での子育てとその仕組みといいますか、それへもう少し具体的に立ち入って考えてみることにしたいと思います。

話はちょっと現在のことになりますが、今日、子どもを産んだ方、子どもを育てている都会の若いおかあさん方というのは、家計の中から、妊娠すればお医者さんに診てもらい、お金を払って産着其の他出産準備に必要なものを手にいれる、つまり等価交換で、商品としていろいろなものを手にいれながら自分たちの子どもを育てる諸準備というものをやっている。需要供給の法則、商品交換の法則というようなものが、子どもを育てる要求というものを充足している。そういうかたちでの都市生活の子育てが成立をしているということなのです。

これを農村になお残っている習俗のばあい、あるいはもうちょっと過去にさかのぼっての場合について考えますと、産着を親戚からもらう、あるいは出産するお嫁さんの里からもらいますが、産着をもらうということ自体が、いわば、人間関係の更新というか、再確認につながるわけです。この子が生まれるということを、生まれてから生きていくあとの人間関係のあり方まで見とおしたかたちでいろいろ、行事、慣行がくまれている。つまり、需要供給の法則とか商品交換の法則というようなものよりもパーソナルなもの、人間関係づくりが同時にそこで行われてくる。そこのところが現代は非常に違うわけなんで、さっき申しましたような商品交換の「合理的」な関係のもとでの子育ての傾向が強くなる。一見便利であり、近代的施設に守られているように見えるけれども、実は孤独な状態の中での子育てでありまして、そのために、弱くて、手数のかかる人間の子どもを育てることに耐えられず、子育ての放棄も頻繁におこるのであります。私は、だからといって、これまであった習俗、人間関係を全面的に肯定するとか、こういう状態にもう一ぺん帰らなければいかんというようなことを言っているのではもちろんありません。しかしそういう人間関係が存在をしていた、それによって子育てが長く守られていたということが言えると思うわけです。

こういう綿密ないとなみ、地縁、血縁を通じて贈ったり、贈られたり、一族一統がいろいろな機会に集まるとかいういとなみは、国家権力とか、そこでの教育制度機構のなかなか目の届かないところで在り続けてきた。子どもを身ごもると、その身ごもることを、血縁者として、あるいは地縁集団として見守っていく綿密なシステムがあるわけです。民衆の自衛組織に守られながら子どもを育てていくいろいろな行事、慣行というようなものが、次々に人の一生の間を通じて用意されている。

昨年までこのゼミでもとりあげましたが、みごもりますと、五カ月頃を中心に、里からオビを送るなどの行事がくまれています。この行事は、この子は産んで育てるのだという決意を社会に対して表明する機会でもあります。それと同時に、人間の子どもが生まれるということは、一つの危機的な局面を迎えることでありますから、それにともなう不安をのりこえなくてはならず、またじょうぶに子どもが育つように、そして家が栄えるようにという期待をあらわすものでもあります。こうした決意、不安、さらには期待を一族一統の集団の意志をうしろだてとして表現するのでして、そこに行事が仕組まれているのであります。ですから、こうした行事を通じて集団というものが自己を持続していくための一種の自己制御装置みたいなものが働いている。民衆のコミューンの自己制御装置というようなものの一環として、数々の子育ての営みが生まれていると思うのです。

これらについては、これまでゼミでやってきたことなので、ここで改めてくわしくふれる必要はありませんが、子どもが生まれると、産立飯《うぶたてめし》――一生に三度だけ高盛飯を食べる、生まれた時と、結婚するときと、死するときと――それは人生にとっての大きな山の一つにあたるわけです。そうした最初の山をはさんで、もろもろの人の一生の行事が生まれてくるわけです。「初歩き」であるとか、「七夜」、「名付祝」、「氏子入り」それに「百日《ももか》」といって、子どもの首がすわる時期、だんだんと赤ちゃんという動物が人間になっていき、種の特徴を獲得する折れ目折れ目、というところに行事が仕組まれている。その中でも、誕生祝というのはハイライトである。二本足による直立歩行をしとげることによって、人間という動物の基本姿勢が獲得されるのでありますから、それを社会的に承認してもらう、また其の後の成長と繁栄とを期するものとしての誕生祝があるわけです。

誕生祝のあとからは、三歳、五歳、七歳というような区切りがあり、それぞれにそれに伴った人間発達の特徴などともかかわりをもちながら髪型や衣類に、その成長の節が表現されていくのでありまして、そこでもまた社会的な公認というものを受けている。七歳以後になれば子ども組に加っていって、年齢の違う子どもたちとも一つの共同の動作をはじめる。子ども組の中での自己形成というようなものが七歳以降に用意されている。一四歳、一五歳、一六歳と年齢は一定しませんが成年式があり、ここから若者組の中にはいる、すなわち第二の誕生とでもいうべき区切りが用意されている。

ところで、これらのいとなみというものは、いわば、生物的なものと社会的なものとの交点に存在するようなものでもあるわけです。一方において、種としての人間の特徴の獲得という生物学的側面に対応しており他方その節々を経過するごとに社会の承認をとりつけるということになる。成年式になれば、いよいよ一人前、社会の一人前の人間として承認されてくる。これらが、民衆の自衛組織の一かんとしての子育てのシステムの一部を構成しておりまして、そういうものが、「無意図的教育」というコトバの内実をなしていることはたしかであります。

そのほか、ここでもくりかえし話題になりましたように、子どもを育てるということは一つの大きな社会的な事業でもあるわけです。そこで民衆の子育ての習俗をみますと、生みの親以外にたくさんの仮親を用意するということがあります。生みの親というのは数ある親のうちの一種類で、そのほかにいろんな親が用意されて、一生涯にわたって親子の関係をもつようになっていました。親の厄年に生まれた子だとか、身体の弱い子をわざわざ特定の場所に捨てて拾ってもらい、「拾い親」になってもらって、それまでは、ただの赤の他人であった人と親子の縁を結び、生涯にわたってその縁を維持する、そのほか乳親、名付親、取上親などいろいろな親をつくったのでありまして、いわば社会事業としての教育、子育ての仕組が出来ておりまして、これがまた無意図的教育といわれるもののなかみをなしていたのであります。

ところで、現代の教育行政というような問題を考える場合にもやはり、いま言ってきた教育なり、子育てなりの様相の全体を視野において考えていくということが非常に重要ではないかと、私は思うのです。教育行政というのは、日本なんかの場合においては、国家権力ひとりじめのかたちで、国民の教育の目的、内容、方法まで方向づけるのがあたりまえだという考え方が、ここ百年間通用している。こういう現実の中で、今までのべてきました子育ての様相全体を、生々しく掌握するならば、行政のあり方について、いくつかの問題が鋭く浮かびあがってくるのではなかろうかと思うのです。つまり、国家権力などの力ではとてもひとりの子どもだって満足に育ちはしないのです。それがそうみえるのは昔も今も黙々とそれを支える巨大な力が実はあるのです。こう考えると、かりに国家の教育権というコトバを認めるとしましても、それがもつ限界が眼に見えてくるはずです。そのこと一つを自覚するだけでもかなり積極的な意味をもつのではないかと私は思うのです。

そのように考えていきますと、意図的などと呼ばれているもの、これはいままでは大へんな影響力をもっていることは事実ですけれども、しかし、さっきから述べているような教育の習俗を含めて考えていくと、国家のやっていることは子育ての一部をにぎりとっておって、自らの国家権力の持続に必要な情報伝達機構ないし教化機構のような役割を果させているのではないか、こういうふうなことに非常にせばめられてとらえられるような面が、いっそうあらわになってくるかもしれないのです。むろんそういう要素だけではありませんが、少なくとも、その限界がみえてくると思うのです。

習俗の世界に立ちいってみると、もっときめの細かい、子どもを育てる民衆自身による「管理機構」が浮かびあがってきます。生まれてから一週間ぐらい、長くて三〇日ぐらいは産神様の管理である。お産の穢れをいとわずに、産婦の真近にいつもいてくれる産神様は日本の民衆にもっとも身近な神様でして、一番危険の多い出産後のしばらくは、この神様が、管理し、庇護するのです。そのほかにこういう神様の系として、井戸の神様だとか、便所の神様だとかがあって、うるしの神様だとか、こうした汎神論的な世界観の中の神々が管理する環境の中で、子どもたちは育っていくわけです。それから少し大きくなって、お宮、氏神様の管轄にはいってくるのでして、氏子入りという行事があります。はじめにのべた仮親制度をはじめとしてこういう子育ての管理形態は、民衆が自分で自己防衛の中から生み出した神々によるものであり、民衆自治の中での教育行政であります。そういうものが一方にあるということと全然かかわりなしに今の教育行政というものを教育行政として考えるのでは、やはり不充分でありましょう。

1976年、中津川市の子安観音

四　一人前とは

次に、今まではどちらかというと子育ての管理機構や行事を中心に話したわけですが、そういうシステムがどんな目的で、どんな内容で、どんな方法でもって子どもを育ててきたか、いわばそのシステムの中での教育の体質とでもいうようなものから我々はまだまだ多くのことを学ぶ余地があるのではないか、このことを考えていきたいと思います。

今まで述べてきたようなシステムの中での教育の目標とかねらいとかいうものは何であるかというと、これはかなりはっきりしていて、人間をまず人間にする、という考え方だと思うのです。単なる動物にしない、非人間化しない、まず人間にするということのためにけんめいな努力が払われる。非常に柔軟な可能性をもった人間の子ですから、場合によっては非人間化する可能性さえもあるという危機をはらんでいる。その子どもたちを、人間としての特徴を獲得させる、達成を助けるということにまずなによりもけんめいな努力が払われるわけです。少なくとも、現代の意図的な教育との対照で申しますと、エリートをつくるというようなことは、このシステムでは考えられておらない。

これはむしろ後に、社会の分業化、それも単なる仕事の種類が分業化するということのほかに、身分的分業化あるいは縦の分業と申しましょうか、統治の仕方などと関係した身分的な分業というふうなものがだんだんできてくる。民衆の中に長く継承されてきた教育の習俗というようなものの中では、そういうものはむしろ後から出てきた二次的なものであり、その前にまずすべての子どもを共同体の中で生きる人間にするという要素がそのシステムを動かしている、というふうに言えると思うのです。これを言い直すならば、さっきからすでに使っている言葉ですが、「群の教育」であり、みんなを「一人前」にするということ、それが目的であるわけです。

「一人前」にするということは、ある一部の人間を一人前にするのではなくて、まさにすべての人間に期待される人間たるの資格、全ての人間に人間たるの資格ということが要望される、そういう関係に立っている、と私は思うのです。我々は、観念の上で一般教育とか普通教育とかいう言葉を、近代の教育制度の中で教わりました。それでこの一般教育とか共通教育とか普通教育とかいうふうなことを、近代のシステムのイメージの中でしか我々は理解をしていませんけれども、もし教育の習俗の世界にまで目をおし広げるならば、この一般教育、普通教育というような概念の内容というものを、もっともっと対象を広げて、またある意味で奥行きを深めてとらえることになるのではないかと私は思うのです。

ところで、現代の学校制度の下での一般教育、普通教育というものは、専門化する以前の共通教育、専門教育への手段、準備課程にある共通教育というふうな形でもって受けとめられています。

これは、ルソーなどの考えていた人間一般の教育の理想とははるかに距離が開いてしまいました。ルソーなどが人間一般の教育、いろんな職業に就く前にまずl'homme人間になるのだというふうに言ったときのそのl'hommeの内容というものは、はるかに豊かなものであったというふうに私は理解するのですが、現在の制度ができあがってしまった上での一般教育、普通教育というものは、なにか教科のかたまりのようなものに矮小化された形で、我々のイメージの中に残っているありさまです。もう一ぺん我々はルソーなどの言ったようなものにも還らなければならず、そのためには、我々自身の持物、歴史の経過の中での持物のイメージと照合しながら、ばあいによってはそれと対決しながら、なかみのある一般教育とか普通教育とかいうもののとらえ直しをやることをせまられている、そのように私は思うわけです。

そういう一人前の人間になるためにぜひともみんなの人がそこまで達してくれなくては困るんだ、というふうに社会自身が考えるような内容というのはどういうものであったか。私の思いつくものから申しますと、まず第一に自己保存の方法です。自分の身を守っていく、危険に対して自分を守っていくという方法を親から教えられたり、地域の中で自ら身につけたりする、そういう自己保存の方法というようなものがひとつ考えられると思います。木に登れない子ども、橋を渡れない子どもは一人前になれないぞ、というようなことでいろいろ教育を受けました。これはあとに述べる労働などとも関係をもちますが、とにかく、大自然の中で自分のからだをコントロールできるような、自然の中で格闘して生きていくのに自分のからだをコントロールできるようなものをも含めた広い意味でも自己保存というようなものは、一人前の重要な要件というふうに考えていいのではないかと思うのです。

次に述べることは、一人前の内容として非常に顕著なことで、人びとの間で申し合わせとさえなって確認されていることでありますが、それは労働です。つまり労働についての一人前です。これはそれぞれの社会、共同社会というものが生存を保ち、種の持続と発展とを期するために非常に必要だった。或る個人が労働して飯を食っていくということだけではなくて、その集団そのものの生存のために必要だったわけで、一人前の力量を身につけることによって社会の生産力を維持するという任務を課せられていたわけです。そういう労働というものをめぐっての一人前の力量というものをもつことが、すべての者に期待されたというふうに言える。これにはいろんなものがあって、地域によって皆違いますので、列挙するだけでもたいへんです。草刈りとか稲刈り、稲刈りなんぞは何俵分を一日にできるとか、田の草とり、あるいは一日にどれぐらい臼を碾いて米を粉にするかとか、あるいはソバ播きの場合には一日に何斗の収量を得るだけの面積に播けるとか、あるいは木を割る、木を割って燃料を作る、それが一日に一棚とか棚で表現してみたり、女の人の場合糸とりだと一日一把の糸をとるとかいうふうに決まっていたり、ワラジを作れば一日に一〇足分は作れなくてはならないというふうな一人前があります。女の人は男の半人前か、ないしは七、八分というふうな、労働に関しては、割引きがあります。

三番目には結婚という問題です。これは、結婚という問題は人の一生の一大事でありますから、この結婚をめぐっての知識や技術、その中にはむろん性についてのそれのほか、人間関係、つき合い関係の知識も学ぶのでありまして、若衆組や娘組、ネヤドの施設などが大切な役割を果したのでありました。さらに、このほかにも神事や村うちでのつき合い、村と村とのつき合い関係を理解していく、そういう行事とか慣行というものに習熟していくというようなこともやはり一人前の重要な内容であったというふうに思えるわけです。

これら今挙げましたような自己保存からはじまって労働、結婚、神事、人間関係というようなものは、いわば一人前になるための教育内容であります。それは、実用教育というより、もっと意味が深いように思うのです。それを身につけなかったら損をするというだけの問題ではなくて、もしそれがなかったら、人間としての欠格である、というふうな意味あいにおいてであって、いわゆる実用教育というようなものよりもっと深い意味において一般教育というものが、一人前教育というようなものが考えられているのではないか。

そしてそれぞれが、どっしりした施設をもっていて、労働というようなものの教育は、田畑を使い、家屋、わが家をつかったりして行われたでしょうし、結婚というような問題については、青年宿だとか娘宿だとかいうようなものもちゃんと施設として存在をした。その行事・慣習というようなものは、それぞれ、生《なま》の場というか natural setting の中で、存在をしたというふうに言ってもいいと思うのです。

このように、すべての人々に与えられるということと、そして人生に対して同じ準備をするということと、その目標は、人間としての資格を充実させていくということが原理になっていると思うのです。これはいつかも紹介しましたけれども、ドイツの民族学者のユリウス・リップスという人が、未開民族の間にあるこういう一人前教育、こういう平等な教育は、これこそ未来の、これから我々が発見したいと思っている教育のシステムのあり方を実は先取りしている、暗示している、と述べているのですけれども、そういうある意味では我々の教育形態の未来を暗示するような一人前教育、人間的な教育につながるようなアイディアをもっているのではないかと考えられるわけです。

ところで、この一人前というのはいつまでも続くわけではないので、我々にも定年があるように、コミューンの人たちにもやはり定年があったとみえて、これは地域によって違うのですが、四〇とか五〇とか、あるいは場合によって特に労働力を要する地域では六〇というようなところで定年制があって、それから先は村の夫役は免がれる。祭ごと、お祭りだとか仏事の世話をするということで普通の一人前の夫役を免がれる、という形でもって老人の保護というか、今の言葉で言いますと福祉といいますか、そういうふうなものがあったわけです。ついでに言えば、老人問題のほかに、身体障害者に対するそのコミュニティーの処遇というものも、いろいろ悲惨な面があったかもしれませんが、同時に、そのコミュニティーが世話をする以外はなかったわけですから、そのコミュニティーで、みんなで養うというような慣行みたいなものがあったことも報告されています。

一人前の教育の方法は、一人前にしていくというそのプロセスそのものの中にたどるというほかはないのですが、まず人間の子を十把ひとからげに取り扱うのではないということが大きな特徴だと思うのです。教養学部に、一カ所に押し込んで一般教養をするというようなものではない。またそういう方法ではとうてい伝えられないような性質の文化の獲得が、一人前の資格を得るために必要でした。言葉だけで、文字だけで伝えられるような性質の文化ではありません。ですから労働についても、その他のことについても、十把ひとからげにして教えていくというようなものではなくて、非常に個別的なものであったと、まず考えられる。あるいは極端に言えば、ひとりひとりに即して、ということと以外にはおそらく身につけようがなかった、というふうに言ってもいいと思うのです。だから、今の教育制度ではカバーできないようなものがそこにはあった。今の教育の制度をもってしてはとうていそれに代わり得ないような性質のものがそこにあった、というふうに考えてもいいと思うのです。

いつかもここで報告しましたが、人生の出発点、つまり子どもがうまれた時から、その生まれぐあいによってそれぞれ別の名を子どもにつけた。たとえば、六カ月以内に歯の生える子は「うっちゃり子」というふうに名前をつけたり、親の厄年に生まれた子は「ヤクゴ」、生まれた時の順序、あるいは長く子どもがなくて貰い子をしたあとで生まれた子ども、それぞれに地域によって、いろいろな名前がつけられています。こうして、個別性というようなものが存外この習俗というようなものの中では重きが置かれる。それぞれの子どもの境遇に応じて、この一人前への到達の配慮というものが考えられている、こういうことが言えると思うのです。

それから、これは別のことではないわけですけれども、一人前に育てるための重要な方法として、しつけ、という言葉で表現されてきたものがあるということです。柳田なども、しつけというコトバは本来一人前にするということを意味したんだと言っています。

この「しつけ」というコトバは、動詞形をとって「しつける」として、動物、植物のばあいにも共通に使われる場合があるわけです。「稲をしつける」とか、いろいろの動物についてもそれが言える。それほどにある意味では、普遍的で、かつ自然に根をもつと言えるかも知れないのです。その「しつけ」が、人間を人間にする、一人前にするための方法としても理解ができるわけです。柳田が、「しつけ」というのは道をはずれたときに誡めたり、叱ったりしてコントロールすること、それが表面にあらわれる「しつけ」の姿である、という意味のことを言っています。ですから、戒めたり、叱ったりされないでも進行している大切ななかみが、一人前になるために学習されていることが、既に前提されているわけです。

それはどういうことかといいますと、自分の目と耳とでもって事物を覚えるというふうなことです。この覚えるというのは、覚《さと》るという字を書くわけです。ただ記憶しているとか、そういう近代の学校の中で重い傾斜がかかって来るものとは違って、自分の目と耳でもって事物というものを覚える、体にきざみこんでさとる、あるいは、単に観念としてではなく、感覚や知覚によってかちとっていく、これがむしろ「しつけ」とともに進行している学習の内実といわれるのである、というふうに思えるわけです。

こうした「しつけ」に姿をみせる学習のあり方は、後で学校教育というものが出てきて、これを引きついだというものではない。つまり学校教育によっては置き換えられない性質のものである。だから、たとえ学校教育で、シンボルを媒介とした文化の分かち伝えという教育ができても、「しつけ」というものは、それによって代用はできない、そういう類のものであると考えたわけです。

現代の教育運動のなかで、生活と教育との結合とか、労働と教育の結合とかいうコトバで改めて要求されていることがらというものは、かつては「しつけ」というようなもののなかで、保障されてきたものだというふうに考えることもできるのではないかと思います。現在いわれている、生活と教育との結合にせよ、労働と教育の結合にせよ、民間運動としていわれている立場からいえば、それは実用教育としていわれているのではありません。教育をもっと実際的にせよとか、そういう意味あいでいわれているのではなくて、生活とか労働というものと教育とを結合することによって、単なる観念的な認識を超えた、事物そのものの理解、そういうより高いレベルでの「認識」というものを、教育はあらためておもい起さなくてはならないというような意味あいがあるように思います。

「しつけ」は、やはり近代以後の計画教育、意図的教育がおろそかにした部分の教育のあり方、一人前の育て方、人間教育を回復しようとする意識と重なっているところがあるとみられます。それゆえ、単なるシンボルや観念だけではない、もっと全面的に発達した人間の形成の方法論を含んでいます。ただ本を読むだけという一面性だけではなく、もっとからだ全体をつかってというようなことと同時に、もっとベーシックなところで事物認識をすること――事物認識を単なる観念としての認識というものを超えたもっとベーシックなところから考えてみたいという問題と関係しているような気がします。そういう「しつけ」を、一般の人びとの間で現代使われている言葉に直すと、環境による教育とか、あるいは感化による教育だとかいう言い方でひっくるめて言われているのだろうと柳田は言っています。

「しつけ」というものは、いろいろな形態をとっておこなわれていくわけでして、「しつけ」の形態は、さきにのべたように、はみ出た場合に叱っていくというような現象として、われわれの目にみえてくるというような場合もあります。それから、柳田などが非常に重視したのは、「笑い」ということです。つまり常識を破ることに対する制裁というかたちで、「笑い」というようなものが、一人前の教育において働いたと考えていました。

これに対して、考え方によりますと、そのような共同体の規制に服従させることによって、個性の発達を奪うという現代風の批判の仕方も当然あり得るわけですが、しかし、ここではそのレベルでの問題を問題にするのではなく、もっと「しつけ」そのもののもっている、方法としての特質というようなものについて力点をおいてのべると、今言ったような一人前を育てる方法として、「しつけ」が浮かびあがってくるわけです。もちろん共同体はいろいろ国家権力、ときの支配層に利用されましたから、また個性的なものを抑圧するような方法に、それが使われたということも、もちろんあったことはたしかです。ただそれが、自衛のための集団としての存続というようなことを基本におきながら考えた場合の「しつけ」というものの意味づけを考えた場合には、民衆自身の連帯、公共確信にもとづく教育という観点から、今まで述べてきた評価も可能ではないかと思うわけです。

それから、俚諺といいますか、ことわざの類であります。ことわざの類が、教育的なファクターとして働いたということも、「しつけ」というものの現象形態を示す一つの社会的な事象であるわけです。

それから非常に重要なのは、日常的な言語教育の問題です。言語を通して人間の資格を獲得させる教育という問題です。これは、書いたり読んだりすることも非常に大事なのですけれども、読んだり書いたりする以前の、口から耳への国語教育、つまり、たとえば赤ちゃんに対してお母さんが働きかけることば、意味のないいろいろな働きかけのことばというようなものが、実は子どものなかに言語を形成させるのを助けているわけですが、その口から耳へというような国語教育の下地がなかったならば、文学を媒介とした国語教育も、全く成立する余地もないほどの重みをもっているわけです。口から耳への教育、国語教育というようなものが、実は今日ではむしろいいかげんにされており、十分に自覚化されておらぬというようなことを柳田は言うわけです。

概していえば、しつけという教育の方法は、事物そのものにぶつかっていくなかで、事物を知り、自分を知る、あるいは、自分を事物に対してどうコントロールするかを知る、そのなかで事物の性質をいっしょにつかむという性質のものであると思います。かつて、イギリスの芸術評論家ハーバード・リードが、「平和のための教育」の中で、今の学校の教育でやっていることは、物についての「思想」であり、物についての観念は教えているけれども、物そのものを教えていない、そういう言い方で、現代教育を批判していました。そのようなリード風の言い方の中にある思想は、物そのものを自らの知覚と感覚のなかに受けとめていき、事物と自分自身とをコントロールするということ、またそこを基盤とする認識の成立ということでありまして、そういうものが「しつけ」のなかに含まれているといえるのではないかと思います。

ハーバード・リードは、ポイエシスー「つくる」ということばを使っておりますけれども、そのようなつくることによる教育というものが、今の学校教育のなかで欠けているといわれますが、そのような計画教育の問題と対比してみますと、「しつけ」のなかにある可能性が、今日の教育の方法を考えていく場合にも、ひとつの新しい視野を提供してくれることが考えられるわけです。

この方法に関連して、教育評価という問題があるわけです。評価という問題は、教育方法のいわば有機的一部であります。評価そのものが教育行為であり、逆に教育は評価において成り立つというふうに言っていいわけであります。「しつけ」というものを考える場合にも、評価というようなものが、やはり非常に重要な要素となっていると思うわけです。つまりここでおこなわれているのは、ソフトなテストであって、一人前にするためのテストであります。それは、ふるい落とすためのテストではなく、一人前にしていく資格を具えさせていくための激励と、公共確信にもとづく社会的認証とを含んだテストが、日常生活の中で、またひとの一生を通じて、重要な節々《ふしぶし》のところで注意深くおこなわれているように思われます。

これについては、誕生祝いのときの例などを通じて述べてきましたが、歩ければ歩けて、これは合格であるけれども、あまりはやくから立って歩けると、やがて親をおろそかにするのではないかという心配があるために、わざわざ餅を投げて倒す、ウチタオシモチなどと地域によっては呼んでいる習俗がある。また、歩けなければ歩けなくて、なぜ歩けないかという原因・条件・可能性というようなものを、一生懸命に探求するわけです。今の学力テストが、ただ達成度だけのところで評価を問題にして、原因や条件や可能性というような多面的な評価をやらないのは、人間を人間にするんだという教育の目的がくずれているのだと言えるかもしれません。一人前にしていくんだという、セレクションでない資格試験、人間資格試験、親がやったり、地域がやったりするわけですから、非常に多面的な人間の教育的評価がおこなわれるわけです。

五　おわりに

最後に、一言のべておきたいのですが、それは教育の習俗というものを、いろいろ調査したり、インフォメーションを集めたりすれば、それで教育学ができあがるのかというと、そうはいかないと私は思います。第一に、習俗というものは、非常に、歴史科学的な意味における歴史的な概念、カテゴリーでおさえにくいというたいへんめんどうな性質のものであります。たとえば、成人式ひとつとりましても、若者組の制度というものをひとつとっても、いったい、いつごろから始まったのかということは、ようとしてわからない。ただ、そうしたことが、はるかな時代から持続してきたらしく思われるような、そういう性質のものでもあります。また習俗といわれるものは、あまりにも、日常的なものでありますから、これは出来事でもおこらないかぎり、なかなか記録にならないような、しかも、あまりものを書いたり、読んだりすることのない人々によってたくわえられた、そのような蓄積であるわけです。歴史的蓄積にはまちがいありませんが、そういう性格のものですから、時とかところとかのカテゴリーのなかへきちっと収めきって整理していくということは、おそらく、絶望的ともいっていいようなむずかしい対象物であると、私には思われます。

むしろ、私が理解していますのは、現在成立しているところの専門諸科学、社会学にしても、教育学にしても、心理学にしても、政治学にしても、あるいは他の自然科学の場合においてさえもその可能性があるかもしれませんが、そうした諸科学がつねに対面をし、それと格闘をして自分たちの概念をそれとの緊張の中で形成していくもの、自分たちの概念のたしからしさを確かめてみるとか、あるいは習俗の提起する問題を科学のなかで、どう受けとめるか、いわば科学と常に向い合うことによってその意味を発揮するのであり、科学の反対物になることによって、かえって、その意味と存在理由をもつとか、このような性質のもののように考えております。

したがって教育学のなかで、教育の習俗を集めたり、それだけから何かを抽出したりということだけで一学問分野ができるというほどにも、私は考えていません。やはり、人間についての現代科学の成果を豊かに学ばねばならず、また今まで書かれた記録の歴史についてのしっかりとした見識というものも、ますます鍛えていきながら、しかもその枠をのり越えた民衆の習俗をふくめた現実から常に新しい問題の源泉を求めること、あるいはそれがたたえてきたエトスに感応すること、そういうものとの緊張のなかで概念再発見の活力を取り戻すというような性格として考えていくことが、より適当なのではないかと、私は思います。にもかかわらず、そのようなことの必要は、現代の科学において非常に大きいと、私は思っています。

例えば、歴史科学というようなものも、習俗に目をむけないというと、生きた歴史叙述が出来にくくなってきているということを第一線の歴史学者から聞くほどであります。それはある意味で、現代の科学というものの枯渇がおこっているということ、つまり、一九世紀以来（あるいは産業革命以来）の文明と社会と制度の固着などとも、まわりまわって深い関係があると思います。そういう固定した制度の枠内にわれわれのシンボル操作というようなものが、包絡されてしまっていて、そこのところを、からまわりをしているというようなところがありますから、もっとはみ出たところとの緊張でもって、学問に活力を取り戻すということ、このような要請というものがあるからではないかというように思います。

（一九七四年）

民間教育史と習俗研究

一

一九六〇年代の半ばころから、わたくし自身は、柳田国男らの日本民俗学が発掘してきた日本の民衆の子どもを育てることをめぐっての行事、習慣、観念などについて注目するようになった。もっとも、村や街を歩いて、研究対象としての教育問題を、そこの住民や教師といった関係者から、直接にききとりながら研究をすすめるというやり方は、戦後ずっと続けてきたことであったが、それを長い歴史を通じて民衆がたくわえてきた生きること、育てることについての重い知恵とつなげて考えてみるまでには及ばなかった。

それを、そう考えるようになったのには、ある時突然というわけではなく、はじめに述べた課題、民衆自身による民衆のための教育の創造ということを考えつづける中で、徐《おもむ》ろにそうなってきたものであり、いくつもの理由づけができる。これについては、ほかのところでも発言しているので、繰り返したくはないが、一つの重要な契機は、いまの文明が人間にとっての危機、教育について云えば、種の持続の危機ということから考えなくてはならないような数々の問題に直面しているということ、そのために人間がそれぞれの民族として、その種族の持続のために努力したみちをもう一度ふり返って、それを未来の選択のために慎重にふみなおしてみることの必要、それをわれわれとしては、とりあえず日本人として考えることの必要を痛切に感じさせられるようになっているところからきているのである。

こういうことを、わたくしたち民間教育史料研究会について云えば、いままで通り戦前以来の教育実践や運動を直接に研究対象とすることは、これからもますます続けていくとして、それらの実践や運動が、さきに述べた民衆自身の子育ての経験や知恵、また自らの教育体験というものとどうつながっていたか、教えたものの角度からだけでなく、教えられた民衆の立場から、もっと深くとらえなおされることが、さけられないものになるだろうと思う。そうして、そのためにも民衆自身の教育の習俗などについても、それと並行してでも勉強を重ねることが、大切なのではないかと思っている。

実際「先進的」とされている教師や思想家の実践や運動も、そういう働きかける側の立場の人びとの発言や行動の資料だけをみていたのでは、官側の資料からだけでことを判断することが、片よったものであると同時に、ひとりよがりの解釈になるだろうし、本人たちは「進歩的」と考えていても、一般民衆にとっては、国家のそれと五十歩百歩であったり、逆にマイナスだったりすることがないとは限らない。そのところをもっとつめて、戦前の実践、運動を吟味することが、少なくともいままでは充分でなかったし、それ以上に、吟味するだけの教養(民衆の感情、意識、観念、行動、習慣についての学習)がわたくしたち自身に欠けていたのではないだろうか。こういう吟味力をつけるためには実に多くの勉強が必要で、わたくしなどには、すでに日暮れて道遠しの感さえもするほどである。

歴史的な文献資料について、さかのぼって「民間」の人たちの動きをとらえるとともに、それこそ日本民俗学がやったように、足をつかって身体で民衆とふれ合いながら、ときとばあいによっては働きかけながらの学習が大変重要であると思う。日本のアカデミーにある教育研究者には特にこういう教養が欠けていたので、よほど意識的に努力して励まし合ってやっていくことが必要であろう。

二

そうは云っても、わたくし自身にしてみれば、年を重ねるにつれて多忙なあれこれのかかわり合いが、なかなかに足を村々に運ばせてはくれない。(別に村と限ったわけでなく、足下の自分と自分をとりまく現実でもよいのだが)ややまとまった時間をとって教育の習俗の勉強に出かけたのは、一昨年の春の岐阜県加子母村、昨年の暮の沖縄の国頭村《くにかみそん》、それに今年は中津川市周辺などで、主として年をとった婦人の人たちからの聞きとりによる勉強であった。最後のときには、中内敏夫、碓井岑夫、小林正洋の諸君が、民間研から加わった。

それぞれに印象の深い話をきかせてもらったが、日本中部の山ひだの中の村々に育った人たちと、南の涯の沖縄の山の中に育った人たちとの間に、歴史のうえでのかなり長い断絶にもかかわらず、不思議なほどに、同じ日本の民衆としての共通の特徴のようなものがあり、わたしはそれにうたれたのだった。ある言語学者の推定によれば、弥生時代から古墳時代にかけて、同じ言語を話していた日本人が、日本語と琉球語を話すグループに分離したものと推定されており、其の後、記録の上では七世紀ころから日本本土との交渉はあるものの、沖縄は一七世紀のいわゆる「島津の琉球入り」までは、独立した国として存在してきたのである。

国頭村であった一人の老婦人から「日本からおいでですか」という意味の挨拶をされて、こちらの方がとまどったし、そのわたくし自身が、ホテルの食堂で、「めんそーれ」と大きく朱書されてあるのをみて、それを料理の名前とまちがえて赤面するようなこともあった。それにもかかわらず、ホテルのボーイさんは、真顔で「めんそーれ」というのは「いらっしゃいませ」(免候《めんそうろう》?)という意味ですと、笑い顔一つみせずに至極実直に教えてくれたし、村であった人たちもやはりいかにも実直であり、古くからの生活習慣と感情とを頑固に身につけており、かざりけのないユーモアまで、わたくしが加子母や中津川の周辺の村々であった「山の民」ともいうべき人びとの素質と通ずるものがあった。

つまり、わたくしども都会に住み、生産から離れてしまった変形した日本人が失ったものを、むしろ沖縄と、本土の山の中の民衆が共通に受けつぎつづけてきているのではないかと思うほどであった。まあ日本の民衆の生地というか、地肌にふれる思いがするのである。そのことが、子どもを育てる習俗についても云えるように思った。生まれる以前、本土の五月帯の習俗から、出産のときの産立飯、それから「初歩き」(沖縄のこの地方ではイジャシハジミー〝出し初め〟という)、名付祝(ナーチキ)などきわめて類似しており、それがまた本土の九世紀、あの『古語拾遺』などにも同様の習俗の記述がみられるのである。

こうした習俗を背景にしながら、それぞれ方言が成立するのだが、言語の方は、さきにふれたとおりかなり大きなちがいがみられるようであって、実は古い日本人の言語と根を同じくしているのである。こうした原日本人としての共通の習俗というものが頭の中にあると、例の有名な「沖縄言語論争」などもいっそう深いレベルから理解できるように思えるのである。ここで詳しいことを述べることは出来ないが、一九四〇年沖縄を訪ねた民芸協会の柳宗悦が沖縄方言を無視して標準語をおしつける沖縄県学務課の教育方針を批判するところから、沖縄と本土にまたがる一大論争が展開される。民衆のたくわえたものを破壊しながらの国の政策、当時の国の教育の体質をめぐる問題点が、そこには露呈されている。〔なおこの沖縄言語論争をめぐるほとんど完全と思われる各論者の文章が、一九七〇年刊『那覇市史』（資料編第二巻中3）に収録されている。ついでに、この文書には、作者自身が「抹殺」を表明してきた広津和郎の「さまよえる琉球人」（一九二六年三月『中央公論』所載）の全文が収録されている。〕

とにかく、わたくしたちの民間教育史の研究と民衆の習俗の研究とは、いずれにしてもどこかに密接な接点をつくりながら研究を進める必要があるし、そこからいろいろ新しい問題を次々に発見していくことが出来るにちがいないと思う。いまわたくしの頭の中にあるものとして、民衆が子育てや自らの教育経験について語ったことを集録して、日本民衆の「教育詩」とでもいうべきものを編むことはできないか、ということ、それから、やはり日本民衆の教育についての習俗語彙を、柳田民俗学などの発掘などと併せて、教育学的な解説のこころみをすることはできないか、さらに現代の教育学の諸概念を、いま述べてきた教育の習俗研究を下敷きにして、もう一度組み立てなおしを試みるというようなこと、教育史というものの書きなおしも、上述した観点からやってみたらというようなこと、とても、一生だけでは足りそうもない。多くの人びとと一緒に考えていきたいものだし、民間教育史料研究会をそういう仕事をする一つの場として、ますます発展させることはできないものかと、期待をしている。（一九七五年六月二三日、沖縄戦の組織的戦闘停止三〇周年の日に）

（一九七五年）

子育ての里

阿木は、土へのたゆみないいとなみと、子育てとの里である。

古来人びとは、土に働きかけ、土が生み出す糧《かて》によって生命をつなぐとともに、そこに生きる同胞の持続、種の持続につとめてきた。働くことと子育て、労働と育児とは、人間のもっとも基本的な生活営為である。現代のような複雑な人間の社会生活ではみえにくくなったこのかけねなしの人間のいとなみが、阿木ではなおその生地をわたくしたちのまえに、垣間見させてくれるようにさえ思われた。

阿木の歴史は、土を耕すことの歴史である。変りゆくさまざまの条件のもとでも、そのことだけは変ることはなかった。わたしは、今度の調査での出会い、九〇歳の丸山鎌助さん夫妻のことを忘れることができない。鎌助さんは丸山孫右門の次男に生まれ、一度他家の養子となったが、家風にあわず離婚、本家に帰り、大正二年二八歳できぬさんと再婚、大正三年以来現在地に移住、その間一六五日を要して、荒畑をおこして宅地をきり拓き、辛苦の貯蓄三八五円で住宅を買いとる。荒壁

1974年、阿木の調査で丸山鎌助さんと

などの造作はすべて自分たちでやり、屋根は板ブキ、間口八間、奥行四間、畳八帖、戸障子の外は造作さらになしというところから出発する。加入金二五円植樹地代一〇円を払って、ようやく部落の独立した一戸として認められる。宅地と付近の原野一反歩のみは丸山の本家より譲りうけたが、他は山林、原野を自ら安く買いうけて自らの汗で農地にかえ、以後、文字どおり血と汗での開こんと勤倹節約にこれっとめての貯蓄を重ねて一家を創設する。この一家創設の辛苦の歴史は、「家宝」と名付けた当時からの生計記録の中に、めんみつに記録されていた。それは、たしかに阿木の歴史のわずかな一時期の一人の自作農民の家づくり、辛苦の歴史なのだが、この村の気の遠くなるような歴史の圧縮された一こまともいえよう。

この苦難の土とのとりくみの歴史の中に、子育ての苦労は、とりわけ母親の辛苦はわかち難くくみこまれていた。開墾で掘り出した石の上での子育て、ありだらけの赤ン坊、そうでなければ、部屋の柱にしばりつけての田仕事、帰ってみれば、縁の下、しきいのところまで這い出した赤ン坊、むごくきびしい子育てではある。しかし、貧と労苦の中で、たゆみなく糧をつくり出し、子を育てあげることへの夫婦、家、そして地域の配慮はたえることなくつづいている。いくらか簡略化されてはいても、日本人の子育ての行事、慣行が、生まれる前、生まれ出て、そして成人するまで、めんめんと続いている。

阿木は、こうしたきびしい人間の労働と子育てとを守る神々にあふれている。おそらく人間わざ、人間と人間との協力でも、なお充分でなかったのであろう。氏神、八幡神社をはじめ、仏寺、子育ての観世音菩薩、お稲荷さま、七福神、お地蔵さま、ありとあらゆる神々は、土からの糧の豊穣と、子育ての安全を祈って、村のいたるところで人びとにかしずかれている。その一つ、村の中に血洗神社と名付ける社がある。その由緒に、「往古或る大神此の近くに御子を産み給ひ、胞衣《えな》を洗ひしに、水赤くなりたり。此の池を血洗池と云い伝ふ」とあり、さらに、「大神産後御気色いとさわやかにて、岩に腰掛け安気し給む」、そこからこの地を「安気の里」と命名したという。安気は安岐を経て、やがて阿木の地名ともなったという。

わたくしたちは、こうした典型的な日本の民衆の生きてきた境位とも云えるこの阿木の里で、人びとの生きざまと、それとのかかわりでの子育ての習俗を問うてきた。それは生易しい仕事ではない。だが、日本民衆の生きざまの中に、子育てと教育の姿をとらえようとするわたくしたちにとって、これから描きあげていこうとするものへの一つの習作、デッサンの一枚と考えることはできよう。これからの教育学を学ぶものは、こうした日本の民衆の生きざまと、その中での種の持続のためのいとなみについて、数かぎりない多くのデッサンを重ねていかねばならない。

民間教育史料研究会「教育習俗調査報告」

（一九七八年）

第11章　地域住民の教育参加

――中野区教育委員準公選運動をめぐって――

解説

一九八一年に発足した中野区教育委員準公選は第三期九年目を迎えている。この文章は第一回目のハガキによる準公選が終り、ときの青山良路区長がその結果をふまえて教育委員を発表した時点で書かれた文章です。

八九年六月、第一期の俵萠子さんのあとをついで第二期教育委員長を務められた法政大学の山本正明教授から準公選八年間の話をうかがいました。任命制教委とのちがいは、臨教審の提案を通じて文部省通達に及んだ教委活性化への対応の悉くが、文部省が強硬に反対している準公選中野区では、全く自主的に既に実施されているという皮肉な事実も指摘されていました。それどころでなく、徹底した議事録をふくめた教委の公開制の実施をはじめ、たとえば中学生の自殺という事態で全国的に報道された中野区富士見中学校の事件も、学校、父母、地域総がかりで区民全体のガラス張りにした事件への対応が、みんなで教育の在り方を考える契機として発展的に対応が行なわれていることも知ることが出来ました。準公選になったからといって、日々の教育の質が一きょにかわるということは期待するほうが無理です。「学校のカベは厚かった」という俵萌子さんの述懐は、それを引きついだ山本教授も同様だったといいます。しかし教育行政の在り方、教育委員会が地域住民と開かれた関係におかれているようになったことから、長い眼でみると、学校を含めた地域の教育の体質を変えていくうえで、大きな役割を果しつつあることは事実だと思われます。

中野区準公選運動へのかかわりは、何度かの集まりに話をすることを求められたり、何度かの声明に名をつらねたりという程度のことですが、この実施責任者であった故青山区長との区長室での対話なども、いまではなつかしい思い出となっています。子育てをめぐり総がかりの人間関係づくりの一つのモデルが、ここには見えはじめています。しかし、この秋には自民党が準公選制の廃止を区議会で試みようということも云われています。準公選を進めようという市民運動も出来てはいますが、中野区につづくものはまだあらわれてはいません。困難は山積してはいますが、決して無駄な試みだとはいえないと思います。準公選実施第三期九年目の今日も、私はなおそのことを確信しています。

希望とは、もともとあるもの、ともいえぬし、ないものともいえない。それは地上の道のようなものである。もともと地上には道はない。歩く人が多くなれば、それが道になるのだ。

（魯迅『阿Q正伝・狂人日記他十二編』）

一

ともかく、中野区民は歴史に残る仕事をやりとげた。準公選がこれから後もこのまま持続し発展していくかどうか、そういうことはわたくしにもわからない。しかしこのいまの時点、つまり一〇万という区民が、権力の干渉にも屈せず、地域の教育について意志表示をあえて行なったということの時点で、それまでの長い曲折を経たじつに多くの人びとの努力の跡をも含んで、すでに歴史的な事業としての意味を充分にもつとわたくしは思う。

わたくしたちは、一九五六年六月二日、参議院本会議場に警官隊出動という空前の事態のなかで、教委公選制の廃止をきめた地教行政法案が通過し、それ以来教育の国家統制が着々とすすめられることとなった事実を決して忘れてはいない。それほどに、公選制の廃止は、日本の戦後の教育行政の転換をもたらしたじつに大きな契機ともなったのである。したがって、中野区の教育委員準公選をめざす区議会への住民の直接請求、そうして二月二五日を期限とする「はがき」による住民投票を経て、それを参考とする区長の新教育委員の任命までの過程を、あの公選制廃止の無念さと結びつけて、いわば復権ないし失地回復への動きとして理解しがちである。そうして、そのように考えることが決してまちがいというわけにもいくまい。とくに文部省などは、現行地教行政法の定める自治体の首長の専断権をおかすとか、住民投票が地教行法の立法趣旨である教育の政治的中立の維持をゆがめるなどの点をあげて、公選制を廃止した現在の地教行法に違反するという見解を表明してきた。つまり公選制へのまきかえしととったのであろう。

しかし、中野区の今回の教育委員準公選実施の過程の全体に眼をすえてみると、わたくしは公選制存廃をめぐっての力を交えた議会本会議場でのあの激突のときの状況と、今日の状況との間には、国民生活に大きな変化がみられることをつくづく実感する。それはどういう点かというと、任命制への転換後の二十数年の間に教育が地域住民の生活の質にかかわるものとして、切実に受けとめられるようになったということである。このことを、中野区の区民投票についての条令可決後に出来た中野区教育委員選任問題専門委員の「報告書」の文章を借りて表現するとこうなる。「教育はすぐれて地域における人間生活の問題であるという考え方が忘れられてはならない。すでに戦後の教育改革において、地域生活の中で教育を考えていくということが意識されたのであったが、それがようやく地域住民の社会的力量に支えられるようになってきたのが、一九八〇年代を迎えたこんにちの状況であるとみられる」。

この専門委員の判断は、教育が地域における人間生活の問題だという自覚が、地域住民の社会的力量の支えにおいて、いまは成立しているということである。わたくしはこの意見に賛成であり、七〇年代以来、そういうものとして人びとの教育認識の力量を評価してきたつもりである。敗戦直後、わたくしなどが試みた地域教育計画のばあいはもちろん、既述した二十数年まえの教育委員の公選、任命をめぐる激しい攻防のなかでも、なおこの地域住民の生活問題の一環としての教育の認識の支えは、充分に熟していなかったといってよい。それは保守・革新の間の政治問題としてのつばぜり合い、せいぜい学問・文化・教育をめぐる知識人の危機感を刺戟するものであったにとどまっていたと思う。実際一般の庶民生活は、なお貧乏からの自由、欠乏からのがれることにほとんどすべてのエネルギーが向けられていた。生活の質を問うまでの余裕もなかったのである。

たしかに、その後今日までにいたる日本人の生活は大きな変化をとげた。一九五〇年代のおわりには日本人一人あたりの国民所得はイギリスの二分の一にも達しなかったが、八〇年代にはほとんど二倍となった。消費水準は著しく向上した。ようやく生活の質について考える余裕も出てきたことはまちがいない。しかしそれだけではなかった。経済成長がもたらした自然破壊、公害汚染、エネルギー問題から人間精神の退廃の問題にいたるまで、それらによってわたくしたちの生活は直撃されるようになった。人びとはこの面からも生活の質をきびしく問うことをせまられた。日々の生活においてその基盤である衣・食・住の一応の充足に加えて、健康・福祉・子育てと教育の問題が全体として吟味の対象とされるようになった。これらの問題、生活の質の問いなおしにあたっては、世界における日本の役割にもかかわる深刻な問題として受けとめなくてはならないのだが、しかし、とりあえずはそれを直接にのせている地域社会での生活を無視することは出来ない。

こうして、子育てと教育は、わたくしたちが吟味を迫られている人間としての生活の質への問とかかわって、問いなおされるすう勢が、中野区にかぎらず全国的に拡がってきていたのである。わたくしがこのことを実感するようになったのは、一九七九年の「国際児童年」を境に、あるいはそれに先立ってすでに生活協同組合などが、子育て、教育を切実に問題にしはじめていたということからである。便利、割り安の品ものを手に入れることをめざしていた生協運動が、安全食品や洗剤追放などとならんで、ようやく生活の質にかかわる子育て教育に、かなり強い関心をむけたことを自覚するようになっていた。生協を支えている若い主婦たちが、生協の活動をそう方向づけたと言ってもよい。その関心のなかには、子どもたちが有利な学校に進学して、安定した社会的地位につくことを期待する関心もむろん強かったが、しかしそれと同時に、孤独な子育てにともなう不安、子どもたちの勉強を期待し、〝おちこぼれ〟を恐れながら、自殺・非行など子どもの生き方の未来にたいする不安がつきまとっていた。

母親たちにとって、したがって父親にとって、子どもたちは孤独な育児期をおわると、もう自分たちの守備範囲をはるかにこえて、手のとどきかねるところに行ってしまう。父母の手をはなれて子どもたちが委ねられる教育組織は、国家やそれに従属しがちな教育委員会、一般住民の意識としては、おえら方の管理のもとにおかれていて、自分たちの手でどうなるものでもないと受けとめられる。そのうえ、マスコミは親たちのささやかな子どもたちへのはからいにおかまいもなく、ラジオ・テレビ、活字メディアをとおして、子どもたちを遠くから支配している。塾だ家庭教師だとあれこれ負担のかかる努力を親なりにしてはいるが、けっきょくわが子は巨大な教育制度、マスコミュニケーションのかべにとりかこまれていて、親はただはらはらして見ているばかりである。そのうえ、子どもたちは、大人にとっては便利でも、危険な環境にとり囲まれていて、いつそれが凶器となって子どもを傷つけるかわからない。これらにたいしても今日の父母ははなはだ無力である。しかもかつての古き共同体を失った彼らは、いまではただ孤独に子どもを見守るほかはないのである。せんかたもなく、父母たちは孤独な不安といたずらな焦慮のなかに生きる。子どもへの両親の「過保護」は、むしろ少なからずこの社会的な「無保護」状態にたいする自己防衛に起因している。

日々の生活の質の一部であるこうした子育て、教育をめぐる問題のとりくみに、何とか手がかりを求めたいという欲求は、いまではわが国のじつに広範囲の人びとの意識下に潜在している。当面はなおバラバラにされ、孤独のままであっても、何とかそうした欲求充足へのめどが形として、組織として表現されることに潜在的な期待をもっているといってもよいと思う。中野区の教育委員準公選制の出現は、それまでのそこでの住民運動を含む曲折した格闘のなかでたくわえられた住民の力量があってのことであることは言うまでもないが、同時にそういうじつに多くの人びとの胸にこもった願いとつながってのことであることは、まちがいない。

二

中野区の教育委員準公選の運動過程での主婦岩崎君江さんなどの経験から学んだことは、運動が今日の生活の質にかかわる問題に発想しているところから、その性格が、既成の政治活動とは質をことにした姿をとって展開しているということである。支援の学者グループなどの表現では、教育の政治的中立をおかし、政争の具と化するという文部省すじなどの批判をおしきる論理として、区民投票への活動は政治的活動ではなく、文化的活動だと規定している。しかしあるいは住民自身の生活改革運動といった方がより包括的かもしれない。そうして、これまでの政治活動、既成政党の草刈場のようなものとはまったく異質の、だがやっぱりきわめて新しいタイプの政治活動であることにはかわりはない。

岩崎さんは一人の主婦として、PTA活動などを通じてごく自然に教育への関心を育ててきた人である。今度の準公選の区民投票にあたっては、やはりPTA活動を通じて中野区のために努力してきた主婦の一人を、教育委員候補としておし立てた。マスコミに名を出すこともないほとんど無名の主婦だから、区民に顔を知られた前教育委員や著名な評論家、市民運動家などと肩をならべて競い合うのでは、二〇万を超える有権者を対象とするこの地域ではまったく不利、はじめからあまり勝目はなかった。票集めの方法などについては工夫を重ねるほどの才覚もなければ関心もない。出入りしている新聞記者の方が、これではだめですよ、スケジュール表をつくって、と見かねて教えてくれるほど。呼びかけて集まって話をきいてくれといっても、集まってももらえないところから大部分のエネルギーは戸別訪問、つまり住民の日常生活の内面にとびこんでいくという方法にそそがれている。これは、立ち会い演説、一定数のビラなどとともに市長と候補者との協定で認められている方法である。電話でこちらからうかがいますと相手に了解をとる。なかには「まに合ってます」と断わられることもあったが、話しこむうちにまわりの主婦も集めて話し合おうということになる。まったく手づくりの方法だが、生活の質のなかにくいこんだ教育のようなデリケートな問題を議論するのにふさわしいやり方がとられている。教育政策というより、孤独でバラバラにされている主婦たちの悩みをききとってつなげる、そのこと自体が立候補者にとっても、また働きかけられる側にとっても、そのままいまの生活のなかで意味をもっているのである。一カ月の間に三二五〇世帯を歩いたという。「教育談義は票になりませんよ」という「くろうと」すじの「忠告」まであった出発だったが、どうしてどうして区民の間に教育談義を深める「文化選挙」がこうしてすすめられたのである。

　生活の質を問うことに根ざした区民投票運動の過程でみられる印象的な事実は、以前から教育委員だった立候補者の姿勢にも変化がみられるようになったという。具体的な地域の生活のなかの教育論議を市民との間でかわしていくうちに、はじめは「教育委員会事務局にやらせます」などという答え方をしていた人が、まず自分が区民の側に立って考えなくてはならないという反省を示してくるようになったと、岩崎さんは観察している。こんなことは既成政党にしばられた通常選挙のばあいにはありえないことである。どうしたら主張をとおせるかの一本で強引に通していく。生活から出発するより、政党の政策、方針から出発する。それに対して、区民投票運動のばあいには、生活の質の一部となった子育て教育論議から、住民の悩みを反映した対応が運動の過程で新しくつくられていくのである。最後の立ち会い演説会のとき、なみいる立候補者の話にききいっていた岩崎さんの推した主婦立候補者は、自分の番がまわってきたとき、もう自分のおかれている立場を忘れてしまって、「いままでのご意見をきいていると、みんな区民サイドに立った立派な考えをおもちで、誰が推せんされてもかまいません」と言ってしまって岩崎さんたちをかえってあわてさせたという話であった。この主婦立候補者は八人の候補者のうち第五位、それでも六〇〇〇票以上の票をとって落選したが、大変な善戦であった。

三月六日、区民投票をうけて新たに区長によって任命された教育委員三名を含む最初の教育委員会では、間近にせまった学校の卒業式で行なう教育委員の祝詞が話題にのぼったという。これまでは事務局のつくった文章が教育委員によってよみあげられたのだという。自分のコトバで呼びかけたいと主張する新しい教育委員の発言に、目と目を合わせてうなずきあうようにして、傍聴席の岩崎さんは思わず心のなかで「そうだ、そうだ」と叫んだという。自分たちの力で生み出したものが、そこでふき出しているという実感なのである。

三

中野区の教育委員準公選の運動をすすめた一人の主婦の観察を通じて、この運動にみられる特質を考えたわけであるが、この一主婦の背後にじつに多くの人びとの知恵が働いていることは言うまでもない。何よりも教育委員公選制廃止以後、教育の国家統制の進行のなかで、敗戦をかみしめて再出発した憲法・教育基本法の精神をよりどころとする戦後教育理念を守るために戦いつづけてきた人たちの蓄積してきた知恵は、この運動の一つの核であった「中野の教育をよくする会」に集まった人たちによって、うけつがれてきた。教科書や学テをめぐる論争、法廷にまでその決着がもちこまれるという屈折したいきさつのなかで、おそらく国家の教育権に対峙した国民の教育権の思想などは、この運動をすすめる人たちの大きな支えであったことは言うまでもあるまい。そうでなければ、文部省が地教行法違反として一言ケチをつけただけでも、このこころみはたちまち潰え去ったにちがいない。だがこうした反権力、教育の自由を求める遺産がどれほど正しく、かつ貴重なものであったとしても、既述した市民・国民の胸に発酵しつつあった生活の質の有機的一部としての子育て、教育への関心の存在をぬきには、この運動の成果はもたらされなかっただろう。岩崎さんと彼女も推した立候補者らのこの運動のなかでの活動は、それがそのまま二つの大きな力の接点を形成するものだったと、わたくしには思われる。

中野区教育委員準公選制は、その制度自体が区民の教育意志を教育委員会という行政組織に反映させることで、教育行政への住民参加に道を拓くという意味をもっている。だから任命制によって、切りはなされていた教育委員会とその地域の住民との間のみぞに、何とかパイプをとおすことが出来たとも言えよう。このような制度、ないし類似のこころみが全国各地におこるようなことになれば、目下のわが国の教育行政機構に大きな打撃をあたえることになろう。しかし、そこまで考えなくてもすでに準公選制を実施に移したこの時点で、住民の教育参加をめぐって、多くの問題示唆を与えてくれているように思う。とりわけ運動がすすめられる過程で、いろいろなレベルでの教育参加の仕方、形態が萌芽的に提示されていることは注目されてよい。

まず第一に情報公開を求めるレベルでの教育参加である。現行の行政機構のなかでも、教育委員会の傍聴はすでに住民に保障されている。岩崎さんが最初に使用した傍聴券は変色したものだったという。住民としてのわたくしたち自身の権利行使の意識の弱さも反省させられるが、中央の上意を下達し、それによって学校や教師を上から管理することに馴れた行政側には、住民の意向反映への積極的努力なども失せ去ったことのあらわれでもある。そうしたなかで、この住民投票を求める運動のなかで、立候補者の一人が、教育委員会のもつ情報の公開を約束していることが注目される。既存の権利をフルに行使しながら、すすんで行政の情報を求めることが、わたくしたちの教育参加への第一歩である。この点は地域の教育委員会にかぎらず、中央にある教育関係各種審議会の議事録公開など、運動の展開につれて、さまざまの接近法が考えられる。教科用図書審議会の議事録などは、検定制度が検閲でなく、「教育的配慮」を目的とするという文部省側の言い方が正しいのであれば、秘密にする理由は何もないはずである。「期待される人間像」が発表された年の東大五月祭で、わたくしは森戸中央教育審議会会長に議事録の公開をせまったことがあるが、当時はうけ入れられなかった。生活要求に根を下ろしつつある子育て、教育への国民的関心はやがてこうした障壁を突破するだろう。

第二に任命制であるのは教育委員会だけではない。右にのべた中央にある教育関係審議会はことごとく文部大臣任命の委員で、すべて官僚ペースできめられる。審議会は官僚のかくれみのと一般に言われているが、それでも米価審議会や社会保障制度審議会、医療審議会などは、生産者・消費者・中立系など、利害関係から代表を選ぶよう配慮されているが、教育関係審議会では、教員組合の代表や学会代表も考慮されていない。どんぶり勘定、文部官僚のさじ加減できまってしまう。教育は権力と官僚に掌握されている。教育における住民参加という点からみて、この点はもっとも大きな問題点である。地域の教育委員の準公選の運動原理は、当然こうした国レベルの問題にも発展適用されることになる。わたくしたちが、これから運動として追究しなくてはならないのは、とりあえず審議会委員の任命や審議会の審議に、国民の教育意志を反映させるためのねばり強い働きかけを行なうということである。そうしてすすんで教育問題のように国民の生活に直接につながっており、長期の展望を必要とすることがらにあっては、父母、教師、専門家、行政の代表などからなる協議体をとおして、ねばり強い合意追求のなかから、国や地方自治体の教育政策が打ち出されるような姿にならなければならないと思う。

第三に、こうした教育における住民参加を求める運動は、たんに既存の教育行政機構の運営に住民の意向を反映させ、さらに一歩すすんで、政策決定や教育運営に参加していくということにとどまるものではない。中野区教育委員準公選への立候補者の一人は、立候補の弁のなかで、〝教育からの世直し〞の第一歩をというコトバをスローガンとしてうち出していた。わたくしはわたくしなりに、このコトバの含むものに重い期待をかけたいと思う。教育における市民参加の問題は、究極において何に参加するのかということである。それはまちがいなく一人ひとりの子ども・青年の発達に、父母、教師・行政者らが対等平等、それの固有の役割に応じて参加することである。言いなおすと、子ども・青年の自治を助ける大人の責任を果たすことへの参加である。中野区教育委員準公選への運動は、政治的活動ではなく、教育談義を通じての「文化的活動」として行なわれたことが、当事者たちによって終始口にされてきた。たしかにそれは直接に権力の座を獲得するための活動という意味での政治的活動ではない。政治は力を原理とするが、文化や教育は理解を原理とし、自由論議、多様な諸価値の共存を保障し合うというほどの意味ではないかと思う。わたくしは、政治活動が力を原理とするということであってよいのかという疑問はもっている。究極的には政治も子ども・青年・大人のすべての自治、一人ひとりの人間の権利の実現に奉仕すべきだとも思うのである。もちろんこれは一きょに求むべくもないことであることはたしかである。

だが、子ども・青年の自治の保障への参加という意味での「教育参加」は、新しい政治に道を拓く一歩であることはたしかなように思われる。それはたんに新しい政治のあり方というより、わたくし自身他の論稿で何度かふれてきたように、子ども・青年の発達を保障するための人間関係の創造は、目下のいわゆる先進諸国とよばれる国々での文明、社会問題の最大の課題の一つである。共同体を喪失し、教育制度を国家の独占に委ね（とくにわが国のばあい）、制度枠をはずれた残部は商品関係のなかに放置したままになっている目下の子育て・教育は、そこから、当の文明と社会の存亡をゆすぶられはじめている。子育て・教育＝種の持続を営利の対象、手段とすることで、その文明と社会とが腐敗しないはずはない。

わたくしは、中野区教育委員準公選の運動のなかでの「文化的活動」とよばれている運動のすすめ方のなかに、それがたんに既存教育行政の住民参加ということ以上に、新しい子育て教育、人間の発達保障をめぐる人間の協力秩序を創造しようとする萌芽、「世直し」への展望をよみとることが出来る。中野区教育委員準公選制にたいして「文部省のとっている態度が何よりも教育政策の腐敗を物語っている」という率直な一学生の感想（「教育の万華鏡」――一橋大学一九八〇年度藤岡ゼミ報告――より）は、教育政策の語を、政治・文明・社会のどれにおきかえても通用するように思う。

（一九八一年）

第12章　地域に開かれた大学をめざして

――都留文科大学と都留市民――

解説

一九七七年一二月から一九八三年一二月までの六年間、私は東京大学を去って、都留文科大学という教師の育つ大学で仕事をすることになりました。大学「紛争」への対応の責任、とりわけ多くの学生諸君を傷つけた思いから、いつかは東大を去ろうと思っていたところだったのです。それによって免罪というわけではは決してないけれども、この山の中の小さな大学からの招きには、よろこんで応ずることにしました。富士山の北麓、空気よく、水よく、健康なよき学生諸君にも恵まれ、古くさくいわゆる「封建性」も強いと云われる土地がらとはいえ、地域の人びとが身を寄せあって生きるこの地域の大学での仕事は、東大時代にくらべて私にとって手ごたえのあるものに思えたのです。何よりも学生たちとの出合いに一番力を注いだのでしたが、地域の人たちとも出来るだけ接触の機会をもつ努力をしました。大学周辺の自治会の人たちとの話し合いもしましたし、学校、幼稚園、公民館などとはもちろん、市内の各種団体の招きに応じて話もし、大学への理解も求めてきました。月一回は市長と昼食を共にして、意見を交換しました。議会でも講演をし、都留市全体を「自然博物館」にしようという提案もしました。うまくいったこともあり、どうしても折合いのつかないこともありました。

この文章は、地域に大学をつくろうという気運が高まり、私たちの大学への参観者もふえるような状況の中で書かれたものです。企業誘致にかわる大学誘致によって、地方都市の活性化をめざそうという意図のものが多かったように思います。そういう方々には、大学の誘致によって市の収益を高めようということを目的としても、おそらく期待はずれだということと、それよりも若ものと大学のもたらす何がしかの文化との共存によって、市民の内面からの豊かさを期待する方が本すじではあるまいかという趣旨で、参観者との交流をするようにつとめました。現在の企業誘致とは本質的に異なる発想を、いわゆる「大学誘致」に求めたい思いだったからです。学問の質がかわることと、人間にとっての、また自然にとっての地域活性化の意味とがつながるようなものが連動したものでありたいとする念願からであったのです。

私たちのここでの仕事は、真理の探究ただ一すじに民衆に奉仕することであり、人びとを、心の奥深いところで、自由にし、かつ結びつけ、真の民衆自治の確立に毎日精を出すことである。

（都留文科大学プロスペクタス（一九七八―一九八三年））

一　小さな学園都市

都留市は山梨県の東部、甲府盆地の「国中《くになか》」に対して、御坂山系の東、「郡内《ぐんない》」と呼ばれる桂川の谷間にある人口三万二千の市である。東京都の西のはずれ、八王子は新宿を出た中央線の急行・特急の最初にとまる駅であるが、そこを出て三〇分もすると小仏峠の下をくぐって、大月につく。そこから富士山の登山口富士吉田市を経て河口湖町まで、富士急電車が走り、桂川の流れに沿うて谷間をくねくねと山麓へと登っていく。都留市は大月と富士吉田の中間にある古めかしい町である。もっとも一五九四年、浅野氏重が築いた勝山城跡があり、郡内藩の城下町として発達、廃城を経て谷村《やむら》代官所が設けられ、郡内地方の政治・教育文化の中心地でもあった。経済的には甲斐絹《かいき》を中心とする郡内機業の中心地でもあった。いまもそれは受けつがれてはいるが、零細家内工業が大部分、年間三〇億程度の生産額である。大月から都留に入るところで、「織物と学園の町」という標識めいたものがあるが、その学園は、都留文科大学を除いてはむろん考えられない。

この町に北は北海道から、南は鹿児島、沖縄まで全国から満遍なく若者が集まってくる。二三〇〇の学生たちの中で、山梨県の出身者は三〇〇名ちょっと、九〇%以上が確実に大学周辺の市民の下宿に住みついている。春・夏の休みには、大部分の学生がそれぞれの出身地へ帰っていき、町は静寂そのもの、食料品店、日用品店はお手上げとなる。大学と学生たちの都留市での消費は十数億に及ぶから、都留市への経済的貢献は決して小さいものではない。その上、学生たち若者としての活力は金にかえがたいものがある。大学の存在によって、都留市は甲府と富士吉田とならんで、ようやく過疎をまぬがれている。実際大学の休暇中は、都留市は一時的には過疎の町となる。四月あるいは九月のはじめともなると、降って湧いたように北から南から若者たちが帰ってくる。町はあらゆる意味で生気をとりもどす。

こうして学生たちの潮の満ち干は、都留市民の生活のリズムそのものに影響する。こうした風景は、大都会に集中した日本の大学には、これほど極端なものはみられないだろう。ちなみに大学をもつ市で、わたくしたち都留市のばあいを除いて次に小さいのは、高崎経済大学をもつ高崎市で、人口は二〇万をはるかに越える。三万二千の人口の中で二三〇〇の学生の占める割合は、ほぼ一四人に一人、人口の約七％にあたる。

既述したとおり、学生たちは全国からやってくる。わたくし自身の感触では、大都会の中産以上の家庭というより、地方の中流乃至それ以下の家庭が多いように思う。おそらくこれはまちがいないと考えている。それはこの大学が、のちに簡単にその設立以来の歩みをふれるところで述べるつもりだが、多くの小学校教員を育ててきたということとも関係がある。実際、学生たちへの家からの仕送りは四万五千円とか五万円とかいう程度のように思う。あとは奨学金とアルバイトで、一カ月の生活費を補う。女子学生はとりわけ自炊が多い。東京の学生生活の三分の二ぐらいの費用ですませている。授業料の方もできうるかぎり低額に押えてある（一九八二年度一四万五千円）。実にしまりがいいというか、つつましいというのが学生たちのくらしの一般的な空気である。それでも生協などできいてみると、学生たちの住居には、年々冷蔵庫、ステレオなどだんだん豪華にはなっているという。

学生たち自身にきくと、学生はやっぱり一般市民生活から離れていて、密接なかかわりはないという。おそらく日常生活の意識としてはそうであろう。また学生と市民相互の間の意識は、ほうっておいても密接になるというものではない。学生たちにとって、都留市はこの四年間の仮の宿であり、市民にとってはしばしの客かも知れない。しかしそうはいっても、事実のうえで彼らは相互に密接に依存しないと一日も生きられないという現実もまた事実である。この意識と現実とのずれは、それこそ学生にとって、そして大学にとって、この小さな学園都市の問題と課題、現実と可能性とをそのまま示しているといってもよいであろう。

二　都留文科大学の生い立ち

都留文科大学は一九五三年に都留市にできた県立の教員養成所に始まる。このとき、県内のへき

表1　卒業生・在学生出身地別一覧（1981年5月1日現在）

府県名		卒業	男	女	計
北海道		328	66	13	79
東北	青森	85	6	7	13
	岩手	177	6	16	22
	宮城	186	28	23	51
	秋田	75	8	9	17
	山形	113	11	17	28
	福島	306	18	26	44
関東	茨城	94	14	8	22
	栃木	129	12	16	28
	群馬	81	21	20	41
	埼玉	66	19	11	30
	千葉	94	12	24	36
	神奈川	123	21	26	47
	東京	182	44	39	83
中部	新潟	306	17	30	47
	富山	195	10	30	40
	石川	290	29	61	90
	福井	193	22	34	56
	山梨	1,658	71	276	347
	長野	280	42	65	107
	静岡	406	43	68	111
	愛知	387	93	55	148
	岐阜	180	21	37	58
近畿	三重	227	20	26	46
	滋賀	36	11	5	16

府県名		卒業	男	女	計
近畿	京都	140	17	11	28
	大阪	143	54	11	65
	兵庫	437	56	52	108
	奈良	23	5	3	8
	和歌山	109	9	18	27
中国	鳥取	99	4	12	16
	島根	127	11	16	27
	岡山	191	28	33	61
	広島	286	34	45	79
	山口	71	13	14	27
四国	徳島	175	6	38	44
	香川	79	4	7	11
	愛媛	131	7	23	30
	高知	51	4	7	11
九州	福岡	78	18	16	34
	佐賀	31	4	7	11
	長崎	72	13	19	32
	熊本	79	10	10	20
	大分	29	9	11	20
	宮崎	45	7	6	13
	鹿児島	265	13	6	19
沖縄		112	1	0	1
外国		3	0	0	0
合計		8,973	992	1,307	2,299

地、身延山のある身延にも教員養成所ができた。それまでこの郡内、身延には教員が来ても、「国《くに》中《なか》」の方に帰りたがり、この地に居付かないという有様だったという。それではこまるので、こうした地域の住民の要請、県の政策もあって、教員養成所ができた。しかし二年後の一九五五年には早くもこれらの教員養成所は廃止ときまる。そうして、この施設をどう受けつぐかが市民の間で議論になり、その結果二年制の市立短大として教員養成の仕事を引きつぐことになる。当時国立大学は中高の教員の養成に関心の中心をおき、小学校教師の養成には文部省自身も余り力を入れた形跡はない。にもかかわらず、人口の都市集中にともない、小学校は増設され、小学校教員の不足状況はしばらくの間つづく。そこで、この頃、半年間で小学校教員の資格を与えるコースがこの大学にも用意されたという。この頃は五〇名くらいの小さい規模で、山梨県とくに「郡内」地域を中心に学生たちは集まって来た。

五年後の一九六〇年になって四年制大学へと移行する。ちょうどこの頃を境に小学校の教師も四年制で育つのが当然という考え方が一般に拡まってきたこともあって、教員を育てることを大学の仕事とするかぎり、四年制に踏みきるべきだとする判断が行なわれたのであろう。しかし、これは、この小さな都市としては大英断で、何よりも財政上の負担を増すという危険をおかさなくてはならない。その上、四年制大学の認定をうけるためには、相当な施設・設備、また学長をはじめとする教授陣を必要とすることはいうまでもない。

四年制都留文科大学の発足は、国立大学の発足とはまるでちがって、実に苦心惨憺の跡がみられる。初代学長は短大時代からの大漢和辞典の諸橋轍次だが、この人に学長を引きうけてもらうことで、公立大学としての認可をうけるのに少しでも有利な条件としたいと考えたようである。しかし、大学の内容そのものは、お粗末そのもので、校舎は高等女学校の二階住い、二階大学と呼ばれたという。教授陣も不足で、高等学校長をつとめた人、高校の先生だったりした人を連れてきて教授に就任してもらうなどの苦心が払われている。大学としての認可を得るため、市内の図書の所有者から急遽かきあつめて図書を並べて、認定を受けるための調査に備えておいたなどという「伝説」もあるほどである。

学生集めもまた大変であった。発足の当時、市は四五〇万を限度としてそれ以上の支出はビタ一文むずかしいということで、財政はもっぱら学生の授業料に依存するほかはなかったから、どうしてもその必要に見合うだけの数の学生を集めなくてはならない。全国に出向いて試験を行なう。「出前試験」とよばれたそうである。数を確保するため、他の大学に入学出来ないで既に浪人中の若ものを、家まででかけて学生として勧誘したという事例もあったという。四年制になった当時も、「郡内」つまり都留市を中心とした郡内、山梨県内からくる学生が大部分であったというが、それでもその頃から下宿屋がいくらかできてきて、そこに学生たちは雑魚寝《ざこね》をするという次第だった。

一九六三年度の大学会計は三六五三万七千円、そのうち実に三一九九万円は学生の納付金で市は四五四万しか出していない。六四年は四六〇二万四千円、校舎新築の必要から市は一〇〇〇万を用意しているが、学生の負担も増している。一九六五年、四年制になって五年目だが、このときの予算規模は七四一四万、そのうち六九六四万が学生の納付金で、四五〇万が市の負担、九〇%以上を学生の負担に依存している。全く当時の私学なみの運営を強いられており、こうした困難の中で学生も教師も営々として当時国の怠ってきた小学校教員養成を中心とした仕事に従事してきたのである。

こういう苦しい出発の中で、一九六五年、都留文科大学が経験した都留市当局との紛争は、いわゆる一連の大学紛争事件に先がけて、大学の歴史にとって大きな意味をもっているので、この点に言及しておきたい。

既に述べたとおり、四年制大学として発足するにあたって、人口三万をわずかにこえ、何らの財政基盤もないこの小都市では圧倒的に重い負担を学生たちに求めたばかりでなく、それに見合う施設も教授陣も全く不備であったので、学生たちや若い教授たちの間にはかなりの不満が蓄積されてきた。しかも、この頃は、やっと北側、山沿いのところに四階建の独立の大学校舎を建てる必要から、授業料の値上げも急激で、その上かき集められた教師の中には、大学教師としての力量が不充分というものもなかったわけではない。新たにつくられた新校舎も、出来るか出来ないうちにその使用が始まり、財政上の必要から多数の学生を水増し入学させたことから、教室から学生が廊下にあふれ出るというばあいもみられたようである。また設立過程には教員人事にまで市の有力者の介入があり、大学の自治は有形・無形、侵されていることへの不満は、教授たちの間にくすぶっていたことは云うまでもない。

紛争のきっかけは、この新校舎建設のときの落成式をめぐって、学生と市当局との対立にはじまる。その落成式は都留文科大学建設委員会の名で招待状が出されるが、建設委員長は県知事、それに委員は市長などのお歴々で、大学のスタッフや学生は一〇名を限って参加を許される。「われわれがつくった」という市の姿勢に対して、学生たちはわれわれこそ重い負担をしているという意識があり、一挙に不満が爆発して、お歴々が集まってきてもピケを張って「学生不在」の落成式を阻止しようとする。大学のスタッフの中で若い学生委員たちは不満をもちながらも、何とか学生たちを説得して、ピケの真中に細い道をつけて会場まで参会者たちが通れるようにして、落成式はとにかく成立した。

ところが、それに対して市当局は、ピケを張った学生たちを懲戒せよという要求を、大学の教授会に対してもち出してくる。教授会側は、学生たちは懲戒の対象にはならない。ピケは張ったけれども道は開いていたし、別に暴力で妨げたわけではない。今までの事情の経過からみて、このような行動に出たことには、やむを得ぬところもあると判断して、市当局と正面衝突の事態になる。市側は当日学生たちの中にいて、説得にあたったり、会場への道を開くことに努めていた教官たち、つまり学生委員として事にあたっていた五名の教官の態度にも問題ありとして、地方自治法第百条を適用して、「都留文科大学調査特別委員会」をつくり、それらの教授一人ひとりを喚問しようとした。それに対して大学は応ぜず、出頭を拒否するということになり、きびしい対立関係の中で、市当局は五名を懲戒免職とするという決定を行なった。

こうして、設置者である市当局と、大学の自治を主張する大学側との間で、一九六五年から六七年にかけて、対立・紛争が生ずることとなった。その間、学生たちも四〇日間にわたる同盟休校などによって市と対抗する。そうして、この二年間の間に、大学は市当局の人事に対する不当な介入を批判し、それをこのまま許容することは、大学の自治の根幹にかかわる問題であると考えた。すなわち日本の大学そのものの在り方の危機でもあるとして、外部の学者・文化人の支援をも受けて抵抗を続けることになった。また懲戒免職の処分に対しては、五名の教官は事件を裁判に訴え、その結果、高等裁判所まで判断を求めることになる。当然この裁判は大学側の完全勝訴となる。この間直接都留文科大学に出向いてきたり、新聞紙上でこの事件にかかわって、大学の自治を訴えたりした学者・文化人は、たとえば次のような著名な人たちが含まれていた。家永三郎、遠山茂樹、和歌森太郎、松島栄一、色川大吉、大江志乃夫、それに、当時日本学術会議の言論・思想の自由委員会の委員長であった教育学者宗像誠也などである。

この事件は、都留文科大学の生い立ちにとって、実に重要な意味をもっている。それは設立者である自治体と大学の自治とが正面から対立する中で、大学と市との関係について実に多くの教訓が残されたということである。市当局には、大学は自分たちの支配の下にあるべきだとする考え方が実に強い。市当局の有力者の配慮で教員をつれて来たり、学生を集めたりしたこともあった。わずかな財政でも三万二千の人口にとっては、大変重い負担とうけとめられ、それが大学私物視ということになりがちである。それに対して、大学側には、人事を中心とする管理の主体性、教育、研究の自由という、大学にとっての大前提がある。こういう市と大学という自治体相互の関係理解は、なかなかむずかしい問題をもっている。

創立五年目で、この紛争の経験がもたれたことは、その後の大学と市との関係を改めるうえで、非常に大きな意味をもったと考えられる。それは市当局は大学の自治が何であり、設置者意識でそれを支配することは困難だと感ずるようになったこと、少なくとももうっかり口出しはできないぞということを経験したことも事実である。それと同時に、大学内部の指導者が市当局と結びついて、大学を引っぱっていたことに対する内部批判があらわとなり、大学内人事も、その他の大学運営のすすめ方も、事件を契機に民主化が一歩進められたということである。私は日本のように、国を設置者とすることが、大学のつくられ方の見本のような国では、設置者と大学とが一度は対決することなしに、一歩その関係を前進させることはできないように思う。

ところで、一九六八年、特別交付税で自治体が有する大学の経費が認められるようになる。これは都留市のような小都市を設置者とする大学にとっては、いわば救いの神の出現であった。そうして一九七三年からは、普通交付税の中に大学経費が算入されることになる。一九六八年特別交付税から一三九〇万円、六九年二六〇〇万、今日では学生一人あたり二四万、大学予算の六〇%はこれによっている。市当局は普通交付税の中に算入されている大学経費の全額を大学に投入している。しかしそれ以上の大学への支出はない。そういう点で、大学の存在は、少くとも現在では、都留市にとってはプラスの要因であっても、マイナス要因はまず見い出せない。

三　都留文科大学の問題と課題

都留文科大学は教員養成、それもとりわけ小学校教員の養成ということに大きな特色をもってきたことは、既述したとおりである。これはたしかにこの大学創立期の一つの選択ではあったが、それが僥倖にも当時の日本の小学校教員の需給状況とのかかわりで、いわば〝あたった〟という感じを免れない。ある意味で、文部省や各国立大学が中高教師養成の方に頭をむけていて、小学校教員養成に怠慢であったことが、都留文科大学の発展を助けたとも云える。別のコトバで云えば国の文教政策の欠陥部を、苦心惨憺の経営、教授努力によって補充してきたとも云えるのである。ここ一〇年間ほどの間に、国はいわゆる新構想教員養成大学をつくり、小学校教員養成を一つの中心にすえた。それに先立ってアタフタと各国立大学に小学校教員養成課程を用意して、国費による人員・施設の充実につとめはじめた。

その反面、一九七五年から一〇年計画で年間八〇〇万円程度の教員養成関係教材備品設備費ということで、公立大学中、都留文科大学ただ一つに行なってきた文部省補助金は、五年を経た段階でバッサリ打ち切られた。もっとも、これは文部省の責任に帰すべきものか、行政管理庁の勧告にもとづく補助金整理の一かんなのかは必ずしも明らかではない。ある日若い行政管理庁の役人二人がやってきて、調査をし、私の説明をきいていったのは事実である。削減の理由を私から直接ただしたのに対して、文部省側の説明では、授業料が国立より安いということが、行政管理庁の補助中止勧告の根拠となったという。そのうえ地方交付税に算入されている大学経費は、当初から文科系学生なみで、医系はもちろん、家政系などの単価に比しても大へん低い。理科系施設や家政系実験を含む教員養成系の経費が文科系なみというのも甚だ不公平であり、県地方課を通じての自治庁への働きかけも何度も試みてきたけれども、最近の財政の引き締め策ともかかわって、成功の見込みがうすい。要するに教員養成の大学としての財政的基礎が甚だ脆弱であって、不安定な状態がつづいているということである。つまり、小都市での公立大学の実質的に果してきた仕事に対して、国は、国立の場合に比して著しく認識不足で、その処遇に冷淡だというほかはない。

こうした財政上の不安定さに加えて、児童数の絶対的減少、さらに四〇人学級への施策の延期が加わって、小学校教員の需要は年々おちこんでいるという事実がある。また国の側での小学校教員の養成も漸くととのえられてきたという事実もある。これにどう対処するかが、また一つの大きな問題である。そうして、これへの対応こそが、ある意味では財政的基礎以上に重要な問題点を含んでいる。何故ならそれは、これからの都留文科大学の基本性格、個性をどこに見い出すかということとにかかわってくるからである。たしかに都留文科大学は、小学校教員の養成をもって一つの特色ある仕事を果しては来たけれども、大学としての個性というより、ある種の社会的必要を満たすという仕事をしてきたということが正確である。けれどもそうした伝統、歴史的実績をもっていることは事実であり、この事実をふまえたうえで、これからの大学における学問、教育の質、（単に社会的必要の充足という観点だけからでなく、）大学の本質にもとづく個性というものの創出が、いませまられていると考えられる。

それでは、この小都市の一公立大学としての都留文科大学の学問、教育の個性というものをどこに求めるべきであろうか。私見として、この課題についてふれてみたい。都留文科大学は、しばしばまちがえられるが都留文化大学ではない。文科大学である。そうしてその文科の意味は humanities の訳語であって、ヨーロッパ的源流はルネッサンスまで少なくともさかのぼることが出来よう。この humanities という学問分野は、言語、哲学、文学、歴史などの研究を含む人間研究である。現在でも、フランスのリセーなどでは、教科目を包含する一教科分野となっている。つまり都留文科大学は都留人間研究大学なのである。現在の都留文科大学は四年制単科大学で、文学部の一学部構成になっている。学科は三つあって、初等教育学科、国文学科、英文学科からなっている。それらの学科はいずれもすべて人間研究のための学科ということができる。

英文学科は英語という言語と文学をとおしての人間研究であり、国文学科は日本語と日本の文学をとおしての人間研究である。さらに初等教育学科は人間の発達と諸文化（社会科学、自然科学、芸術、体育など）との関係を研究する学科である。もちろん現実の諸学科がそういう一つのトーンの中にきちんと位置づいているというのではない。英文学も国文学も大きな国立大学の英文学科、国文学科の縮小版的な傾向も強く、研究分担の領域もそういう旧来の学科を模しているところが少なくない。初等教育学科も教員免許状との関係もあって、けっきょく従来の小学校教員養成課程の枠から抜け出しているとはいえないところがある。けれども、課題として考える場合、それらの学科が人間研究に収斂して、それぞれの学問領域を再編することの必要は、学問発展のための内在的要求としてもあるのではあるまいか。学問研究の専門分化、細分化は、学問発展の必然的方向であるといえる反面、その細分化が発展を妨げている。そういう意味では、これらの学問がもう一度humanities人間研究という出発点に立ちかえって、現在の地位、役割を見返ることなしに、新しい一歩はふみ出しにくくなっているのではあるまいか。そういう学問発展の内在的要因にかかわって、都留文科大学の性格を考える必要があると思う。

表2　教員就職状況の推移

種別 年度	就職希望者	教員就職希望者	教員就職者数	教員就職割合	備考
1975	579人	521人	417人	80.04%	就職希望者の90％が教員就職希望者。
1976	529	476	393	82.56	
1977	538	484	369	76.23	
1978	558	502	391	77.88	
1979	466	419	362	86.39	
1980	563	506	409	80.83	
1981	546	491	347	70.67	
1982	605	544	239	43.93	

※1982年度については、12月末現在の把握である。

だが、大学の性格、個性というものは、学問に内在する必要にもとづくとともに、社会の要求とのかかわりでも考えられなくてはならない。とくに、大学での教育は、社会的要求を無視してできるはずはない。都留文科大学は既述したとおり、全国から若ものたちが集まり、四年間をこの田舎町ですごして、再び又まちがいなく地域に帰っていく。このサイクルをたどる若ものたちは、中央の有名大学を出て、そこでまた中央にとどまって社会の階段を昇ろうとする若ものたちとは、たしかにちがうところがあるように思う。とにかく地域に帰って、地域の人びとに直接ふれあいながら仕事をする。その中の有力な一つが教師の仕事である。これらの都留文科大学が送り出す若ものたちは、過去の実績もふまえたうえで、教師を中心とする地域の民衆の生活改善に直接に奉仕する質の高い専門家たることが、もっともふさわしく思われる。教師のほかに、保育者、図書館員、学芸員、地域の福祉センターなどで働くカウンセラー、などなど、できれば地域の病院と提携して保健婦などまで含めて考えたい。つまり一般民衆に直接接触しながら、その生活改善に貢献する第一線の専門家たることである。そうして、こうした人材が、ゆたかな人間研究の中から生まれ出ることは、ごく自然なことに思われる。それどころか、従来の日本の大学、とくに国立大学の学問が、とかく官房学、国家統治学的な性格を帯びるという重い伝統とはことなって、被治者民衆の生活改善、改革につながる人間研究は、日本の大学の学問と教育の質に新しい方向をもたらすのではないかと期待される。つまり日本の民衆や、できれば第三世界での人びとの生活改善に参加できる力量をもった人びとを育てる大学でありたい。

このようにして、人間研究を軸として、地域民衆の生活改善の専門家を育てることをめざす都留人間研究大学というイメージが、これまでの伝統をふまえたうえで今後の課題として構想される。

四　地域に開かれた大学をめざして

地域に開くとは、大学が地域の人びとに慈恵的に便宜を提供するということだろうか。一般にはそう考えられている傾きもある。かつて私たちの大学の市民への公開講座開設の趣旨書にはそういう考えをうかがわせる文言があった。しかし公開講座は、一方でたしかに大学の行なってきた学問研究の成果を市民の参考に供するとともに、自分たちの学問について、市民の批判をうけるという面があるべきではないか。勿論直接的な批判をうけるということがあってもよいが、別に言葉の上で批判をうけなくても、講義を行なって、それに対するきき手である市民の反応から自分の学問の質を問う姿勢があるべきではあるまいか。市民は云うまでもなく専門家ではない。しかし、そういう人たちの心の深いところに、自分の学問の成果が入りうるかどうかをたしかめる機会の一つとみることができよう。「開く」とは、相互に対等平等に学び合うということであろうと思う。したがって開くことの出来る大学側の欠くべからざる要件としては、大学の学問が人と人とを奥深いところでつなげていく力量があるかどうかと云うことである。とりわけ民衆の生活改善に直接奉仕する専門家を育てる人間研究大学の学問の質として、このことは、ことさらに重要であろうと思われる。

こうした基本前提に立ったうえでの話だが、私たちの人間研究を深めるためにも、大学と地域とが対等平等の関係の中で、相手との交流が行なわれなくてはならず、そのいくつかの試みについてここでふれておきたいと思う。まず都留文科大学のような小都市での大学運営は、その財政的基盤がいちじるしく弱いところから、ある程度必然的に施設の共同利用による協力が市民と大学との双方に要求される。たとえば、市民の体育施設の如きも、例を野球グラウンド一つとっても、市民だけの利用にとどまったのではその効率は充分ではない。大学の学生の利用とあいまって、有効利用度は高まる。其の他の社会体育施設も同様であり、目下、大学と市との共同で上記二つのスポーツ施設の建設が進行中である。将来はこれらの施設を含んだスポーツ公園が、市民と大学との共同利用という形でつくり出されていく計画ともなっている。こうした共同利用も、現実に行なわれるようになった段階で、利用の仕方、利用時間等をめぐって、市民と大学との間でいろいろ問題が発生するであろうし、それを一つひとつ克服する中で、市民と大学との関係が深められる契機ともなることが期待される。

もう少し深いレベルでの地域との交流も企ててきた。これもまだ成功していないが時間がかかる。それは大学から数百メートルのところにある建物の買収によって、教員宿舎を確保することが出来たが、その建物のうち、宿舎以外のスペースを、集会室として利用し、そこで主として地域の教師と大学の教師、学生との共同研究の場をつくり出そうという計画である。大学の施設の一部を地域の教師研究センターとして活用していこうというアイディアでもある。暖房や使用時間の問題、それにかかわる管理の問題で、まだ充分に活用されていないのは残念だが、時間をかけて努力していきたいと考えている。これが成功すれば地域で働くよい教師の育つ大学の施設として、大学教師の自己研修、学生の現職教師との接触の場となる。云うまでもなく、こうした場面で大学教師が自分の学問をためす、あるいはつくり直すチャンスとなることが期待される。

入試制度改革の実験という形で、大学のすぐ近くにある工業高校の協力をえて、特別推せん入学と称する試みも進行中であり、この実験研究は四年目を迎えている。公立大学が何よりも地域住民から求められていることは、地域の子弟を一人でも多く大学に入学させてほしいという要求である。自分たちの地域でつくっている大学に、地域の子どもを優先入学させるのは当然だと考えるものも少なくない。しかし、大学としては、一定の学力をもったものに対して公平に入学の機会を保障すべきだと反論することにも理がある。さりとて、目下の一斉試験の方法が、公平であるかどうかも大きな問題である。一人ひとりがそれぞれ素質と個性をもつ若ものを画一の入試問題で、かぎられた時間にその能力を測定して、順位をきめて入学させる方法は、一人ひとりの個性をのばす教育の本質からみて、明らかに公平とは云えない。ただ多数の志願者に対して一定数しか入学を認めえないというやむを得ない事情から一斉試験の方法が採用されているにすぎない。教育的な観点から云えば入試は一人ひとりの能力・学習意欲・学習意図などについて丁寧に検討し、それぞれの大学学部の個性、特色とみあって、進学を保障すべきものと云えよう。

特別推せん入学という私たちの実験は、地域にある工業高校との協力で、私たちの大学に学ぶことを強く希望する生徒について、くわしい過去の資料を提供してもらい、また実験・実習など工業高校での特色ある学習成果もカウントしたうえで、大学側の要求する書物を読み、それにもとづいて論文を書き、面接でその入学意図もたしかめるという丁寧な方法で、高校、大学側教授会双方の納得で入学を認めるというものである。これには相当の手数もかかり、また地域にある高校でなければとても出来ない選考方法である。私たちは、こうして大学側の要求する試練に耐えて、能力をきたえた若ものを少数うけ入れると云う方法をとった。毎年二名または三名程度の入学者がある。現在の入試制度のもとで、職業高校のおかれている地位からしても、こうした方法は生徒の側の選択を重視した入試方法であって、地域の要望にも、丁寧な方法で応えるという結果になっている。

この他にも、私たちは、市との協力で市史編纂の仕事をすすめつつある。目下資料収集の始まった段階であるが、単なる市政史やいわゆる郷土史ではなく、市民生活の歴史（習俗を含む）を、市民の参加でつくろうと意図しており、その一かんとして、都留文科大学の歴史を位置づけようとしている。この事業もまた、市と大学との協同の作業で、特色ある成果を期待している。

以上、開かれた大学をめざすいくらかのこころみも、人間研究を通じて地域民衆の生活改善の専門家を育てるという大学の個性との関係で行なわれている。都留市は谷間の古い小都市であるが故に、そういう個性をもった大学が存在するにふさわしい地域性をもっているように思われる。大都市に大学が集中している現状からみて、都留文科大学はこれからの大学の在り方をさぐる一事例とみることができよう。

（一九八三年）

第13章　わたくしの「都留自然博物館」

解説

この文章は本来「随想」として『生活指導』（明治図書）という雑誌に書いたものです。求められるままに福島要一編『環境教育の理論と実践』（あゆみ書房）に再録されたものですが、それほどかまえて書かれたものではないのです。前の章の文を背景において読んでいただくと、私の思いをよりよく理解していただけるかも知れません。

この文章が、この『地域の中で教育を問う』という文章の一番最後になっていますが、あえてこれが結びというほどのことでもありません。しかし、教育とは所詮人間関係が生み出すものだということからして、この文の中にある次のような一節は、教育を探求してきた私の思いの集約点にあるものかも知れません。

私の構想する「都留自然博物館」……それは建物ではなくて、一つの人間関係の創造である。

いや人間と自然との共存の関係を含んだ一つの新しい生きた社会の創造である。

この三月卒業をひかえた女子学生の一人から話をきいた。

私の大学では二年生から三年生にかけて専攻科目を選ぶことになっている。小学校教師を育てることをめざす初等教育学科でのことである。彼女はまず、応募者が多く競争のはげしい科目はまず敬遠することにしたという。その結果女子学生にはあまり人気のない理科を選ぶことにしたのだが、理科の中でも地質や植物は静的で退屈、動くものの方がというので動物を選ぶことにしたという。つまりいわゆる消去法で専攻科目を選んだというわけである。

彼女の選んだ動物教室には、動物生態学者今泉吉晴教授がいて、研究と指導とにあたっている。今泉教授の研究の一部に参加して、彼女は毎週一回定められたムササビの生息地をたずねることになる。雨が降っても風が吹いても、彼女はそこをおとずれた。それはムササビの食性の研究、つまりそこのムササビが何を食べているかを、食べ残したいわゆる食痕などを手がかりに丁寧に追跡するのである。ずいぶん根気のいる仕事である。食べるものは季節によってむろん変化がみられるが、いろいろしらべていくうちに、この生息地のムササビに独自な食性のあることも明らかになってきた。この生息地でも他のところでみられるような杉の葉の特徴ある食痕がたくさんみつかったのだが、そのほかに欅や榎の樹皮をはがして食べる奇妙な習性を発達させていたことが明らかになっていった。

このあたりのムササビは、一般に社寺林の大きな樹木の洞穴に巣をかまえるが、そこでの食料にはおのずと限りがあるところから、食物を他に求めてエサ場を営巣地に近い、だが別のところにもっている。そのため夜行性であるムササビはその住いとエサ場との間を夜の間に往復して食物を獲得する。夕方生息地の高い樹木からエサ場の高い樹木へ滑空をこころみる。夜明け前にふたたび滑空して、すみかに帰りつく。そういう定期的な行動がみられる。ところがこの生息地では、対岸のエサ場の護岸工事のために、柿、栗など二十数本の木が人間の手で切り倒された結果、エサ場を奪われ、そのためにムササビはその社寺林の中にとじ込められ、そこの樹皮をかじりとることで、不足した食料を補うようになったらしい。この社寺林のケヤキとヒノキは、ために異様な光景を呈するほどに被害をうけることとなった。ムササビにとっては、正に〝人災〟ともいうべき環境の変化であり、それがこんどは人間の側の樹木の被害という形ではねかえってきているのである。

彼女はこうした研究に協力することによって、思いもかけなかった自然の内面にある世界に遭遇し、かつ感動し、そこから自然と人間との共存という現代的課題を実感できるまでになった。消去法から出発して、こんどは積極的な探究の世界を垣間みるところまですすんだのである。彼女はこの研究を卒業論文にまとめ上げることにした。ちょうどその頃、教育実習を行なう時期でもあったので、ふるさとの小学校に出向いて教育実習をうけることになる。熊本県の田舎の小学校が彼女の実習校であり出身校でもある。実習中に指導教官に申し出て、ムササビの生態について授業をすることを特に許してもらうことにした。小学校三年生相手の授業である。彼女は卒業論文中にととのえた研究資料とともに、写真なども用意してここへきていた。それらを使っての授業だ。

授業そのものは、盛りだくさん、欲ばりすぎて一方的な話しっぱなしで終わり、とても成功とまではいかなかった、と彼女は反省する。けれども彼女が身をもって探究したムササビの生態、一日の生活の逐一にわたる話には、子どもたちは目を輝かせ耳をかたむけたという。そうして彼女のその学校での実習中にも、子どもたちの中には、これはムササビの食痕ではないか、糞ではないか、など付近の林で見つけたものを持ちこんでくる。そうして実際、驚いたことにムササビのすみかが付近にもあることをつきとめるまでになった。彼女の胸中にあったホヤホヤの探究経験が、〝未熟な〟授業であっても、子どもたちの胸を直撃したようである。子どもたちの好奇心を刺激し、子どもたち自身が、まわりの自然を探究し、彼女にいろいろな問をぶつけてくるまでになったのである。

彼女の話の要点はこんなところだが、三〇分ほどの間、私は息がつまるほどの興味をもって身をのり出し、耳を傾けたものだった。彼女は、この研究に魅せられ、通常の他の学友たちがとる副免許状のために、あちこちの教室をかけまわることをやめて、もっぱらムササビの研究に打ちこんできた。ただ不幸にして彼女は本来の小学校教員採用試験に失敗してしまった。もちろん教師になることをあきらめず、来年の試験をめざして今年の前半はガムシャラに頑張ってみるという。だが、後半になったら、また研究室に立ちもどってきて、同じ研究を続けてみたいというのだった。

私は、それでいい、それでいい、それだけやれば充分ではないか、と心の中では自分勝手に満足していた。彼女は教員試験にこそ失敗したが、彼女の大学生活の後半は、実に充実しており、大学で獲得すべき事物探究のだいご味を身につけはじめている。これこそ、彼女の授業に目を輝かせ、耳を傾け、問を深めた子どもたちの反応にみられるとおり、教師であることの最良の資質の一つを身につけることに成功しているといえよう。すらすらと教師に採用にはなったが、大学で得たものは積み上げた単位だけ、いわば素通りというはかなさに比べると、彼女の収穫は実に豊かだ。教師に限ったわけではない、どんな仕事につく場合にも、この大学で長い人生への糧の一部をほとんど満喫したのではないかと、私には思われた。その調子、その調子、いい線をいってるぞ、だから来年こそ、万難を排して採用試験を突破し、是が非でも目的を達してほしい。彼女の後姿に祈るおもいの私であった。

この地方では、ムササビのことを「モモンガ」と呼んできた。早く家に帰らないとモモンガに顔をふさがれるぞと母親たちは、暗くなるまで遊びほうけている子どもたちに警告したものだという。「モモンガに取ってくわすぞ」も、子どもたちのいたずらをたしなめる時に使われたことばである。だが夜行性だから誰もちゃんと正体を見定めたものはいいない。一種の幻想的な動物としてうけとられ、何となくこわいものという意識はいくらかあるようだ。ムササビはリス科で草食性の小動物、体長は四〇センチほどで、木の実や花、芽などを食べる。手と足の間に飛膜があって木から木へととびうつる。

今泉教授らの調査によると、ムササビが住んでいるのは、都留市内では生出神社、小篠神社、石船神社、それに浄泉寺など十カ所あまり、全部で五〇匹とまではいかない。しかもそのすみかはその全部がお寺や鎮守の森のような大きな天然林のある社寺林だ。実際そこだけにきわだって大きな杉、桧、イチイなどが聳え立ち、遠くからも一目でわかるほどだ。おそらくこの天然林も、人間がどんどん自然を侵蝕していって、いま残された孤島のような存在なのである。ムササビも人間に追い立てられて、そこにとじこめられた格好で、先にのべたとおり、そこだけで食料を満たしきれないで、第二次林つまり別の採食場を求め、営巣地との間をいろいろなくふうをして往復しているらしい。しかもはじめに述べたケースのように、ムササビにとってその採食場との間の通路となるはずの樹木までが伐採されたり、建物ができたりして、遮断されかねない。そこまでいかなくても、最近では電線をつたったり、部分的には地上に降りて、犬、猫などの外敵におそわれる危険をおかしてまで、餌場に通っているばあいもあることが、生態観察中の学生たちによってもたしかめられている。

さっきの女子学生が通ったのは、そのうちの石船神社の営巣地なのだが、既述したように樹皮に損害をうけたケヤキやエノキのほかに、そこにある二本の桜の木に、ほとんど花が咲かない。ムササビが花芽を食べつづけるからである。とくにケヤキの樹皮の衰えがみられる。氏子たちはそれを心配するようになっている。氏子総代会はムササビ対策を協議して、ムササビ退治をという形勢にある。実際、昨年の暮にも消防用ホースでムササビの穴を攻撃するのを見かけた新聞記者の一人が、今泉研究室に知らせにかけつけるという「事件」もあった。退治中の写真までとってきている。たまたまムササビは他の洞穴にいたらしく、放水しても出てこなかったらしい。

今泉教授を中心に、学生たちはケヤキとムササビをともに救う方法を熱心に検討している。そのために、植物生態学者の知恵までも借りている。石船神社とその近くの九鬼山とをつなぐ並木を植えて、閉じこめられたムササビが、よりよい採食地にいけるようにしようという案も考え出され、氏子側と話し合おうともくろまれている。それも、ケヤキを枯らさぬうちに実現されなくてはならず、そのためには、いろいろな障害をなおいくつも乗りこえなくてはならない。

今泉教授を中心に、学生たちは、人類と自然の共存という現代社会の大きな課題に取り組んでいるのである。それも抽象的、哲学的にではなく、具体的にかつ科学的にである。そういう研究室をあげての集団としての活動の中で、最初に述べたあの一人の女子学生が育ったのであろう。彼女はその一人にすぎない。入口は消去法でも、その教室の雰囲気の中で燃え、自らをかえていき、教育実習の場では子どもたちの心まで燃え上がらせることができたのである。この文章を書いているとき、私も石船神社に出向いてみた。大学からバスで三〇分近くかかる山間のまったくさびしい部落の一角にある。そこにはたしかにムササビに枝の樹皮を喰いとられた異様なケヤキが何本も聳え立っていた。そこで偶然かの女子大生とバッタリ出会ったのだ。卒業式を数日後にひかえた日である。ムササビの餌付をはじめたのだという。それによって少しでもこの神社の神木でもある樹木の樹皮の被害を少なくし、樹木とムササビの両方を何とか守ろうというのである。

私は山と山とにとりかこまれたこの小さな都市の全体を、「自然博物館」とみたてて、大学を拠点とした一つの学園都市づくりの構想をいま夢みている。東京の真中で、自然にふれることもほとんどなく育つ子どもたちが、この「自然博物館」にきて、一日でも二日でも勉強して帰る。大学の一部のスタッフや、将来はいずれ教師になるここの学生たちが、その学習を助けることができるようにする。そのためには、若干の動植物の生態観察のための施設をつくり、その管理も続けられるような態勢もつくり出さなくてはならないだろう。実際、すでに東京からバスにのって、子どもたちがこの町にきて、夕刻ムササビを観察して説明をうけて帰って行ったのである。

また、つい先日は、この石船神社のすぐ近くにある市立旭小学校で、今泉教授と学生たちによって「ムササビ教室」が開かれた。子どもたちは、正体をみとどけたことのないムササビの剥製や、ムササビの生態、夜間の滑空を撮影した映画をみて眼をみはった。子どもたちのほか、その母親たちも参加した。ムササビの生態について学びながら、環境の重要さ、自然と人間が共存できる環境づくりの大切さを学習したのだ。子どもたちは、教授や学生たちといっしょに石船神社の境内で、ムササビの食べた木の枝などを拾い集めてはしゃいでいたという。

こうした自然と人間との共存という文明的な大きな課題と取り組みながら、しかも、身近かな生活ときりむすんだこうした研究活動、教育活動の多様な蓄積があってはじめて、私の構想する「都留自然博物館」は成立する。それは建物ではなくて、一つの人間関係の創造である。いや、人間と自然との共存の関係をふくんだ一つの新しい生きた社会の創造である。来訪者はその関係に一時的にも参加することによって、現代文明の大きな課題を改めて実感できるのではなかろうか。

町全体をこうした意味の「自然博物館」に育てあげるというようなことは、とても一きょにできるようなものではない。そんなことから目下のところは、とりあえず大学のキャンパスに接触した市有林を、自然のまま保存し、自然観察や子どもたちの自由な遊び場として確保するなどを努力している。

さて、私たちの大学のある都留市というのは、山梨県の東部、東京よりのところにある。三万二千人の中に二三〇〇人の学生がいる。一四人に一人、七%ほどだが、数字にもまして若ものは町を活気づけている。学生たちは主として教師になることをめざして、北は北海道から南は鹿児島、沖縄まで、全国から万遍なく集まってくる。それもどちらかというとローカル線からといってもよく、役場や農協の職員、農業を兼ねた国鉄職員、小学校教員、トラックのドライバーから船大工、実にさまざまだが、概してつつましい家庭から、実直な若ものたちが集まってくる。彼らの九〇%は、大学付近の市民の下宿で生活していて、だいたい月六万円くらいの生活費ですませる。東京の大学生の三分の二くらいの経費ですむ。授業料も国立より安くしてある。

彼らは、全国から集まってきてこの山の中の大学で四年間勉強して、ここを卒業するとほとんどまちがいなく、それぞれの地域に帰っていく。国文学科、英文学科、それに初等教育学科という三つの学科からなる文科の単科大学だが、私は文科とは、ルネッサンス以来、人間研究という意味に用いられてきたと理解している。国文と英文は、文学と言語を通じての人間研究、初等教育学科は、人間の発達と諸文化との関係、これは既述したように三年以上になって専攻別にはなるが、人間研究にかわりはない。ムササビを研究した彼女も、動物専攻だが、広い意味で人間とのかかわりの中でそれをやっていることは、すでに書いたとおりだ。四年間を山に囲まれた田舎町で、人間をできるだけいろんな角度から部厚く研究する。その学識によって、日本列島のあちこちの地域の只中で、額に汗して働く人びとのまえで、教育、福祉の仕事にあたるのである。

こういう学問研究の個性と独自の社会的役割とをもった大学が、山の中の田舎町にあることは、なかなかの趣きだと自分なりに思っている。若ものたちは、夜な夜な下宿に集まって四方山の話をする中で育っているし、ほとんどの者が、大学のすぐ近くに住んでいることもあって、クラブ活動も実に盛んである。上手、下手なくそれをやっているのがとてもよい。砂漠のような大都会の孤独な学生生活とはかなり趣きがちがっている。学生にもよるのだが、その気になれば一般の市民ともかなり密接に接触ができる。その証拠の一つに、卒業生の結婚式に下宿のおじさん、おばさんが招かれるというケースも珍しいことではない。そのうえ、自然の真只中にいて、富士山の溶岩の下を流れて湧出する日本一の水に育てられる。そうは言っても、既述したように、人間と自然とのせめぎ合いは、この地域にもおしかけており、その接点の問題をまざまざと学びとれるような場所でもある。

でも問題がないわけではない。いや大ありだ。私のみるところでは、ここに集まってきている学生たちの多くは、日本中の彼らの同世代の若ものがそうであるように、一種の「失業者」だと思う。別にこの大学にかぎったわけではない。いまの日本の若ものたちは、おおむね同じように失業状態にある。彼らは幼年期から大学生の今日まで社会的保護はうけつづけてきた。だが、彼らはおとなたちから本気になってあてにされてきただろうか。自分はあてにされているという手ごたえの中で、役割意識をもって行動するような場面がどれほどあるだろうか。保護はあっても、彼らに自治はなく、あてにされている実感を欠く、そういう意味で彼らはわたしの言う〝失業者〟なのである。

もっとも、わたしたちの大学の学生たちも、そのほとんどの学生にアルバイトの経験がある。ホテルのボーイ、レストランのウエイトレス、高速道路の警備員、ゴルフ場のキャディーなど等ほとんどあらゆることをやっている。地方選挙の候補者のあて名かき、それも自分の政治信条とは何のかかわりもない。要するにお金をもらって、生活費の助け、多くのばあいレジャーのためと言ってもよいかも知れない。それは必ずしも真に生産的な労働とは言えないのではないか。

そこには社会的な使命観もないし、その労働の質が、社会にとってどういう意味があるのかの手ごたえある自覚もともなっていない。政治的信条とのかかわりのない封筒のあて名かきの空しさというものが、その労働なるものの質を示していると言ってもよいのではないか。

私たちの大学に集まってくる若ものは、日本の若ものたちの中でも、とっておきの心身ともに健全な若ものたちではないかと、私は自負している。それにもかかわらず、いま書いたような問題があるということは、いまの日本の子ども、青年たちの状態そのものに深刻な事態が進行していることを示しているのではないかと、私は思う。

彼らの多くは、急速に経済成長をとげた豊かな社会で、孤独に育ち、かつたくらみをもって自然や、そこのあれこれの事物と格闘して育つという経験に乏しい。「あたえられるものの過剰、獲得するものの過少」と、私は表現してきた。これでは強い自我は育ちようがない。

そのうえ学校に入れば、「できる子」「できない子」、いわゆる「偏差値体制」の中で、自分独自のめあて、たくらみの育ちようもなく、入試体制の直撃をうける中学、高校では、そのかけがえのない第二の自分の形成期に、「自分はどう生きるか」の問を深める余裕もない。「未熟な自我」「どう生きるか」の問の不完全燃焼の状態で、大学に入ってくる。

子ども、青年たちの「自我の未成熟」を嘆いているわけにはいかない。これらはおとなたちの生活状態の忠実な反映にすぎないからである。

ぬるま湯の平和の中で、多くの日本人は、マイ・ホームにとじこもり、みみっちい生活目標のもとで、エゴイスティックにその日その日を生きている。めあてを失い、失業状態にある子ども、青年たちを笑ってはおれないはずである。

子ども、青年にあらわれている「精神的失業、非行」、いまの地域、学校、家庭での〝荒れ〟を克服するのには、子ども、青年たちに生きがい、やりがい、そのための社会的役割を自覚してもらえるにたるおとなたちの大きな生活目標の回復こそが根本ではあるまいか。

そういう大目標が存在しないわけではない。反核平和、地球上にある差別、とりわけ南北問題に対する日本人の役割、そして公害克服を含む自然と人間との共存という、人類的規模の大問題が、実に切迫して、身近なところに存在しているのである。

こうした人類的課題への日本のおとなたちの取り組みには、青少年に積極的に生きがいをもって参加してもらえるはずである、と私は思う。

ムササビと神木、自然と人間の営みとの共存をめざすこの谷間の小さな都市とそこにある大学の若ものたちの動きの中に、いま述べたことは、すべてかかわりをもっているように私には思える。おとなたちが大きな人類的課題に目を開いて、それに現実的具体的に、かつ科学的に処置していこうという努力は、失業者であるはずの若もの、子どもに、本来は彼ら自身のものである活力をよみがえらせることができるのである。

（一九八三年）

地域からの教育改革を——エピローグにかえて

臨教審と国民参加

臨教審の第二次答申案が、臨教審総会で最終審議がおこなわれる直前の四月の初め、突然第一部会の香山健一氏から電話があった。ぜひ会いたいということであったので、四月八日の午後、都内で会うことにした。当日香山氏は、総会に提出される第二次答申案の総論部分の一部のコピーを持参していた。そこには、数カ所にわたって、それぞれ数行のアンダーラインを引いたところがあって、香山氏はその箇所を指し示しながら、あなたの日本教育学会会長としての岡本臨教審会長への申し入れの趣旨は、ここのところに表現してある、という説明があった。私はその説明にすべて納得したわけではなかったが、提出文書の趣旨を総論執筆に配慮してくれたことに謝意を表した。私はそれでも、あなたの執筆する総論と各部会の各論との関係がどうなるのか、臨教審はあなた自身を含めて「自由化」「個性化」へと改革を求めているようだが、文部省やその旨を受けた地方当局の「日の丸」「君が代」の強要はどうみるのか、今日の教育問題の急所というべき大学入試は共通テストでお茶をにごすことですむのか、そして最後に、東京都中野区その他で試みられている教育への国民の参加については、どういう考慮が払われているのか、と質問をした。この最後の教育への国民の参加についての私の申し入れの重要な柱だったのである。

これに対する香山氏の答えは、心なしかやや当惑したように、「それはむずかしいです」という一言だった。私はここに臨教審がもつ最大の問題点があるように直感した。香山氏は人も知る教育自由化論の主張者である。親は学校を選べる、教師も選べるといった立場の人である。そのご当人が、教育を国民の参加のもとで運営することに難色を示すのは、その「教育の自由化」とは、教育を自由市場にゆだねて、商品として国民に販売する、つまり親たちを専ら消費者、単なる既製品の購買者たることに甘んじさせる、ないしせいぜい地方への権限の移譲ということで、国の規制を地方に代行させて「緩和」のゼスチュアを示すという程度のきわめて限界のあるものと考えているように、私には思われた。

人類の一大事業として

これに対して、私などが考えてきたことは、「子は天からの授かりもの」、教育はいろいろ尾ひれはつくものの、その本質は人間という動物種が、他の動物たちと同じように、辛苦して種の特質の持続を求める育児行動に基礎をおくものであって、そういうことからすると、教育は単なる親の私事ではなくて、人類の一大事業だという考え方なのである。

すなわち、子どもはその親たちのものであることに相違ないのだが、単に親の私物ではない。学校が選べる、教師も選べるという「教育の自由化」に賛成できないのは、あたかも子どもを親の私物のようにみて、その子の教育を、消極的な消費者である親の選択にゆだねるという考え方に私は反対だったからである。まして、子どもは国家の私物、単なる「国家の子」であるはずがない。臨教審の一部や、文部省が「自由化」に反発した根拠は、教育は公＝国家のものであるべきだという、明治以来の伝統、そして文部官僚の既得権に立ってのことであったのである。私たちの考えた子は、とりあえずは親への授かりものでもあるが、明日の人類という種の担い手でもあるというすじであって、そういう意味で教育は公的な事業、大人世代みんなに責任のあるいわば総がかりの事業だとするのである。

子どもたちが、単に親のものでなく、まして国家に従属するものではない。人類という動物種の一員であることを考えると、子育てという事業は、種の持続という最も広い意味での公的事業だというべきである。そうであれば、子育ては、子どもが人間という種の次代の担い手となって、人間という種の特質をまちがいなく受け継いでくれ、さらに発展させることを願って、関係者がそれぞれの部署に応じて出番をもち、応分の役割を果たして、協力していく一大共同事業だというべきものなのである。教育に対して、国民が参加していくというのは、このようなすじからして全く当然なことであって、教育委員公選なども、こうした考えが背景となっているとみてよいであろう。

子育て、教育を、子どもの人としての発達の保障を基軸として、関係者が出番をそれぞれ持って協力するというのは、実は、全国各地の子育て、教育の実践の中ですでに行なわれていることである。一枚の学級通信に、教師が書き、子どもが書き、父母や地域の人までが登場するというようなことが行なわれてきた。学級PTAの運営の中でも、PとTとの協力関係を努力して表現している事例もみられる。学校が地域の人々と積極的に力を合わせて、教育事業を進めようという努力もみられる。そうして、一層スケールが大きくなると、東京都中野区のばあいのように、現行法の範囲で準公選を実施して、教育行政に住民の意志を反映させようという努力がみられ、これに刺激されて各地で一連の動きがみられる。

教育委員会を市民として傍聴するという、当然の権利を積極的に行使していこうとする主婦たちの動きも、方々にみられるようになった。子どもたちを人として育てるのにみんなで参加しようというこの動きこそが、国民の教育参加を実現に導く胎動である。しかも、こうした動きは、どんなささやかなものであっても、それらはすべて、種の持続としての公的事業として、子どもたちを特定のエゴ（国益、企業とくに教育産業、そして教師や親のエゴ）から守って、次代の担い手として育てる歴史的事業のいっかんということができるのである。

当然地域を基盤にして

こうした一大事業としての教育は、当然地域を基盤として進められる。地域は幼年期から学童期、青年期、壮老年期を通じての人間発達の社会的胎盤である。目下の教育改革に引きよせていえば、それこそ改革の基盤整備、土俵そのものである。かりに、中央権力のもとでどんな理想的な教育改革の構想がねられたとしても、この地域からの改革の土俵づくりなしにはその実現は不可能である。この土俵づくりに決定的な役割を果たすのが地域の親と教師とである。

いまの親たちはかつて日本人の経験したことのない孤独な子育ての中で、自己防衛の知識も働いて「わが子」意識が強い。反対に、子どもを放置してエゴに走る親もいる。いずれも子どもを私物視していることにかわりはないように思う。教師の方もサラリーマン化しているうえに、なわ張り意識が強く、父母からの批判に対しては、すぐ「頭にくる」という意識状況にある。それをいきなりエゴを棄てよと説教しても始まらない。

だが「子は天からの授かりもの」、みんなで育てるほかはない、その方がかえって自分にのしかかっている肩への重みがとれるのだ、エゴを互いにチェックし合うにはこれよりほかはないように思う。そういう中で、はじめて親は過大な身勝手な注文を抑制し、教師もみんなの知恵を借りて子を育てるということで、親の参加に寛容になる。こういう親や教師の、子育てをめぐる協力の中での自己変革なしには、教育改革の土俵はできあがるはずはない。

とりわけ、教師がこの教育改革の土俵づくりに参加するのには、これまでの教師としての殻を自ら打ちこわさずにはすまない。一皮も二皮も既得の殻をむく必要がある。というのは「子どもをつかみ直す」「親とむすびつく」「地域に根ざす」などと口にはしても、それを実現するための教師としての能力がどうあったらよいか、そこから考え直さなくてはならない。能力とは心掛けではない。「子どもをつかみ直す」といっても一人ひとりの子どものちがいを、点数のちがいでなく、それぞれにユニークな持ち味として理解する力量は、深い人間研究なしには不可能である。戦前の抵抗教師たちの多くが、文学好きの教師だったことも、文学の中で培われた人間研究能力として一つの参考になろう。生活綴方の教師は、人間と生活との探求者の典型の一つであった。

一つ一つの教科の中でのそれぞれの子どものちがった生活経験、異なった思考方法を、その教科の認識論や方法論につなげてとらえ直し、そうした多くの子どもたちの出番によるアンサンブルの中で一つの共通の真理を、一人ひとりのちがい、持ち味をこえて共通に納得し合う、そういういわばオーケストラのコンダクターのような能力が教師には必要である。

このような教師自らの大変革なしに、親の心とつながることはむずかしい。国鉄の分割民営化が易々と実現されるような事実は、教師の場合にもあてはまるおそれがある。国民の心をとらえる真の自己変革なしに、地域に根ざした教育改革の土俵づくりは不可能だというべきであろう。

今からでも遅からず、身近なところから子どもの発達を中心に、エゴをこえた人垣を地域につくり上げていく努力が、歴史を拓く手がたい第一歩なのである。こうした努力、つまり子育てを通して、人と人との人間関係をつくり変える世直しとして、困難に耐えながら、前進するほかはない。そのこと自体が子どもだけでなく、教師、親自身の人間性回復の契機ともなるといえるであろう。

自分たちの信じているところでは、学問は結局世のため人のためでなくてはならぬ。学者はたとえ研究の興味に酔うて、時として最終の目的を考えぬことがあろうとも、我々の方ではこれに向って要求することができる。

（柳田国男『青年と学問』）

一般に人間の思惟、従ってその特殊の一面である科学的認識は、人間の行為、また環境に対する人間の作用と密接に結びついているということである。研究者にとって最終目的である科学的思惟は、社会集団や人類全体にとっては手段にすぎない。

（L・ゴルドマン『人間の科学と哲学』）

（一九八六年）

初版あとがき

この本は、地域と教育に関心をもつ藤岡貞彦さんの発想、中内敏夫さんのお世話、新評論が出版を引き受けて下さることで、ようやく世に出ることになりました。

それにつけても、私がここ四〇年ほどの間に書きためた文章の中から、地域とのかかわりで書いたものを丹念にぬき出して、この本の巻末にあるリスト（初版には「大田堯〈地域と教育〉研究著作目録一九四五―一九八八年」が附されている――藤原書店編集部注）をつくって下さった安藤聡彦さんのご協力がなかったら、ものぐさな私がとてもこうした本をつくり出すことはできなかったと思います。ためらいながらも、リストの中から覚悟をきめて選び出し、解説を書きおろしたのは、すべて私自身の手によるものです。

新評論編集部の根村かやのさんの、きめこまかい用語の調整など、心のこもった援助をいただきました。「売れませんよ」と念をおす私の「助言」にもかかわらず、この本を世に出していただいた藤原良雄さんをはじめ、上記の方々のご協力に厚く感謝いたします。

大田　堯

初出一覧

新版によせて（書き下ろし）
プロローグ　『地域の中で教育を問う』新評論、一九八九年。
第1章　地域社会の教育計画　『社会と学校』一九四九年六月号所収。のち『地域社会と教育』鐘ヶ江晴彦編集・解説『現代のエスプリ No. 184――地域と教育』至文堂、一九八二年一一月に収録。
第2章　段々畑の人間形成ノート（1）（2）（3）　『カリキュラム』一九五〇年一一・一二月号、一九五一年二月号所収。のち『日本の農村と教育』国土社、一九五七年二月に収録。
第3章　同和教育ということ　『岩波講座・教育』月報・6、一九五二年一一月。
第4章　地域の教育計画――新任教師Nの教育実践から　（原題）「地域の教育計画」『岩波講座・教育』第四巻、一九五二年九月。
第5章　農村のサークル活動のめざすもの　（原題）「農村のサークル活動」農山漁村文化協会編『農村のサークル活動』一九五六年一月所収。のち『日本の農村と教育』に収録。
第6章　「教育正常化」事件を考える――岐阜県調査から　（原題）「教育正常化問題と教師の自主性――岐阜県調査によって」『教育』一九六四年一〇月号。
第7章　地域社会の教育原理を探求する　（原題）「地域と教育」教育科学研究会編『教育科学入門』国土社、

一九六七年八月所収。

第8章　民衆のいのちの感性から学ぶ――中津川市「教育文化展」のこと　（原題）「地域の教育文化運動」中津川市教育研究所『目で見る教育一〇〇年史』一九七三年五月所収。のち『教育の探究』東京大学出版会、一九七三年七月に収録。

第9章　地域共同体の崩壊のなかで――教育研究において地域をどう考えるか　（原題）「教育研究において地域をどう考えるか」『教育学研究』第四一巻二号、一九七四年六月。

第10章　民衆から教育をとらえ直す――教育の習俗研究によせて　（原題）「教育の習俗研究によせて」東京大学教育学部教育史・教育哲学研究室『研究紀要』創刊号、一九七四年一〇月所収。のち城戸幡太郎先生八〇歳祝賀記念論文集刊行委員会編『日本の教育科学』日本文化科学社、一九七六年九月に収録。

民間教育史と習俗研究　（原題）「民間教育史料研究会と習俗研究」『民間教育史料研究』一一号、一九七五年七月。

子育ての里　民間教育史料研究会『岐阜県中津川市阿木地区・教育習俗調査報告』一九七八年所収。

第11章　地域住民の教育参加――中野区教育委員準公選運動をめぐって　（原題）「中野区教育委員準公選の運動と教育参加」『教育』一九八一年六月号。

第12章　地域に開かれた大学をめざして――都留文科大学と都留市民　（原題）「都留文科大学と都留市民」岩手大学・地域と大学研究会『地域と大学研究紀要』No. 5、一九八三年三月。

第13章　わたくしの「都留自然博物館」　（原題）「随想――近頃のできごとから」『生活指導』一九八三年五月号所収。のち「わたしの都留自然博物館」と改題して福島要一編『環境教育の理論と実践』あゆみ出版、一九八五年六月に収録。

地域からの教育改革を——エピローグにかえて　（原題）「地域からの教育改革を」『現代と教育』第一号、一九八六年一二月。

著者紹介

大田堯（おおた・たかし）

1918年生。教育研究者（教育史・教育哲学）。広島県出身。東京帝国大学文学部卒業。東京大学教育学部教授、学部長、日本子どもを守る会会長、教育科学研究会委員長、日本教育学会会長、都留文科大学学長、世界教育学会（WAAER）理事などを歴任。東京大学名誉教授、都留文科大学名誉教授、日本子どもを守る会名誉会長、北京大学客座教授。

主な著作は『かすかな光へと歩む』（一ツ橋書房）、『教育の探求』（東京大学出版会）、『教育とは何か』（岩波新書）、『地域の中で教育を問う』（新評論）、『子は天からの授かりもの』（太郎次郎社）、『生命のきずな』（偕成社）、『子どもの権利条約を読み解く』（岩波書店）ほか多数。2014年『大田堯自撰集成』（1-4巻）完結。

2011年には教育を通して人間を見つめ続けてきた、大田堯の思索と実践の軌跡を追った映画「かすかな光へ」（監督・森康行）が完成し公開された。現在、全国で自主上映が展開中。

大田《おおた》堯《たかし》 自撰集成《じせんしゅうせい》（全4巻・補巻）
補巻《ほかん》 地域《ちいき》の中《なか》で教育《きょういく》を問《と》う

2017年11月4日　初版第1刷発行©

著　者　大　田　　堯

発行者　藤　原　良　雄

発行所　株式会社　藤　原　書　店

〒162-0041　東京都新宿区早稲田鶴巻町523
電　話　03（5272）0301
FAX　03（5272）0450
振　替　00160－4－17013
info@fujiwara-shoten.co.jp

印刷・製本　中央精版印刷

落丁本・乱丁本はお取替えいたします
定価はカバーに表示してあります

Printed in Japan
ISBN978-4-86578-147-2

「教育とは何か」を根底から問い続けてきた集大成

大田堯自撰集成（全４巻）

四六変型上製　各巻口絵・月報付

◎本自撰集成の特色
◆著者が気鋭の若き研究者と討議の結果、著者の責任において集成
◆収録に当たり、著者が大幅に加筆
◆各巻に、著者による序文とあとがきを収録
◆第３巻に著作一覧と年譜を収録
◆各巻に月報を附す（執筆者各巻７人）

■本集成を推す
谷川俊太郎（詩人）　**まるごとの知恵としての〈学ぶ〉**
山根基世（アナウンサー）　**その「語り」は、肌からしみ入り心に届く**
中村桂子（生命誌研究者）
「ちがう、かかわる、かわる」という人間の特質を基本に置く教育
まついのりこ（絵本・紙芝居作家）　**希望の光に包まれる「著作集」**

1 生きることは学ぶこと――教育はアート

生命《いのち》と生命《いのち》とのひびき合いの中でユニークな実を結ぶ、創造活動としての「共育」の真髄。

月報＝今泉吉晴・中内敏夫・堀尾輝久・上野浩道・田嶋一・中川明・氏岡真弓
328頁　**2200円**　◇978-4-89434-946-9（2013年11月刊）

2 ちがう・かかわる・かわる――基本的人権と教育

基本的人権と、生命の特質である「ちがう・かかわる・かわる」から教育を考える。

月報＝奥地圭子・鈴木正博・石田甚太郎・村山士郎・田中孝彦・藤岡貞彦・小国喜弘
504頁　**2800円**　◇978-4-89434-953-7（2014年1月刊）

3 生きて――思索と行動の軌跡

「教育とは何か」を問い続けてきた道筋と、中国・韓国との交流の記録。
略年譜／著作目録

月報＝曽貧・星寛治・桐山京子・吉田達也・北田耕也・安藤聡彦・狩野浩二
360頁　**2800円**　◇978-4-89434-964-3（2014年4月刊）

4 ひとなる――教育を通しての人間研究

子育てや学校教育の現場だけでなく、地域社会や企業経営者の共感もよんでいる講演の記録などを収録。

月報＝岩田好宏・中森孜郎・横須賀薫・碓井岑夫・福井雅英・畑潤・久保健太
376頁　**2800円**　◇978-4-89434-979-7（2014年7月刊）

「生きる主体」としての人間形成史

「育つ・学ぶ」の社会史
（「自叙伝」から）

小山静子・太田素子編
山本敏子／石岡学／前川直哉

勝小吉、福沢諭吉、新島襄、堺利彦、木下尚江、山川均、神近市子、鳩山春子、相馬黒光、また大正・昭和の企業人たち――個人の多様な生が主観的に記された「自叙伝」を素材に、新しい人間形成史を構築する、画期的成果。

四六上製　三〇四頁　三〇〇〇円
（二〇〇八年九月刊）
◇978-4-89434-644-4

近代家族の誕生と「保育」

保育と家庭教育の誕生 1890-1930

太田素子・浅井幸子編
藤枝充子／首藤美香子／矢島（小菅）直子／梅原利夫／後藤紀子

家庭教育・学校教育と〝幼稚園教育〟との関係、〝近代家族〟成立との関係、幼稚園・保育所の複線化、専門職としての保育者という視点――これらの課題に取り組むことで、今日の子どもをめぐる様々な問題解決の糸口を掴む試み。

四六上製　三四四頁　三六〇〇円
（二〇一二年二月刊）
◇978-4-89434-844-8

「匿名の日常史」としての教育史をいかに創るか

心性史家アリエスとの出会い
（〝二十世紀末〟パリ滞在記）

中内敏夫

制度史、あるいは抵抗の歴史としての日本の「教育史」の刷新を模索していた著者が、『〈子供〉の誕生』で名を馳せていたフィリップ・アリエスを手がかりに接近した「デモグラフィ」とは何か。民衆の「心性」に迫る歴史の方法論を探る、知的格闘の日々。

四六上製　二二四頁　二八〇〇円
（二〇一四年六月刊）
◇978-4-89434-976-6

「大学界」の改造を提唱

大学界改造要綱

アレゼール日本編

個別大学の改革から、大学界の改造へ。文部科学省主導の改革（独立行政法人・COE等）に直面し、自大学の経営存続に追われる理念なき「改革」への徹底批判と、現実分析を踏まえた真の改革提言。ブルデュー、シャルルらの「アレゼール ARESER」と連帯する、インターナショナルな新世代大学運動の誕生。

A5並製　三五二頁　三三〇〇円
（二〇〇三年四月刊）
◇978-4-89434-333-7